KNAUR ✪

Kholoud Bariedah

KEINE TRÄNEN FÜR ALLAH

Wie ich von Tugendwächtern verurteilt wurde und dem Frauengefängnis von Mekka entkam

Aus dem Arabischen
von Günther Orth

Der Verlag dankt Mahmoud Hajij herzlich für die Übersetzung
des 36. Kapitels »Der Menschenrechtsausschuss« und
von Teilen des Epilogs.

Besuchen Sie uns im Internet:
www.knaur.de

FSC
www.fsc.org
MIX
Papier aus ver-
antwortungsvollen
Quellen
FSC® C083411

Originalausgabe Februar 2018
© 2018 Knaur Verlag
Ein Imprint der Verlagsgruppe
Droemer Knaur GmbH & Co. KG, München
Alle Rechte vorbehalten. Das Werk darf – auch teilweise – nur mit
Genehmigung des Verlags wiedergegeben werden.
Covergestaltung: ZERO Werbeagentur, München
Coverabbildung: Thomas Duffé
Satz: Adobe InDesign im Verlag
Druck und Bindung: CPI books GmbH, Leck
ISBN 978-3-426-21434-3

2 4 5 3 1

Für
meine Mutter,
die in mir von Kindheit an die Liebe zur Literatur
geweckt hat und die bald darunter leiden musste.

Für
meinen Vater, meine schöne Schwester und
alle meine lieben Menschen,
die unter meiner Abwesenheit leiden und auch,
weil ich diese Worte veröffentliche.

Für
meine wunderschöne Heimatstadt Dschidda,
an deren Stränden ich einen Teil meines Herzens gelassen habe.

Für
alle, die mich bzw. Saudi-Arabien hassen,
denn sie sind es, die in mir den starken Wunsch geweckt haben,
die Unvollkommenheiten zu beheben, für die sie uns tadeln.

Inhalt

Prolog

Mein immer wiederkehrender Albtraum

Sie stand in der Tür zu meinem Zimmer und starrte mich bedauernd an. Ich setzte mich erstaunt im Bett auf und versuchte, mich zu vergewissern: Sie war es, sie sah aus wie damals, als ich ihr zum letzten Mal gegenübergestanden hatte. Sie trug ihr gemustertes Gebetsgewand und ihre Brille mit dem silbern glänzenden Rand. Nur ihre Augen wirkten sonderbar auf mich. Aber ich zweifelte nicht: Es war Ahlam.

»Bist du tot?«, wollte ich sie fragen, aber ich bekam den Mund nicht auf. Ich wollte aufstehen, doch ich war wie gelähmt.

Dann verschwand sie plötzlich und ließ mich in einer beängstigenden Dunkelheit zurück, und um mich herum hörte ich Stimmen. Sie waren mir vertraut, aber ich konnte sie nicht zuordnen.

Mein Kopf prallt heftig gegen etwas Hartes, ich taste nach, es ist die Lampe. Ich verharre bewegungslos, bis ich begreife, was geschehen ist. Ich habe wieder einmal schlecht geträumt. Ich schlage die Decke zur Seite, springe aus dem Bett und gehe zum Spiegel, um nachzusehen, ob ich mir die Stirn aufgeschlagen habe. Mein Herz klopft wild nach diesem unsanften Erwachen. Die Stelle, wo ich mich an der Lampe gestoßen habe, tut mir noch immer weh, aber meine verschlafenen Augen können nichts scharfstellen. Ich trete noch näher an den Spiegel und da sehe ich ihn, einen roten Fleck mitten auf der Stirn.

Verärgert frage ich mich, wie ich mir den Kopf an der Lampe hatte stoßen können. »Ich hätte sie weiter zur Seite stellen müssen«, denke ich, reibe mir die Stirn und hoffe, dass ich keine Beule davontrage, die man tagelang sehen wird. »Ich habe so viel zu erledigen. Was soll ich den Leuten sagen, wovon ich diese Beule habe?«

Ich lege mich zurück ins Bett und schaue auf den Wecker. Es ist drei Uhr morgens.

Wie lange soll das noch so weitergehen? Seit Wochen habe ich nicht mehr ausgeschlafen. Jede Nacht wache ich ein- oder zweimal auf, sei es aus einem Albtraum oder wegen eines Gedankens, der mir nicht aus dem Kopf geht. Ein Gedanke, der Gestalt annimmt und mir ins Ohr flüstert und mich aufweckt. Wie kann man beim Schlafen eigentlich denken? Keine Ahnung, ich tue es jedenfalls, wie bei einem Selbstgespräch. Dann wache ich auf, und es kommt mir vor, als hätte ich gar nicht geschlafen, sondern mich mit jemandem unterhalten, und die Stimme meines Gegenübers hätte mich aufgeweckt. Aber dass ich mich nun auch noch im Schlaf verletze …

Seit mir diese verrückte Idee durch den Kopf geht, ist in meinem Leben nichts mehr wie zuvor. Ich habe mich noch nicht entschieden, aber allein der Gedanke daran, aufzuschreiben, was ich erlebt habe, wühlt mich auf. Wie soll ich überhaupt schreiben, wenn ich mich nur an Gefühle erinnere, die mich bis heute als Albträume heimsuchen? Ich entsinne mich nicht einmal mehr der meisten Namen meiner Mitgefangenen von damals. Der Arzt hatte wohl recht, als er mich davor warnte, die Schlaftabletten abzusetzen. Diese Idee, alles aufzuschreiben, gehört wahrscheinlich zu den Symptomen meiner Krankheit. Ich brauche dringend eine Therapie.

Ich war schon bei vielen Ärzten, aber sie verschreiben mir alle dasselbe Medikament. Seit fünf Jahren versuche ich, ihnen zu erklären, dass ich gar nicht krank bin. »Sie sind geistig gesund«, versichern die Ärzte mir, »aber was Sie durchgemacht haben, würde bei jedem Menschen eine Krise hervorrufen. Sie haben es noch recht gut verkraftet, aber nehmen Sie doch bitte diese Pillen, damit Sie die bösen Erinnerungen loswerden.« Dann greifen sie zum Rezeptblock und verschreiben mir immer wieder dasselbe Mittel und ermahnen mich, es auch regelmäßig einzunehmen. Bei meinem ersten Arztbesuch hatte ich das nicht erwartet. Ich hatte nicht vorgehabt, jahrelang Tabletten nehmen zu müssen. Aber immer wenn sie mich fragen, worunter ich leide, erzähle ich ihnen die gleiche langweilige Geschichte, und sie verschreiben mir das Medikament. Wie soll ich mich dagegen wehren? Es ist wohl mein Schicksal, lebenslänglich Pillen zu schlucken.

Zum Glück habe ich von dem Zusammenstoß mit der Lampe keine Wunde im Gesicht oder am Auge davongetragen.

Ich strecke meine Hand nach der Flasche mit dem Rotwein aus, gieße mir ein wenig in ein Glas und zünde eine Zigarette an. Ich lehne den Kopf an den Bettrand und betrachte, wie der Rauch meiner Zigarette durchs Zimmer wabert, ohne abzuziehen; die Fenster habe ich fest verschlossen. »Wie ich verrauchte Räume hasse«, geht es mir durch den Kopf, und gleich darauf bin ich wieder bei dem Thema, vor dem ich vergeblich zu fliehen versuche: Wenn ich nicht versuche, mir selbst zu helfen, lande ich noch im Irrenhaus.

Kein Mensch kann ohne Schlaf leben, aber ich schlafe fast nie. Vielleicht gelingt es mir mal für zwei oder drei Stunden, aber dann wecken mich ein Traum oder meine laut gedachten Gedanken. Aber in dieser Nacht war es kein Albtraum, und kein Selbstgespräch hat mich geweckt. Stattdessen ist mir Ahlam erschienen. Sie sah genauso aus, wie ich sie zuletzt gesehen habe. Wie gerne würde ich sie noch einmal treffen oder sie besuchen. – Ausgeschlossen. Nicht einmal der Straße, in der jener Unglücksort liegt, habe ich mich danach je wieder nähern können.

Monatelang hatte ich darüber nachgedacht, ihr einen Besuch abzustatten, bis ich in der Zeitung ein Bild von ihr sah. Eigentlich erkannte ich sie erst, als ich die Überschrift dazu las, denn zu sehen war nur ihr auf dem Boden liegender Körper, bedeckt von einem schwarzen Gewand. Es war, als wollten sie ihre Hinrichtung mit diesem nutzlosen Foto dokumentieren. Ich kann mich an den Tag, an dem ich diese Meldung bemerkte, kaum erinnern. Ich weiß nicht mehr, was ich gefühlt oder was ich danach gemacht habe. Ich weiß nur noch, wie ich im Auto meines Freundes saß, wir ziellos durch Dschidda fuhren und ich die Nachricht las. Alles andere habe ich dank der Tabletten, die mich in einem Zustand falscher Euphorie hielten, vergessen. Ich konnte die Pillen zwar nicht ausstehen, aber sie halfen mir immerhin, die schreckliche Nachricht auszuhalten und viele andere qualvolle Erinnerungen zu verdrängen. Allein aus Willenskraft und Standhaftigkeit hätte ich es nicht geschafft. Aber die Erinnerungen verschwanden nicht, sondern versteckten sich nur in meinem Unterbewusstsein, und jetzt, seit ich die Pillen abgesetzt habe, erstehen sie in Gestalt von nächtlichen Schreckensträumen von Neuem.

Vorwurfsvoll hatte sie mich angesehen, so als wüsste sie alles über mich und sei entsetzt darüber. Seltsam. Kannte sie die Wahrheit noch immer nicht? Wie konnte es sein, dass sie, die Tote, noch immer nicht begriffen hatte, was zu begreifen uns Lebenden so schwerfällt? In meinem Traum konnte ich, warum auch immer, ihre Blicke deuten. Sie schienen mich zu fragen, woher ich den Mut genommen hatte, mich vom Islam loszusagen. Alles wäre in Ordnung, wenn ich ihre Erscheinung wirklich für einen Traum halten könnte, aber dazu war sie zu real gewesen. Ich konnte Ahlam spüren und wäre auf sie zugegangen, wenn ich nicht so gelähmt und stumm gewesen wäre. So seltsam das alles war, es hatte mich nicht erschreckt, sie zu sehen, und am liebsten hätte ich sie umarmt. Erst als sie verschwand und die Stimmen mich bedrängten, schlich sich Furcht in mein Herz.

Ich weiß jetzt auch wieder, wessen Stimmen das waren. Ich kann sie noch immer hören.

Ich seufze laut und stütze den Kopf in die Hände. »Mein Gott, ich war doch kurz davor zu vergessen. Warum höre ich jetzt diese Stimmen wieder?« Die Stimmen lärmen noch stundenlang weiter und treiben mich fast in den Wahnsinn. Ich halte mir die Ohren zu, aber ich höre sie noch immer. Sie schreien und klingen unerträglich trostlos. Ich schreie innerlich dagegen an, um meine Gedanken zu vertreiben: »Verschwindet aus meinem Kopf! Ich will mich an keine von euch erinnern! Mein Gott, was soll ich nur machen? Ich brauche Ruhe.« Am liebsten würde ich mir den Teil mit diesen Erinnerungen aus dem Gehirn operieren lassen.

Ich hatte nur so getan, als hätte ich sie vergessen, jene Frauen, deren Lärm mich nie hatte schlafen lassen. Wie sie endlos an die Türen schlugen und Tag und Nacht schrien und heulten. Selbst wenn sie aus unerfindlichen Gründen lachten, klang es, als würden sie Tierstimmen nachmachen. Mit fast allen Langzeitgefangenen in der Anstalt ging das so. Sie wussten genau, dass die Wärterinnen ihnen nicht die Tür öffnen würden, egal wie sie dagegenhämmerten, aber sie unterbrachen ihren Lärm nur für wenige Stunden am Tag. Auch ich war dort in Einzelhaft, und auch ich schlug Tag und Nacht gegen die Tür, bis ich begriff, dass diese niederträchtigen Wärterinnen gar nicht daran dachten, aufzumachen, und dass sie sich überhaupt nicht für mich interessierten.

Und so schlug ich dennoch weiter gegen die Tür, machte eine Pause und versank in Todesweinen. Eines Tages, dachte ich, würde mich meine Seele vor lauter Weinen verlassen, ja ich hoffte es von ganzem Herzen. Aber das Einzige, was geschah, war, dass ich abrupt einschlief.

Dann erwachte ich wieder aus bleiernem Schlaf und hörte das endlose Gegen-die-Tür-Schlagen der anderen. Bis plötzlich alles verstummte. Ich weiß nicht mehr, ob wirklich Ruhe herrschte oder ob ich kapitulierte. Jedenfalls hörte ich nach ein paar Tagen, die mir wie Jahre vorkamen, nichts mehr.

Jede Nacht hatte ich in meiner Einzelzelle Angstvorstellungen, und die Panik brachte mich schier um. Es war nicht die Angst vor Dschinnen oder Geistern, sondern die Angst davor, nie mehr dort herauszukommen – und die Angst vor mir selbst. Gedanken, in die ich mich hineinsteigerte, und der Leidensdruck nahmen mir jede Ruhe. Pausenlos dachte ich daran, wie ich mein Martyrium beenden könnte, und nur der Tod, glaubte ich, könnte dieses Mittel sein. Ich dachte ernsthaft an Selbstmord, aber wie sollte man das in der Einzelzelle anstellen? Ich hatte nur ein Bett und Wände, die ich immer wieder anfasste, während ich daran dachte, mit dem Schädel so stark dagegenzuschlagen, dass er brach. Ein Tod, wie ich ihn nicht einmal meinem schlimmsten Feind wünschen würde. Wie naiv, zu glauben, man könne sich selbst den Kopf an einer Wand einschlagen.

Dann kam die Prügelstrafe. Mit einem Rohrstock wurde mir auf den Rücken geschlagen, der Schmerz zerriss mich, und das Herz brach mir vor Demütigung. Aber das Schlimmste blieb die Einzelhaft, in der man jede Stunde fürchtet, man werde für immer dort eingesperrt bleiben. Sie werfen einen in die Zelle und niemand kommt, der nach einem fragt. Man glaubt, sie wollen einen töten, ohne dass Blut fließt, und lassen einen deshalb langsam sterben. Und man wünscht sich, der Tod möge möglichst schnell kommen und einen vom schwachen Leib und Herz befreien. Und von diesem Hirn mit seinen schrecklichen Gedanken. Ich könnte schwören, dass jedes Mädchen, das in der Anstalt in Einzelhaft war, lieber gestorben wäre, als so weiterzuleben.

All die vergangenen Jahre über habe ich darauf hingearbeitet, diese Momente und Gefühle zu verdrängen, und meine einzige Furcht war die, die Anstalt irgendwann einmal wiederzusehen.

Die Insassinnen hatten es mir vorhergesagt: Sobald ich endlich in Freiheit sei, würde ich unter der Angst leiden, wieder zurückzumüssen. Ich würde es vermeiden, mich schlafen zu legen, um nicht davon zu träumen, ich sei wieder dort. Und je mehr Angst ich hätte, desto wahrscheinlicher wäre es, dass sich die Tore eines Tages wieder hinter mir schlössen.

Ich glaubte ihnen nicht, aber sie versicherten mir lachend, dass dieses Gefängnis verflucht sei. Wer einmal hier gewesen ist, der kommt eines Tages wieder. »Sieh dich um«, sagten sie, »wir sind alle nicht zum ersten Mal hier. Die meisten Mädchen hier kennen die Anstalt besser als ihre eigene Wohnung. Ihr Neuankömmlinge werdet es schon sehen. Der Fluch beginnt mit deiner Ankunft, und er verfolgt dich, bis du dreißig bist. Erst dann wirst du wieder ruhig schlafen können, weil du weißt, dass du nie wieder hierher zurückkommen wirst.« Dies war eine Anstalt nur für junge Frauen. »Aber bis dahin kannst du dir schwören, wie du willst, dass du nie wieder ein Gesetz brechen und fortan wie eine Heilige leben wirst. Du kannst dir auch vornehmen, als Korangelehrte zu missionieren. Aber wenn du erst draußen bist, wird der Sog unwiderstehlich sein, zu tun, wofür man dich schon einmal eingesperrt hat. Du bist wie hypnotisiert und wirst erst wieder zu Bewusstsein kommen, wenn du wieder in deiner Einzelzelle hockst.«

Jahrelang nehme ich nun schon Medikamente in verschiedenen Formen und Farben, damit ich die Namen meiner Mitgefangenen und die Gesichter der Wärterinnen vergesse, ja damit ich mich nicht mehr erinnern kann, dass ich einmal dort gewesen bin.

1.

Wie es wirklich passiert ist

Alles begann im Februar 2006. Ahmad ließ das Glas fallen, das er in der Hand gehalten hatte, als er sah, wie die Tür zu seiner Wohnung aufgebrochen wurde. Wir waren seine Gäste. Plötzlich aber drangen Männer mit Bärten ein, mit Langhemden und den dunklen Flecken auf der Stirn, die vom stundenlangen Beten kommen. Randa und Nura schrien und suchten vergeblich nach einem Fluchtweg. Yussuf war nicht in der Lage, die Fernbedienung in die Hand zu nehmen, um die Musik leiser zu drehen. Aufgrund der gedämmten Wände hatte man sie draußen nicht gehört, aber nun stand die Tür weit offen. Ich blickte mich überrumpelt um und bemerkte, dass sie mit Ahmad und Talal stritten. Die beiden wollten die Eindringlinge daran hindern, uns Mädchen mitzunehmen. Aber es kamen bereits weitere Männer die Treppe hochgestürmt und begannen, auf alle einzuprügeln. Randa und Nura gaben auf. Die Angst lähmte mir fast die Beine. Alles, was ich wusste, war, dass diese Männer uns Übles wollten.

Ich war zu keiner Bewegung fähig, während sie sich auf meine Freunde stürzten, die sich wehrten, so gut sie konnten, aber mich schienen sie vergessen zu haben, vielleicht weil ich so regungslos dasaß. Hunderte Gedanken stürmten auf mich ein, aber ich fürchtete mich in erster Linie davor, dass mich einer der Angreifer vergewaltigen könnte. Ahmad lief bereits Blut über das Gesicht. Sie schlugen ihn, als sei er der schlimmste Saboteur in ganz Saudi-Arabien oder ein lange gesuchter Spion. Plötzlich sprang ich auf und rannte zur Tür, aber einer der Männer hielt mich fest. In das Schwarz seines dichten Bartes mischten sich weiße Haare, der Gesichtsausdruck war düster, und in seinen Augen standen Wut und Hass.

Ich schrie und versuchte mich loszureißen, doch er schlug mich. Da trat ich ihm mit aller Kraft zwischen die Beine, und es wirkte: Er ließ mich los. Ich ließ ihn schmerzgekrümmt zurück und rannte in Richtung Treppe. Mein schwarzer Überwurf und meine Handtasche blieben liegen. In der Tasche waren mein Ausweis und mein Handy. Ohne Plan – und ohne darüber nachzudenken, wie ich nur mit Jeans und Trägerhemd bekleidet auf die Straße gehen konnte – lief ich los. Ich wollte weg, ich wollte zur Polizei. Aus dem dritten Stock raste ich wie eine Wahnsinnige die Treppe hinunter. Sie durften mich nicht erwischen. Ich fiel hin und knallte mit dem Gesicht auf den Boden, doch ich konnte mich wieder hochrappeln. Ich rannte weiter, als wäre der Tod persönlich hinter mir her. Endlich war ich auf der Straße. Wer weiß, was sie mir angetan hätten, wenn sie es geschafft hätten, mich festzuhalten. Schließlich hatten sie sich während ihres Überfalls vorgestellt: »Wir sind vom Amt zur Förderung der Tugend und zur Verhütung des Lasters.«

Jeder saudische Bürger, der es mit diesen Tugendwächtern zu tun bekommt, sollte eigentlich wissen, dass es dumm ist, vor ihnen ausgerechnet zur Polizei zu fliehen, aber genau das war mein Plan. Ich bahnte mir einen Weg durch die Umstehenden, die vor dem Gebäude sehen wollten, welchen Fang die Religionspolizei hier wohl gemacht hatte und in ihren Lastwagen verfrachten würde. Die meisten Leute hassten sie. Als mich ein Spitzel festzuhalten versuchte, hinderten ihn ein paar junge Männer daran. Ein anderer zog sich das Hemd aus und warf es mir über, damit ich nicht so leicht bekleidet durch die Straßen laufen musste. Die Leute bildeten eine Gasse, und schließlich konnte ich entkommen. In einiger Entfernung stand ein Polizeiauto, ich rannte hin, öffnete die Tür und warf mich auf den Rücksitz.

Die beiden Polizisten starrten mich an, während ich um Atem rang und am ganzen Körper zitterte. Mir blieb fast das Herz stehen vor Panik.

»Ich will zu meinem Vater. Rufen Sie meinen Vater an«, stammelte ich immer wieder.

Einer der Beamten fragte mich nach der Nummer, und ich diktierte sie ihm langsam und mit zittriger Stimme.

Irgendwann fand ich mich in einem Krankenwagen wieder und wurde ins König-Fahd-Krankenhaus gebracht.

Der Notarztwagen sauste mit mir durch die Stadt. Irgendwann erkannte ich plötzlich die Positionslichter über dem Krankenhaus. Es war wie ein böser Traum, aus dem ich hoffentlich gleich erwachen würde.

Da stand mein Vater, umgeben von Männern, die scheinbar ganz vertraut mit ihm sprachen. So laut ich konnte, rief ich: »Papa!« Er wandte sich sofort zu mir um, aber zwei Krankenschwestern schoben mich an ihm vorbei zum Stationsarzt. Er sah den Schock auf meinem Gesicht und wies das Personal an, mich zu untersuchen und mir eine Infusion zu verabreichen. Der Arzt war ein Saudi mittleren Alters. An sein Gesicht kann ich mich kaum erinnern, aber ich weiß noch, welchen Groll er gegen die Männer vom Amt zur Förderung der Tugend und zur Verhütung des Lasters hegte, die mit ins Krankenhaus gekommen waren und nun herumstanden und darauf warteten, dass sie mich wieder mitnehmen konnten. Es war offensichtlich, dass er mich bedauerte, und er flüsterte vor sich hin: »Möge ihnen Unheil widerfahren!«

Mein Vater behielt die Nerven und schimpfte nicht mit mir. Er sah mich nur fragend an, so als sei er sich nicht ganz sicher, dass ich es tatsächlich war. Er hatte wohl Zweifel gehabt, ob wirklich von seiner Tochter die Rede gewesen war. Er sah aus, als befände er sich in einem bösen Traum, aus dem er hoffte, gleich endlich aufzuwachen.

Er beugte sich über mich und fragte: »Was war denn los? Wovon reden diese Leute?«

Ich umarmte ihn weinend. In diesem Moment wandte sich der Chef der lokalen Vertretung der Tugendbehörde an meinen Vater, eine fette Person mit relativ kurzem weißen Gewand, der sich ein Männerkopftuch übergeworfen hatte und einen spärlichen Kinnbart hatte. Aber zu meinem Papa sprach er ganz freundlich. Er bot an, uns in seinem Auto mitzunehmen. Ansonsten müsste ich mit dem offiziellen Amtsfahrzeug transportiert werden, denn bei meinem Vater dürfe ich leider nicht mitfahren. Er wollte wohl meinem Vater das Gefühl geben, er habe es mit einem netten und frommen Herren zu tun.

Es wurde die längste Nacht meines Lebens. Erst am Nachmittag des folgenden Tages sollte ich das nächste Mal schlafen können. Der Chef der lokalen Tugendbehörde saß persönlich am Steuer des Autos. Sein Beifahrer war ein dürrer junger Mann mit dicken Brillengläsern, der aussah wie alle seiner Kollegen: Er hatte ein kurzes, weißes Gewand übergeworfen, dazu das Kopftuch und ein langer Bart.

Der Fahrer und sein Begleiter redeten die ganze Fahrt über auf meinen neben mir sitzenden Vater ein. Man müsse sich um die jungen Männer und Frauen in unserem Land gut kümmern, gerade heutzutage. Es sei nun einmal wichtig, zwischen Richtig und Falsch zu unterscheiden, und in unserem Alter komme es schon mal vor, dass jemand einen Fehler mache. Aber genau deshalb müssten sie, die Hüter der Ordnung, uns den Weg zur Wahrheit weisen. »Es sind unser aller Söhne und Töchter, und Gott weiß, wie viel uns an ihnen liegt«, wiederholten sie dauernd.

Mein Vater zog es vor zu schweigen. Mal hörte er ihnen zu, mal schaute er mich an. Bestimmt wollte er mir tausend Fragen stellen, aber das ging in ihrem Beisein nicht. Schließlich schaute er nur noch aus dem Fenster.

Wir kamen bei der Wache der Tugendpolizei an. Ich hielt mich an der Hand meines Papas fest, als wir hineingingen, und hatte doch so viel Angst, dass mein Herz beinahe zersprang. Ich weiß nicht mehr, was sie zu meinem Vater sagten, aber dass sie mich überhaupt dorthin gebracht hatten, verhieß nichts Gutes.

Sie führten mich in ein Zimmer rechts vom Flur, in dem es seltsam aussah: Dutzende verpackter Geschenke stapelten sich neben Blumen und Puppen, und auf rotem Umschlagpapier standen Valentinsgrüße. Diese Pakete waren vermutlich die Beute ihrer Raubzüge aus den Tagen zuvor, als sie ausgeströmt waren, um jene verlorenen Seelen aufzustöbern, die es wagten, das unislamische »Fest der Liebe« zu feiern. Immer im Februar hörten wir in Saudi-Arabien von Pechvögeln, die man in Restaurants, in Cafés oder an den Stränden von Dschidda auf frischer Tat und mit hübsch verpackten Geschenken erwischte, die sie ihren Angebeteten überreichen wollten. Wer sich wie ich und meine Freunde am Wochenende heimlich einen schönen Abend machen wollte, den konnte es natürlich jederzeit treffen.

Ich erkannte die Stimmen, die aus den Räumen gegenüber zu uns schallten. Sie hatten meine Freunde also auch schon hergebracht. Ahmad beschimpfte seine Häscher unflätig, und Yussuf und Talal schrien. Ob aus Angst oder vor Schmerzen, konnte ich nicht erkennen, aber ich musste weinen und bat meinen Vater um Hilfe für sie, wohl wissend, dass er nichts tun konnte und dass er allmählich die Geduld mit mir verlor.

»Bitte, Papa, tu etwas! Die schlagen sie ja tot!«, flehte ich.

Er blickte mich streng an, als würde er mich nicht kennen.

Ich wusste, wie wütend er auf mich sein musste, dass ich es so weit hatte kommen lassen. Seine Tochter feiert mit Freundinnen und fremden Männern in einer Privatwohnung, das Tugendamt stürmt die Versammlung, es gibt einen Skandal, und nun saßen wir alle fest. Ein solches Unglück hatte er sich nicht einmal in seinen Albträumen vorstellen können. Dass meine Freunde nun herumschrien und ich ihn auch noch aufforderte, ihnen zu helfen, musste seinen Ärger vergrößern.

Er öffnete die Tür des Raumes, in dem wir uns befanden, und sagte zu einem der Wächter auf dem Flur: »Was treiben Sie denn mit den jungen Leuten? Das sind doch gottesfürchtige Menschen. Die sterben noch an Ihren Schlägen. Wenn sie etwas falsch gemacht haben, dann werden sie ihre Strafe bekommen, aber Sie dürfen sich nicht in dieser Weise an ihnen vergehen.«

Der Wächter antwortete lächelnd, als liege ein Missverständnis vor: »Bei Gott, mein Herr, wir fassen sie nicht einmal an. Die schreien schon die ganze Zeit so herum und beschimpfen uns, ohne dass wir ihnen etwas getan hätten. Nehmen Sie wieder Platz, und machen Sie sich keine Gedanken. So Gott will, wird alles gut.«

»Die lügen, Papa«, erwiderte ich aufgeregt, »die haben sie so geschlagen, dass ihnen das Blut übers Gesicht lief!«

Mein Vater unterbrach mich streng: »Sei still, Kholoud! Ich will nichts mehr hören. Schweig, bis wir hier raus sind!« Eine Weile sagte er nichts, dann hielt er mir vor: »Siehst du, wo wir hier sind? In wessen Händen du dich durch eigenes Verschulden befindest? Du bist im Tugendamt, Kholoud, im Tugendamt! Sei still, bis wir hier wieder raus sind. Gott schütze uns.« Und dann wiederholte er alle paar Minuten mit angespannter Miene: »Gebe Gott, dass das hier nicht ausartet.«

Wir waren also tatsächlich in den Räumen des lokalen Amtes zur Förderung der Tugend und zur Verhütung des Lasters.

Wie oft hatten wir gebetet, deren Schergen nie in die Hände zu fallen, solange wir uns unter Saudi-Arabiens Himmel befanden. Diese Behörde war eigens zur Einhaltung der göttlichen Gesetze ins Leben gerufen worden und sollte dafür sorgen, dass es niemand wagte, sie zu übertreten. Eigentlich sollte sie nur ein kleines Anhängsel des Innenministeriums sein, aber ihr Budget war größer als der gesamte Staatshaushalt vieler Nachbarländer. Das Amt kontrollierte das öffentliche Leben und öffentliche Einrichtungen in Saudi-Arabien, und niemand kam dagegen an. Seine Beamten schwärmten durch die Straßen und jagten Sünder, um sie zum Gehorsam zu zwingen. Was Gesetzesbruch ist, bestimmen sie allerdings selbst: Sie entscheiden, ob ihnen das Hemd nicht gefällt, das man trägt, oder ob sie es als Schamlosigkeit oder Unzucht werten, wenn man sich einen schönen Abend macht. Betrachtete man, wie sie auftraten, fragte man sich unwillkürlich, ob sie das Gesetz anwendeten oder ob sie es selbst machten. Sie versteckten sich hinter einer Verfassung, die der Staat eigens für sie geschrieben hatte, und so waren sie zu einer Macht, einem Staat im Staat geworden. Die Beamten waren immun gegen Kritik und Beschwerden, solange ihre Angehörigen vorschriftsmäßig einen langen Bart trugen und den Namen Gottes und des Propheten im Mund führten. Egal, wer man war: Die Leute von der Tugendbehörde waren am Ende immer die Gewinner, wenn man es mit ihnen zu tun bekam.

Kurze Zeit später stürmte in unser Zimmer genau jener Beamte, dem ich hatte entkommen können, weil ich ihn getreten hatte, bevor ich aus der Wohnung meiner Freunde gerannt war. Zwei Männer begleiteten ihn, und einer von ihnen hielt ihn am Arm, so als wolle er ihn beruhigen.

Der Tugendwächter schrie mich an: »Bei Gott, ich schwöre dir, du wirst es im Gefängnis noch bereuen, was du dir mir gegenüber erlaubt hast!«

Das war nun wiederum meinem Vater zu viel, und er sagte empört: »Sprechen Sie nicht so mit ihr! Ich bin ihr Vater. Wer sind Sie, dass Sie meiner Tochter drohen?«

»Ihre Tochter hat mich angegriffen«, erwiderte er und schwor wieder: »Bei Gott dem Allmächtigen, sollte ich auch nur den geringsten Schaden von deinem Tritt davontragen, dann werde ich dafür sorgen, dass ihr den Rest eures Lebens vor Gericht verbringt!« Mit energischen Schritten verließ er das Zimmer.

Mein Vater sackte sitzend zusammen, umfasste seine Knie mit beiden Händen und murmelte: »Gott, steh uns bei. Gott, steh uns bei.«

Drei Stunden blieben wir weiter im Amtsgebäude sitzen, ohne dass man uns einen Grund dafür nannte. Aber alle außer dem, der mir mit Strafe gedroht hatte, waren sehr freundlich zu meinem Papa. Irgendwann schöpfte er daher Hoffnung, dass alles gut ausgehen werde und wir bestimmt bald nach Hause würden gehen dürften. Doch so sollte es leider nicht kommen.

Kurz vor der Morgendämmerung kam der Chef der Wache mit einem seiner Männer und einer grünen Akte in der Hand ins Zimmer. Wir sollten ihn doch bitte schön mit zur Polizei begleiten und dort den Vorgang zu Ende bringen. Als mein Vater fragte, was für einen Vorgang, beschied ihm der Chef nur: »So Gott will, wird alles gut.«

2.

Die Polizei untersucht den Vorfall

Als wir bei der Polizeiwache ankamen, schallte von überall her der Ruf zum Morgengebet. Ich war erleichtert, dass es jetzt zur Polizei ging, so als hätte die Tugendbehörde nichts mit dem Staat und dem Innenministerium zu tun. Aber für mich waren diese Beamten einfach eine Bande von Söldnern, die ihre Macht daraus schöpften, dass sie anderen schadeten und die uns unserer Rechte und unserer Würde beraubten und sich dafür hinter den Worten Gottes oder des Propheten versteckten.

Ein Polizist vernahm mich kurz und fertigte ein Protokoll darüber an, das er, wie er sagte, im Laufe des Vormittags an das Strafgericht weiterleiten würde. Mein Vater saß die ganze Zeit über auf einem Stuhl neben mir, und mir schien, der Beamte habe Scheu, mich in seiner Anwesenheit zu befragen. Er hätte meinen Vater natürlich hinausschicken können, um mich allein zu verhören, aber das traute er sich wohl nicht. Die meisten Polizisten, die ich auf dieser Wache sah, wirkten anständig auf mich, und tatsächlich tritt die reguläre Polizei in Dschidda überwiegend fair auf und achtet die Regeln des Anstands. Und so kam es, dass der Beamte mich verlegen anschaute, während er sich erkundigte, was genau sich denn zugetragen habe. Ich beantwortete jede Frage und gab zu Protokoll, dass ich keinen Alkohol getrunken hatte und bereit sei, mich entsprechend untersuchen zu lassen.

Dann fragte der Polizist mich: »Was genau befand sich in Ihrer Handtasche?« Um seiner Frage Nachdruck zu verleihen, riet er mir, ich solle besser nicht abstreiten, dass es sich um meine Tasche handele, denn man habe meinen Ausweis und andere personenbezogene Karten darin gefunden. »Also sagen Sie mir bitte, was Sie in Ihrer Tasche hatten.«

»Meine Geldbörse, mein Handy, Kosmetikutensilien und eine Schachtel Zigaretten«, sagte ich selbstsicher.

»War das alles, was Sie darin hatten?«, bohrte er nach.

»Ja.«

»Sind Sie sicher, dass jeder sonstige Gegenstand darin nicht von Ihnen stammt?«

Langsam verstand ich, worauf es hinauslief, und sagte wieder in überzeugtem Tonfall: »Wenn Sie etwas anderes gefunden haben sollten, was ich hier nicht erwähnt habe, dann schreiben Sie bitte ins Protokoll, dass ich damit nichts zu tun habe.« Meine Sorge wuchs. »Hat man mir etwas untergeschoben?«, fragte ich.

Er antwortete nicht und hielt mir stattdessen das Protokoll zum Unterschreiben hin.

Das tat ich, und dann bat ich ihn noch einmal: »Bitte sagen Sie mir, was Sie in meiner Tasche gefunden haben.«

Er sah zu meinem Vater und fingerte durch die Papiere, um mich nicht ansehen zu müssen. Dann sagte er: »Ist nicht so wichtig. Sie können alles einsehen, sobald die Akte bei der Staatsanwaltschaft ist.«

Ich war furchtbar müde und wollte nur noch schlafen und wünschte mir, ich könnte aufwachen und die Unglücksnacht wäre längst Vergangenheit. Doch diese Nacht sollte für uns noch Wochen und Monate unaufhörlich weitergehen.

Mein Vater machte sich sichtlich Sorgen. Er spielte die ganze Zeit mit seinem Mobiltelefon herum, ging seine Kontakte durch und starrte von Zeit zu Zeit auf eine Nummer. Aber jedes Mal entschied er sich dagegen, sie anzurufen. Der Vorfall war einfach zu heikel, und es ging um den guten Ruf seiner Tochter. Er dachte nach, dann aber stand er plötzlich auf, als sei er zu einem Entschluss gekommen. Er entfernte sich ein Stück von mir, telefonierte und kam wieder zurück. Ich wünschte mir, ihn ganz fest umarmen zu können, um ihm zu zeigen, wie leid es mir tat, was ich ihm angetan hatte. Stattdessen beobachtete ich, wie die Sonnenstrahlen, die durch das vergitterte Fenster des Polizeireviers hereinschienen, an Kraft gewannen. Es brach mir das Herz, dass ich meinen Vater in diese Situation gebracht hatte. Und ich war schrecklich wütend und wünschte mir, ich könnte Rache an der ganzen Bande nehmen, die uns überfallen hatte.

Dann entdeckte ich meine Freundinnen Randa und Nura auf dem Flur. Sie waren wohl die ganze Zeit über in einem Zimmer der Station festgehalten worden, aber der diensthabende Beamte hatte sie nun vielleicht aus Mitgefühl auf den Gang hinausgelassen. Beide weinten, und Randa hielt sich dabei die Hände vors Gesicht. Nur ab und zu wagte sie einen Blick. Yussuf, Ahmad und Talal begegnete ich um acht Uhr morgens wieder. Sie saßen in Handschellen nebeneinander, und man sah ihren Gesichtern an, dass sie misshandelt worden waren. Beim Anblick meines Vaters sahen sie beschämt zu Boden, als wollten sie sich bei ihm entschuldigen. Ahmad blickte auch zu mir, und in seinen Augen lag Bedauern darüber, dass er mir nicht helfen konnte, ja dass wir alle nichts mehr gegen unser Schicksal ausrichten konnten.

Aber ich gab ihnen keine Schuld. Ich konnte es nicht so sehen, dass sie mir oder meinen Freundinnen Schaden zugefügt hätten. Ich mochte sie alle und glaubte nicht, dass wir uns für irgendetwas zu entschuldigen hatten. Es sei denn bei meinem Vater. Nie hätte ich geglaubt, dass ich ihn einmal in eine solche Verlegenheit bringen und ihm eine solche Schande machen würde. Wir hatten nichts als unser Recht ausgeübt – nur leider in einem Land, in dem es keine Rechte gibt. Alles, was wir getan hatten, war, dass wir uns ein bisschen Freude gegönnt und zu Musik getanzt hatten, die nach Auffassung der Tugendbehörde schamlos war und aus dem gottlosen Westen stammte.

Sie nahmen mich im Polizeiauto mit. Mein Vater versuchte noch, mit einem der Beamten zu verhandeln, damit er mich in seinem eigenen Auto zum Gericht bringen durfte; er müsse es nur eben vom Krankenhaus abholen, wo er es abgestellt hatte. Aber der Polizist gab ihm zu verstehen, dass ihn das in Schwierigkeiten bringen würde, zumal es ja nicht nur um mich, sondern auch um andere Beschuldigte (er meinte meine Freunde) ging, die auch mit Polizeifahrzeugen zum Gericht gebracht werden müssten. Es war offensichtlich, dass er Mitleid mit uns hatte.

Er flüsterte meinem Vater sogar zu: »Möge ihnen Unheil widerfahren, jeden Tag fangen sie irgendwo junge Frauen und Männer, bringen sie hierher, und dann geben sie keine Ruhe, bis die jungen Leute eingebuchtet und verurteilt sind. Mal ehrlich«, fuhr er fort, »was haben die verbrochen, dass man sie so behandelt und verprügelt?« Dabei deutete er auf meine Freunde.

Mein Vater nickte zustimmend und besorgt zugleich und fragte den Beamten: »Glauben Sie, dass das ein großes Verfahren wird?«

»Das weiß ich nicht«, sagte der freundliche Polizist. »Normalerweise lassen die von der Tugendbehörde sich solche Fälle nicht aus der Hand nehmen. Aber ich bin mir sicher, dass Ihre Tochter heute noch gegen Kaution freikommt. Und dann können Sie sehen, ob Sie jemanden bei Gericht kennen und die Sache auf diese Weise beilegen können.«

Im Streifenwagen saß mein Vater wieder neben mir. Ein anderes Polizeiauto fuhr mit Randa, Nura und einer Wächterin voraus, die sie eigens dafür herbestellt hatten. Im dritten

Wagen saßen Yussuf, Ahmad und Talal. Wir fuhren zum Strafgericht im Safa-Viertel. Wie gern ich bisher in diesem Viertel gewesen war! Ich hatte nicht einmal geahnt, dass es dort auch ein Gericht gab.

Nachdem wir ausgestiegen und ins Gerichtsgebäude gegangen waren, sollte ich keinen meiner Freunde jemals wiedersehen. Sie waren von nun an wie vom Erdboden verschwunden. Ich musste zwei Stunden warten, und mein Vater nutzte die Zeit und holte sein Auto. Er brachte ein paar Sandwiches und Saftpakete mit. Bei allem Groll bestand er darauf, dass ich ein wenig aß, obwohl ich keinerlei Appetit hatte.

Gegen elf Uhr teilte uns unser Begleitpolizist mit, dass meine Vernehmung anstehe. Er führte uns durch einen Flur und klopfte beim Ermittlungsrichter an. Uns empfing ein Mann von Mitte dreißig mit heller Haut und mürrischem Gesicht. Er hob kurz den Blick von einem Stapel Papiere, an dem er arbeitete, und musterte uns prüfend. Dann schaute er wieder in seine Akten und sagte zu meinem Vater: »Warten Sie bitte draußen, wenn es Ihnen nichts ausmacht.«

Mein Vater wandte ein: »Ich soll draußen warten? Das ist meine Tochter, und ich habe das Recht, sie überallhin zu begleiten.«

Der mürrische Richter setzte ein künstliches Lächeln auf und sagte: »Ich weiß, dass das Ihre Tochter ist. Aber machen Sie sich keine Sorgen, sie ist hier in Sicherheit. Von Gesetzes wegen dürfen Sie bei der Befragung leider nicht anwesend sein. Wenn Sie Einblick in die Vorwürfe nehmen wollen, die gegen Ihre Tochter vorliegen, dann wird der Protokollführer Ihnen das nach der Vernehmung ermöglichen.«

»Es gibt keine Macht und keine Stärke außer bei Gott«, murmelte mein Vater und drehte sich noch einmal zu mir um. »Keine Angst«, sagte er, »ich bin ganz in der Nähe.«

Als er draußen war, schaute mich der Ermittlungsrichter irgendwie seltsam an und sagte: »Hinsetzen!«

Die Befragung begann mit Angaben zu meiner Person. Mein Name, mein Alter, wo ich wohnte, meine Telefonnummer. Als er den Namen der Straße und des Viertels hörte, nickte er, als habe sich bestätigt, dass ich aus gutem Hause war. Dann nahm der Richter einen in eine Plastikfolie gehüllten Ausweis aus meiner Akte, zeigte ihn mir und fragte: »Gehört der dir?«

Ich bejahte.

»Gut«, sagte er, stützte die Arme auf den Tisch und faltete die Hände. Er schaute mich an, so als habe er jetzt endlich Zeit für mich. »Dir wird einiges vorgeworfen«, eröffnete er mir. »Illegitimes Zusammensein mit nicht verwandten Männern auf einer Party, lasterhaftes Verhalten, Fluchtversuch und schließlich noch Angriff auf einen Sicherheitsbeamten.«

Ich riss ungläubig die Augen auf und sagte: »Das ist nicht wahr!«

»Soll das heißen, dass das alles ausgedacht ist?«, spottete er und musterte mich wieder eindringlich.

»Ich kannte diese Leute nicht«, verteidigte ich mich. »Die habe ich gestern zum ersten Mal gesehen. Ich weiß nicht einmal, wie viele das waren. Sie sind plötzlich wie aus dem Nichts aufgetaucht. Auch den Chef der lokalen Tugendbehörde, der zu meinem Vater sagte, er sei dabei gewesen, habe ich erstmals im Krankenhaus gesehen.«

»Wunderbar«, sagte der vernehmende Beamte. »Du sagst also, sie hätten dich vor dem gestrigen Tag nicht gekannt. Wozu sollten sie dich dann falsch beschuldigen?«

»Mein einziges Vergehen war, dass ich mit Freunden gefeiert habe«, entgegnete ich.

»Sehr gut. Wer sind deine Freunde?«

»Das wissen Sie doch, sie sind alle in Haft. Wozu soll ich ihre Namen wiederholen?«

Er haute auf den Tisch und schnaubte: »Gott möge mir verzeihen! Mädchen, mach es dir nicht noch schwerer! Wenigstens deinem Vater da draußen zuliebe. Bockigkeit wird dich nur ins Gefängnis bringen!« Er atmete durch und wiederholte seine Frage: »Wer sind deine Freunde, die mit auf der Party waren?«

Ich gab auf. »Nura, Randa, Ahmad, Talal und Yussuf als DJ.«

»Wunderbar. Seit wann hast du mit denen zu tun?«

»Nura, Randa, Talal und Ahmad kenne ich seit über einem Jahr. Yussuf habe ich gestern erst zum zweiten Mal getroffen.«

»In der Wohnung, die die Behörde gestürmt hat, waren zwei Flaschen importierten Alkohols. Aus dem Protokoll geht hervor, dass ihr betrunken wart. Seit wann trinkst du Alkohol?«

»Ich trinke überhaupt nicht, das habe ich bei der Polizei schon zu Protokoll gegeben. Sie können mich in jeder Weise darauf untersuchen lassen.«

Er tadelte mich mit Blicken, dann hantierte er mit der Akte und fragte mich weiter: »Dann mal los, erzähl mir, wie diese Feier organisiert worden ist und wer dich dazu eingeladen hat. Wann hat sie angefangen?«

»Wie Sie wissen, waren wir in der Wohnung von Talal, Nuras Verlobtem. Wir betrachten uns alle als eine Gruppe von Freunden. Wenn es zwischen uns kein Vertrauen gäbe und ich nicht wüsste, dass das anständige Leute sind, wäre ich nirgendwo hingegangen, wo auch junge Männer zugegen sind.«

»Ah ja, sehr anständige Leute«, spottete er. »Deswegen gab es bei euch ja auch Alkohol.«

Am Ende meiner Kräfte sagte ich: »Sie wissen doch, dass solche Zusammenkünfte am Wochenende überall in Dschidda stattfinden.«

Er unterbrach mich schroff: »Sprich hier mal nur über dich! Und übrigens will ich das mal richtigstellen, es stimmt zwar, dass es solche Partys jede Woche gibt, und die Tugendbehörde überweist uns regelmäßig Dutzende solcher Fälle, aber das heißt noch lange nicht, dass sie legal sind. Und das weißt du ganz genau. Und jetzt beantworte bitte klar die Frage, wer dich dorthin eingeladen hat und wann du hingegangen bist.«

»Ich kam mit Ahmad gegen einundzwanzig Uhr dort an.«

Ich ließ den Kopf hängen und wünschte mir, ich könnte die Augen schließen und wieder aufmachen und wäre wieder zu Hause und nichts wäre geschehen.

»In welcher Beziehung stehst du zu Ahmad?«, kam die nächste Frage.

Man merkte mir meine Verunsicherung an. Ich schaute den Ermittlungsrichter kurz an und sagte dann: »Wir sind befreundet.«

Lächelnd sagte er: »Besser, du lügst mich nicht an. Dein Handy, das in der Handtasche war, wurde nämlich eingezogen, und das jenes Helden, der sich mit der Behörde angelegt hat, natürlich auch, und du weißt sehr gut, was ihr euch gegenseitig für Nachrichten geschickt habt. Also leugne nichts, und denk daran, dass ich dir helfen will.«

Ich stützte den rechten Ellenbogen auf den Schreibtisch und kratzte mich an der Stirn. Unendlich müde war ich inzwischen. Ich sagte, ohne den Richter anzusehen: »Wir haben eine Liebesbeziehung. Er wollte noch bis zum Ende des Unijahres abwarten, seine Prüfungen ablegen und sich dann mit mir verloben.«

»Glaubst du etwa, jemand, der dich auf solche Partys schleppt, wird dir ein guter Ehemann sein? Wenn er dich lieben würde, würde er dich nicht so billig machen.«

Ich seufzte, ließ wieder den Kopf hängen und sagte nichts.

»Nun ja, darum geht es jetzt nicht«, beendete er das Thema. »Was sagst du zu der Anschuldigung eines der Tugendbeamten, du hättest versucht zu fliehen und ihn angegriffen, als er dich daran hindern wollte?«

»Ich hatte Angst«, sprudelte es aus mir heraus. »Es hat mich total erschreckt, als sie da in die Wohnung eingedrungen sind und auf meine Freunde eingeprügelt haben. Am Anfang war ich wie gelähmt, dann bin ich aufgesprungen und panisch rausgerannt.«

»Wusstest du nicht, dass das Staatsbeamte im Dienst waren, die dieses Land vor Verrohung und Sittenverfall schützen?«

»Das sind Vergewaltiger! Sie schänden sogar Kinder, von jungen Frauen ganz zu schweigen!«

Er starrte mich verblüfft an. Eine so mutige Antwort hatte er nicht erwartet. Ich bekam kaum Luft und bemühte mich, nicht zu weinen. Aber ich fuhr fort: »Ich hatte Angst, sie würden mich vergewaltigen, bevor sie uns ausliefern. Aus dem Internet wissen wir von all den Skandalen. Sie haben schon mehrfach junge Männer vergewaltigt. Wenn die Polizei die Wohnung gestürmt hätte, wäre ich nicht so panisch gewesen.« Ich holte Luft, versuchte, mich zu beruhigen.

Der Richter machte ein wütendes Gesicht. Es passte ihm gar nicht, was ich gesagt hatte. Er beugte sich zu mir herüber und sagte warnend oder drohend: »Was du da sagst, wird dir nicht helfen. Im Gegenteil. Du redest dich um Kopf und Kragen. Ich hatte genug Mitleid mit dir. Ich habe sogar deinen Vater rausgeschickt, damit er nicht hört, was für wenig schmeichelhafte Dinge seiner Tochter vorgeworfen werden. Aber offenbar willst du lieber stur bleiben, als zu bereuen, was du getan hast. Dass du so dreist bist, gilt übrigens als klares Eingeständnis der Tatsache, dass du einen der Beamten angegriffen hast.« Sein Gesicht war rot vor Zorn. Er wischte sich mit beiden Händen über Wangen und Augen, um sich zu beruhigen. Dann lehnte er sich in dem Sessel zurück, faltete die Hände auf dem Tisch und ließ die beiden Daumen umeinander kreisen. Er deutete auf mich: »Schau dich doch nur mal an. Du bist ein hübsches, kluges Mädchen aus guter Familie mit einem Vater, von dem andere nur träumen. Was bringt eine wie dich dazu, gegen die Sitten der Gesellschaft zu verstoßen und deinen Ruf und den deines Vaters zu ruinieren? Glaubst du wirklich, dass dieser Kerl dich liebt? Wenn er das täte, würde er dich nicht auf solch verruchte Partys mitnehmen.«

Er seufzte und schüttelte missbilligend den Kopf. Dann nahm er das Heft, in dem er die meisten meiner Aussagen festgehalten hatte, und legte es mir vor. Nur sein eben gehaltener Vortrag über Ehre und Anstand fehlte. Er ließ mich jede meiner Antworten unterschreiben. Er telefonierte kurz, um den Polizisten wieder hereinzubitten, und dann gab er mir noch einen Rat mit auf den Weg: »Lass dir eine Lehre sein, was dir passiert ist, und bete zu Gott, dass das alles ein gutes Ende nimmt.«

Mein Vater erwartete mich vor der Tür. Er sah mich an und fragte mich, was dadrin passiert sei. Ich setzte mich wortlos neben ihn. Dann bat er den Polizisten, er möge fragen, ob er den Ermittlungsrichter sprechen dürfe. Der Beamte ging hinein, kam wieder heraus und teilte meinem Vater mit, dass der Richter ihn erwarte. Das Gespräch dauerte eine Viertelstunde. Dann kam mein Vater mit meinem Ausweis in der Hand heraus und sagte: »Lass uns gehen.«

»Wir gehen nach Hause?«, fragte ich verblüfft.

»Ja«, sagte er, ohne mich anzusehen.

3.

In der Hölle der Justiz

Ein paar Wochen lang geschah nichts. Nur in mir war diese Unruhe. Ich war fast erleichtert, als es weiterging und ein Gerichtsbote meinen Vater bei der Arbeit aufsuchte und ihm eine Vorladung übergab. Wir sollten zum ersten Verhandlungstag erscheinen.

Unser Anwalt hatte uns zuvor mitgeteilt, dass ich seiner Einschätzung nach wahrscheinlich gar nicht vorgeladen würde und der Fall mit der Freilassung auf Kaution beim Staatsanwalt sein Bewenden hätte. Er meinte, auf Verfahren wegen unerlaubter Mischung der Geschlechter und privater Partys läge kein großes Augenmerk. Das sei bei Kriminalfällen wie Diebstahl, Mord und Drogenhandel ganz anders. Unser Fall sei nicht so bedeutend, und man habe mir nur Angst machen wollen, damit ich mich auf so etwas nicht noch einmal einlasse. Auch mehrere andere Leute, die im saudischen Innenministerium arbeiteten, hatten meinem Vater versichert, das Strafgericht interessiere sich nicht allzu sehr für solche Fälle. Was weniger optimistisch stimme, sei allerdings, dass die Tugendbehörde an dem Fall beteiligt sei und dass einer der Beamten die Sache wegen meiner Reaktion auf die Erstürmung der Wohnung auf dem Schirm habe. Auf dem Amt habe man es zudem übel vermerkt, dass wir nicht zumindest versucht hätten, mit ihnen zu verhandeln und so eine gütliche Beilegung anzustreben, sei es über Beziehungen oder durch Bestechung. Das sei so üblich. Wir beteten, dass die Sache nicht zu hoch gehängt würde. Und nachdem ich nun schon ein paar Wochen lang auf Kaution unbehelligt geblieben war, nahmen wir an, die Sache sei erledigt.

Ich litt allerdings darunter, dass Ahmad und Talal weiter in Haft waren und ebenso Nura und Randa, weil die beiden keine saudischen Staatsbürgerinnen waren, obwohl sie in Dschidda geboren waren.

Mein Vater hatte sich bei einem Beamten der Provinzverwaltung nach dem Stand der Verfahren gegen mich und die anderen erkundigt. Dabei war ihm gesagt worden, dass die Sache bei Talal etwas komplizierter sei, weil wir uns in seiner Wohnung getroffen hatten und er gestanden hatte, den Alkohol gekauft zu haben. Außerdem hatte er sich geweigert, mit den Ermittlern zu kooperieren und Angaben zum Lieferanten der Getränke zu machen. Und Ahmad wurde deswegen nicht wie ich auf Kaution freigelassen, weil er angeblich auf die Tugendbeamten losgegangen war und sie geschlagen hatte. In Wirklichkeit hatten die Religionswächter Ahmad, Yussuf und Talal verprügelt, das war zumindest für uns, die wir ihre Verletzungen im Gesicht gesehen hatten, ganz eindeutig. Auch Yussuf hatte keinen saudischen Pass, und er und Randa waren zudem nicht zum ersten Mal in einen solchen Fall verwickelt, wovon ich allerdings nichts gewusst hatte.

Yussuf wurde auch deshalb wie ein Krimineller behandelt, weil er als DJ auf solchen Partys seinen Lebensunterhalt bestritt. Nach saudischem Gesetz ist es ein großer Unterschied, ob man nur zum eigenen Vergnügen gegen das Recht verstößt, indem man beispielsweise an einer Party teilnimmt, oder ob man Alkohol oder gar Drogen zu sich nimmt – oder ob man davon lebt, Feiern organisiert oder Rauschmittel verkauft. Deshalb war nur ich gegen Kaution freigelassen worden, und auch das nur aufgrund der guten Beziehungen meines Vaters.

Aber als dann die Vorladung eintraf, ahnten wir, dass die Sache böse enden könnte. Gegen mich war tatsächlich ein

Verfahren eröffnet worden. Mir drohten Haft und im schlimmsten Fall die Auspeitschung. Nur noch Gottes Gnade konnte mich vor der Strafe des Richters retten.

Ich sah, wie die Miene meines Vaters sich bei jedem Anruf veränderte, von Sorge und Anspannung bis hin zu Angst und Verzweiflung. Er telefonierte mit allen möglichen Leuten, um an Informationen zu kommen, aber die meisten Angerufenen zogen es vor, nichts zu sagen. Oder sie zögerten mit einer Antwort, sobald sie hörten, dass ich bereits vorgeladen war. Am Ende sagten sie alle: »Versucht, jemanden zu finden, der den zuständigen Richter kennt. Oder deine Tochter versöhnt sich mit den Männern vom Tugendamt, die einen Groll gegen sie hegen.«

Trotz seiner guten Kontakte schaffte es mein Vater jedoch weder, an den Richter heranzukommen, noch an die Tugendwächter. Scheinbar ging es hier um persönliche Rache, obwohl ich den Männern in jener Nacht zum ersten Mal begegnet war.

22. März 2006, 10 Uhr, so stand es in der Ladung des Strafgerichts. Mein Vater und ich fuhren frühzeitig los, und unser Anwalt erwartete uns schon. Wir mussten trotz unseres Termins warten. Erst um elf Uhr betraten wir den Gerichtssaal. Darin standen Stühle aufgereiht, und links saß hinter einem mächtigen Podium aus Holz ein Scheich, also ein ehrwürdiger Richter. Er war Mitte fünfzig, hatte einen langen schwarzen Bart mit vereinzelten silbernen Haaren darin und einen dunklen Gebetsfleck in der Mitte der Stirn, was ihn als einen Mann auswies, der eifrig betete. Sein faltiges Gesicht war von einem Kopftuch eingerahmt, das er übergeworfen hatte, und um seine Schultern lag ein schwarzer Umhang, der ziemlich teuer aussah. Neben ihm saß ein Mann Ende zwanzig, der in ein dickes Heft notierte, was der Richter ihm diktierte. Für mich sah dieser Richter mit seiner islamischen Bekleidung erschreckend ähnlich aus wie die Beamten des

Tugendamtes. Ich griff mir an den Kopf und zog instinktiv mein Kopftuch und den Gesichtsschleier weiter in die Stirn. Auch wenn es in Dschidda sonst nicht nötig war, hätte ich mir nie erlauben dürfen, vor diesem Mann unverschleiert dazustehen. Es ist in Saudi-Arabien unter Strafe verboten, ohne Kopfbedeckung aus dem Haus zu gehen. Aber ich nahm es damit normalerweise nicht so streng, wie es die Gläubigen in Saudi-Arabien gerne hätten.

Wir nahmen schweigend Platz, während der Richter in ein Papier vertieft war. Er hob nicht einmal den Blick, um zu sehen, wer hereingekommen war.

Schließlich setzte er die Brille ab, schaute mich mit einem hasserfüllten Blick an und sagte: »Wegen dir also haben wir hier den ganzen Ärger?« Dann murmelte er etwas leiser: »Na, wird schon werden«, und blätterte wieder in der Akte, die vor ihm lag. Dann hob er wieder den Kopf, blickte zu meinem Anwalt und sagte: »Sie sind der Rechtsbeistand, richtig?«

»Ganz richtig, mögen Sie lange leben«, gab der Anwalt ausgesucht höflich zurück.

»Gut, vielen Dank, wir brauchen Sie jetzt nicht mehr, denn die Angeklagte ist ja persönlich mit ihrem Vater als Vormund erschienen«, beschied ihm der Richter.

Und so war ich meinen Anwalt gleich von der ersten Sitzung an los. Ich hatte nichts davon gehabt, ihn zu beauftragen, außer dass er mich vor der Verhandlung ausgefragt und gesagt hatte: »So Gott will, wird alles gut.« Er hatte nicht ein Wort zu meiner Verteidigung sagen können, und überhaupt ging es in diesem Gericht ganz anders zu, als ich es aus Filmen kannte. Sprechen durften nur der Richter, sein Beisitzer und Zeugen. Als Angeklagter kam man höchstens ganz kurz einmal zu Wort, damit es nicht so aussah, als hätte das Gericht einem nicht erlaubt, sich zu verteidigen. Aber der Richter fand überhaupt nichts dabei, seine Parteilichkeit demonstrativ zur Schau zu stellen, schließlich bestand eine der Streit-parteien aus Staatsbeamten und Religionsgelehrten, die ziem-lich genau so aussahen wie er selbst und deren Aussagen daher so etwas wie Himmelsoffenbarungen für ihn waren. Und wenn man einen langen Bart und ein knöchellanges Gewand trug und dazu noch einen Gebetsfleck auf der Stirn hatte, dann hörten einem alle voller Hochachtung zu.

Ich warf einen Blick auf meinen Vater. Ich war stolz darauf, dass er mich hierher begleitet hatte und für mich einstand. Aber allein seine Kleidung wies für den Richter bestimmt darauf hin, dass er in religiösen Fragen nicht ganz so streng war ...

Sobald ich sprechen durfte, verfinsterte sich die Miene des Richters jedes Mal, und er bezichtigte mich unumwunden der Lüge, wenn ich etwas bestritt, was das Tugendamt mir an-hängte. Offenbar hatte er sein Urteil schon getroffen.

Es blieb nicht bei dieser einen Sitzung, sondern ich wurde nach und nach zu mehreren Anhörungen vorgeladen, obwohl in meinen Augen alles einer Routine gehorchte, die nur dazu angetan war, einer Angeklagten wie mir die Nerven zu rauben. Währenddessen versicherte mein Anwalt, er werde seine her-vorragenden Kontakte zur Justiz spielen lassen, um mein Ver-fahren zu beeinflussen. Aber er hatte ja schon bewiesen, dass er ein Kätzchen war, das sich nur versuchsweise einmal an die Höhle des Löwen heranwagt, aber verängstigt flüchtet, sobald es diesen auch nur atmen hört.

Das Gericht stellte mir immer dieselben Fragen, die zu be-antworten ich allmählich überdrüssig wurde. Jedes Mal muss-ten wir vor dem Saal warten, manchmal stundenlang. Und jedes Mal bekam ich einen neuen Termin, bis meine Familie und ich es nervlich kaum noch aushielten.

Der Richter war mir gegenüber offen abgeneigt und behan-delte mich wie eine Kriminelle. Als mein Vater während der

Verhandlung einmal schüchtern einwarf: »Meine Tochter hat ihre Lektion gelernt und wird es nicht wieder tun. Sie ist noch jung und wusste nicht, was sie tat«, erwiderte der Richter ungnädig: »Gottes Gesetze kennen keine Ausnahmen, mein Herr, selbst wenn Ihre Tochter erst zehn Jahre alt wäre.«

Als der Chef des lokalen Amtes der Tugendbehörde als Zeuge erschien, jener Mann, der uns damals in seinem Auto mitgenommen hatte und der so nett zu meinem Vater gewesen war, malte ich mir zum ersten Mal aus, wie mein Gefängnis wohl aussehen würde. Denn vor Gericht war der Mann wie ausgewechselt, außer dass er noch genauso aussah wie damals. Er saß auf dem Zeugenstuhl neben dem Podium und schwor bei Gott, die Wahrheit zu sagen, bevor er eine Aussage machte, die mich schockierte, als ich sie hörte. Das Letzte, was ich erwartet hätte, war, dass dieser Mann mich zu Unrecht beschuldigte und die Fakten so aufbauschte. Eine Welt brach für mich zusammen. Wie konnte ein Direktor des Amtes zur Förderung der Tugend und zur Verhütung des Lasters, ein Mann der Gottesfurcht, der ständig Aussprüche des Propheten im Munde führte, nur kaltblütig eine solche Sünde begehen und die Wahrheit so ausdehnen?

Ich hörte ihm zu. Er beschrieb ein völlig anderes Mädchen als mich. Mein Vater verlor die Nerven und rief ihm zu: »Gütiger Himmel! Sind Sie sicher, dass Sie ein Religionsgelehrter sind? Möge Gott Sie strafen!«

Daraufhin forderte der Richter meinen Vater auf, sich entweder zu beherrschen oder den Saal zu verlassen. An diesem Tag spürte ich, dass mein Papa am Ende seiner Kräfte war, und ich hatte mehr Angst um ihn als vor dem Gefängnis oder möglichen Schlägen. Was er an diesem Tag zu hören bekommen hatte, war dazu angetan, ihn krank zu machen.

An einem Sonntag nahm das Warten auf die Verhandlung kein Ende. Es war einer der Termine, die der Richter festgelegt hatte. An dem Tag hatte ich kaum den Verhandlungssaal betreten, da sagte der Scheich, ohne mich auch nur anzusehen: »Komm am Dienstag um elf wieder.« Er forderte mich nicht auf, mich zu setzen, ließ keine Zeugen auftreten und sein Protokollant schrieb nichts auf. Er beließ es bei diesem einzigen Satz, so als hätte er sein Urteil bereits gefällt.

Mein Vater wusste wohl, was dies bedeutete, nämlich dass ich ins Gefängnis musste, und er sagte zu mir: »Geh nicht hin«, und zuweilen sagte er: »Wir gehen nicht hin.« Er sagte es immer wieder, bis er krank wurde. Am Ende ging ich doch hin, und zwar allein. Welches Schicksal mir bevorstand, das wusste ich allerdings nicht.

Dieser Gerichtstag war anders als alle vorherigen. Natürlich ahnte ich inzwischen, dass ich meine Freiheit verlieren würde. Aber ich ging tapfer dortin. Ich war wie hypnotisiert aus Respekt vor dem Gericht und lief auf eigenen Füßen dorthin. Es war ein bleischwerer Morgen, wie ich es nie zuvor erlebt hatte, und die Zeit schien langsamer zu vergehen als sonst. Ohne je ein Gefängnis von innen gesehen zu haben, spürte ich Wände, die mich einschlossen. Alles um mich herum erschien mir anders als alles zuvor, und mir war, als hätte jemand meinen Verstand gelähmt. Aber Angst hatte ich nicht, mein Gefühl war eher das einer vollständigen, stummen, traurigen Kapitulation. Es war, als würde ich mich einem Sturm ergeben, der mich ins Verderben wehte, ohne dass ich auch nur den Versuch unternahm, mich dagegen zu wehren. Da war kein Gedanke an Widerstand, kein Wunsch – und auch kein Bittgebet mehr in meinem Kopf. Hauptsache, es ging vorbei.

Diesmal musste ich nicht lange warten, und auch im Gerichtssaal sah es anders aus als sonst. Es gab nicht nur den Richter, den Protokollanten, Zeugen und meinen Anwalt, der zu Beginn jeder Verhandlung ausgeschlossen wurde, da ich, die Beklagte, ja anwesend sei und man deshalb keinen Rechtsanwalt benötige, und der daraufhin seine Papiere einsammelte und mit höflichen Ehrbezeugungen den Saal verließ. Nein, an dem Tag war der Saal voller Männer, offenbar Staatsbeamte, und im hinteren Bereich saß ein Angeklagter in Handschellen, als mich ein Wachmann hereinführte. Dieser hatte mir zuvor meinen Ausweis abgenommen und übergab mich nun dem Richter mit den Worten: »Hier ist die Angeklagte, mein Scheich.«

Der Richter sagte, ohne den Blick von seinen Akten zu heben und mich anzusehen: »Du wirst zu vier Jahren Haft und zweitausend Stockschlägen verurteilt.«

Die Zeit blieb stehen, mein Herz setzte einen Schlag aus. Ich wollte etwas sagen, ich wollte, dass er es noch einmal wiederholte, vielleicht hatte ich mich verhört.

Jetzt fragte er mich etwas, und mir war, als hätte ich geschlafen und seine Stimme hätte mich geweckt.

»Ob du mit dem Urteil einverstanden bist, habe ich gefragt«, sagte der Richter.

Fast unhörbar erwiderte ich: »Nein. Ich bin nicht einverstanden.«

»Gut«, sagte er und wandte sich an den Protokollanten: »Schreib: Nicht einverstanden.« Und dem Wachmann befahl er: »Bringt sie in Haft.«

Der Wachmann führte mich aus dem Saal und sagte: »Mach keinen Ärger, damit schadest du dir nur selbst.«

Ich verstand nicht, warum sie mit mir sprachen, als sei ich eine Schwerverbrecherin, und das alles nur, weil ich einmal eine Auseinandersetzung mit diesem Mann vom Tugendamt gehabt hatte. Eine Freundin von mir wartete draußen auf mich. Sie hatte mich angerufen und versprochen, sie käme nach. Sie stürmte auf mich zu und fragte mich, was geschehen sei.

Der Wachmann antwortete, als habe man mich zum Schweigen verurteilt: »Vier Jahre Haft und zweitausend Stockschläge.« Und tatsächlich blieb ich stumm. Mir war schwindlig, und immer noch verging die Zeit ganz langsam, obwohl alles um mich herum so schnell weiterlief wie zuvor.

Ich sah Tränen in den Augen meiner Freundin, aber aus irgendeinem Grund fühlte ich nicht mit ihr, wusste nicht, warum sie weinte. Sie sprach davon, dass sie mir Kleidung von zu Hause bringen würde und dass sie nicht wisse, was sie meiner Mutter und meinem Vater sagen solle. Sie kenne zudem einen besseren Anwalt als den Betrüger, dem ich aufgesessen sei, und werde versuchen, für mich zu vermitteln.

Ich fühlte immer noch nichts.

Zwei Polizisten übernahmen mich und sollten mich zu ihrer Wache bringen, von wo aus meine Überstellung in die Haft erfolgen sollte. Sie waren recht freundlich zu mir und erlaubten mir sogar, ein letztes Mal mit meinem Handy zu telefonieren, bevor mir alles abgenommen würde.

Ich rief zu Hause an. Was ich mit meiner Mutter und meiner Schwester gesprochen habe, weiß ich nicht mehr, aber der besorgte Klang ihrer Stimmen brannte sich mir ins Gedächtnis. Ich glaube, ich habe versucht, mit meiner Mama zu scherzen, damit sie nicht anfing zu weinen. Auf Arabisch nennt man so etwas »Zucker auf den Tod streuen«. Es gelang mir natürlich nicht, sie zum Lachen zu bringen. Wie sollte ich ihr erklären, dass ich nun vier Jahre lang weit weg von ihr sein würde? Was sollte ich ihr Beruhigendes über den Ort sagen, an den ich jetzt gebracht würde? Wie sollte sie nachts noch Schlaf finden?

Nie werde ich vergessen, wie meine kleine Schwester verzweifelt weinend zu mir sagte: »Mach irgendwas und komm zu uns zurück!« Ich solle fliehen und sie so vor den Tränen meiner Mutter bewahren, die weinte, als sei ich gestorben. Meine kleine Schwester ist mir das Liebste auf der Welt, und jetzt weinte sie und bat mich, dass ich ihr Hoffnung machte, so, wie sie es von mir gewohnt war. Aber diesmal ging das nicht mehr. Weder konnte ich meiner Mutter das Weinen ausreden noch meiner Schwester Mut machen, noch konnte ich meinen Vater trösten. Ich traute mich nicht einmal, auch ihn anzurufen, um ihm mitzuteilen, was mein Schicksal war.

Die Worte meiner Schwester aber hatten mir das eigenständige Denken zurückgegeben, das Gefühl für mich selbst, das zwischenzeitlich ausgesetzt hatte. Ich versuchte, mir das Briman-Gefängnis von Dschidda vorzustellen, und fragte mich, ob man dort wohl ausbrechen konnte. Noch ahnte ich nichts davon, dass ich nach Mekka gebracht würde, und hatte auch nie von einer Strafanstalt dort gehört. Das änderte sich im Büro des Kommissars, in dem ich auf eine Wärterin wartete, die mich ins Gefängnis begleiten sollte.

Einer der beiden Polizisten bat mich, Platz zu nehmen, sah in meine Akte, und seine Stirn legte sich in Falten. Weiter in dem Ordner blätternd, sagte er: »Vier Jahre und zweitausend Stockschläge? Das darf doch nicht wahr sein!«

Ich erwiderte nichts. Es war, als hätte ich eine Watteschicht um mich herum: Die Ohren hörten alles nur ganz aus der Ferne und wie verlangsamt. Der Schock saß tief, so als hätte ich bei einem Sturz auf den Kopf das Bewusstsein verloren. Dennoch hörte ich aus seiner Stimme Mitleid heraus mit diesem Mädchen, das noch keine zwanzig Jahre alt war und auf das nun vier Jahre Gefängnis und zweitausend Stockschläge warteten, ohne dass sie ein Verbrechen begangen hatte. Er sagte etwas von den Amnestien, die es jedes Jahr zur Zeit des Ramadans gibt, und dass man bei guter Führung oder wenn man den Koran auswendig lerne früher herauskommen könne. Aber ich konnte nicht reagieren. Ich weinte nicht und spürte weder Angst noch Wut. Ich war nicht imstande zu sprechen und fühlte mich vollkommen betäubt, bis ein anderer Polizist hereinkam und mitteilte, dass die Wärterin jetzt da sei.

Der Beamte blickte noch einmal zu mir und sagte: »Du wirst in eine Anstalt für Mädchen in Mekka gebracht. Man wird sich dort um dich kümmern. Dort ist es besser als in einem normalen Gefängnis. Aber du musst dich gut betragen.«

»Ich muss nach Mekka? Warum das denn?«, hörte ich mich sagen.

»Weil du noch so jung bist. Das ist eine Besserungsanstalt für junge saudische Frauen wie dich.«

»Kann ich nicht in Dschidda bleiben? Mein Vater lebt hier«, wandte ich ein.

»Du willst lieber ins Briman-Gefängnis? Dort in Mekka ist es viel besser und sauberer«, versicherte mir der Polizist.

Ich sagte nichts mehr, da war keine Energie mehr in mir.

Sein Kollege führte mich zum Ausgang, wo eine von Kopf bis Fuß schwarz verhüllte Frau auf mich wartete. Sie kam auf mich zu, zog mir ein Ende meines Kopftuchs übers Gesicht und tadelte mich: »Lernst du denn gar nichts dazu? Selbst auf dem Weg ins Gefängnis lässt du dein Gesicht unbedeckt?« Dann hielt sie meine Hand fest und setzte sich mit mir in einen Streifenwagen.

Auf der Fahrt fragte mich ein Begleitpolizist, ob mein Richter Scheich Soundso gewesen sei. Als ich bejahte, erzählte er mir, dass derselbe Mann schon einen Kollegen von ihm wegen Nachlässigkeit zu einem Jahr Gefängnis verurteilt habe. Das sei ein ganz schlimmer Richter, den Gott hoffentlich für sein Tun bestrafe, er bete dafür. »Lern den Koran auswendig«, sagte er dann. »Je mehr du davon behältst, desto früher kannst du entlassen werden. Vielleicht ja schon bei der nächsten Amnestie im Ramadan.«

Große Wirkung hatten seine Worte nicht auf mich, denn ich war immer noch nicht ganz bei mir. Aber das mit dem Koran behielt ich. Ich unterstrich mir diesen Satz gedanklich, um mich später daran zu erinnern.

4.

Einzelhaft

Die Fahrt dauerte lange, obwohl Mekka nicht weit von Dschidda entfernt liegt, und die Landschaft erschien mir öde, obgleich sie mir vertraut hätte sein müssen. Während die Spätnachmittagssonne auf die Berge und Sanddünen zwischen den beiden Städten schien, saß ich auf dem Weg ins Ungewisse als Gefangene in einem Polizeiwagen.

Ich sah die riesige Korannachbildung, die die Einfahrt ins heilige Mekka markiert, und während wir durch Straßen und Gassen der Stadt fuhren, war mir, als sähe ich all das zum ersten Mal, als wäre ich nicht aus diesem Land und hätte Mekka nie zuvor besucht. Tatsächlich war es nur das erste Mal, dass ich alles aus einem verschlossenen Auto heraus sah, das mich in eine Haftanstalt brachte.

Kurz darauf kamen wir in einem Außenbezirk an, in einer verlassenen Gegend an der Autobahn, in der sich nur ein einziges riesiges Gebäude befand. Es war von einer Mauer mit Stacheldraht darauf umgeben, und auf einem großen Schild stand: »Mädchenheim der heiligen Stadt Mekka«. Das Auto fuhr durch ein großes weißes Eingangstor, das für uns geöffnet wurde, in einen weitläufigen Hof, in dem erneut eine ähnlich hohe Mauer wie außen stand, durch dessen Tor wir wiederum fuhren, bis wir vor einem großen Haus mit einer kleinen grünen Tür hielten. Jetzt stiegen wir aus, die Wärterin fasste mich wieder fest am Handgelenk und betrat mit mir das Haus durch die besagte Tür.

Meine erste Stunde in der Hölle hatte begonnen.

Eine dunkelhäutige Frau von grober Statur und Mimik und mit dick aufgetragenem Lippenstift, sie mochte Mitte vierzig sein, nahm mich in Empfang. Ihr Gesicht verzog sich, als habe sie den Teufel persönlich erblickt, als sie mich sah. Sie griff grob nach meinem Arm und sagte: »Vorwärts!«

Sie führte mich nach links in einen kurzen Flur mit zwei Räumen. Wir traten in den rechten ein. Dort saß eine zweite, ebenfalls dunkelhäutige Wärterin mit hübschem Gesicht und viel Schminke sowie bunter Kleidung. Hier sollte ich durchsucht werden, und ich musste mich komplett entkleiden und mich nackt vor die beiden Wärterinnen stellen. Sie tasteten meine Haare ab, untersuchten meinen Körper auf Gegenstände, die ich mitführen könnte, und nahmen mir alle meine Habseligkeiten ab. Dafür warfen sie mir einen Plastikbeutel mit Baumwollunterwäsche, ein billiges Nachthemd und ein paar Waschsachen hin.

Ich war verängstigt und begriff nicht, was vorging. Von außen drangen Stimmen und Gelächter herein. Ich fragte, warum sie mir mein ganzes Geld abnahmen. Vielleicht brauchte ich ja irgendwann Geld, um mir etwas zu essen oder Zigaretten zu kaufen.

Die eine Wärterin lachte spöttisch und sagte: »Du denkst, du brauchst hier Geld? Vergiss das, Schätzchen, hier gibt es kein Geld.«

Dann nahm mich die andere am Arm und führte mich in eine Art Halle. Ich war müde, aber ich sah mich um, denn ich wollte wissen, wo ich gelandet war: In der Mitte der Halle stand eine verglaste Wachstation, und von diesem Raum mit Glaswänden gingen zwei Korridore ab, die jeweils zu einem Trakt führten. Dort lagen offenbar die Gemeinschaftszellen, denn am Eingang beider Trakte standen Mädchen, die mich interessiert anstarrten. Eine Wendeltreppe neben der Wachstation führte ins obere Stockwerk, wo es scheinbar weitere

Flure und Zellen gab, aber von dort kam kein Geräusch. Der ganze Lärm kam nur von unten.

Wir gingen an einer langen Wand entlang, auf der in dicken Lettern »Es gibt keinen Gott außer Gott« stand. Dann ging es in einen engen, langen Korridor, von dem rechts ein kürzerer Flur abzweigte. Hier lagen schräg gegeneinander versetzt vier Zellen, sodass man als Gefangene nicht sehen konnte, wer jeweils gegenüber einsaß.

Mich erfasste Panik, ich sah die Wärterin ängstlich an und fragte: »Werde ich hier eingesperrt? Ohne andere Mädchen?«

Sie sah mich nicht an, sondern sagte schroff: »Mach keine Schwierigkeiten und geh rein.« Dann schob sie mich in eine der Zellen und schloss die Tür hinter mir. Nach ein paar Minuten kam sie noch einmal und steckte mir einen Koran durchs Gitter.

Der Raum war winzig klein. Es gab nur eine Matratze mit einem alten Bezug, an der Wand war ein Wasserhahn und darunter stand ein Plastikeimer. In einer anderen Ecke war ein in den Boden eingelassenes, dreckiges Klo, darüber war eine kleine vergitterte Luke in der Wand, durch die eine sanfte Nachmittagsbrise hereindrang.

Um diese Tageszeit hätte ich sonst im Büro gesessen und Kaffeepause gemacht. Ein besonders interessanter Job war es nicht, aber ich war trotzdem sehr froh und stolz gewesen, über die Schulferien zur Probe als Sekretärin angestellt worden zu sein. Mein Chef war der Manager eines Luxushotels in Dschidda, und die Bezahlung war gut. Alles, was mich auszeichnete, war, dass ich saudische Staatsbürgerin war, etwas Englisch konnte und Erfahrung mit Computern hatte. Ich hatte die Anstellung bekommen, weil gerade eine Kampagne zur verstärkten Beschäftigung saudischer Frauen in Gang war, vor allem in Bereichen, wo sie möglichst wenig mit der Religionspolizei zu tun hätten. Überall waren daher einheimische Frauen mit Englisch- und Computerkenntnissen gesucht, und ich war eine der Glücklichen, für die dabei dieser bequeme Job abgefallen war.

Mein Chef war Deutscher und sprach kein Arabisch. Er war nett, und er machte seine Arbeit gern. Nur das heiße Klima und das Fehlen jeglicher sozialer Aktivitäten, die seinen Gewohnheiten entsprochen hätten, trübten seine Laune zuweilen. Er wusste, wie man ein Hotel leitet, aber über uns Saudis wusste er nicht viel.

Manchmal rief er mich, wenn ich gerade meinen kleinen Teppich ausgerollt hatte und mein Gebet verrichtete. Ungeduldig rief er: »Kholoud! Kholoud! Why don't you answer? – Kholoud, Kholoud! Warum antwortest du nicht?«

Als das zum ersten Mal passierte, geriet ich in Verlegenheit und wollte schon mein Gebet unterbrechen, um ihm zu erklären, dass ich beim Beten gewesen war. Aber Ghamidi, der Personalchef, erklärte unserem Deutschen, dass wir beim Beten nicht antworten dürfen, weil es eine Zwiesprache mit Gott ist. Der Manager hatte Verständnis, aber er vergaß es immer wieder und rief mich oft zu sich, während ich gerade betete. Mir war es jedes Mal peinlich, bis er sich wieder daran erinnerte, warum ich nicht antwortete. Er sagte lachend etwas auf Deutsch und ließ mich in Ruhe.

Leo, ein Filipino, der schon lange bei Mister Christoph, wie wir ihn nannten, arbeitete, lernte mich an. Er teilte mir diese und jene Aufgabe zu, aber letztlich sah er in mir nur ein saudisches Mädchen, das zum Zeitvertreib da war und das es eigentlich nicht nötig hatte zu arbeiten.

Christoph und Leo waren gleichermaßen verblüfft, als ich ihnen eines Tages sagte, dass ein Richter mein Erscheinen vor Gericht angeordnet hatte. Ich versuchte, ihnen zu erklären, dass man in Saudi-Arabien kein Verbrechen begehen musste, um vor Gericht gestellt zu werden. Das sei in Deutschland oder auf den Philippinen sicher anders. Sie zeigten Verständnis.

Einen Tag vor meiner Gerichtsverhandlung hatte ich bereits das Gefühl, dass dies mein letzter Arbeitstag sein und ich die beiden nie mehr sehen würde. Ich war so blass und erschöpft, dass manche Kollegen mir rieten, ich solle zum Arzt gehen. Ich war aber nicht krank. Es waren lediglich die Symptome meiner Kapitulation und der Angst vor dem Unbekannten, was mich quälte. Ich sagte Mister Christoph, dass ich am nächsten Tag vor Gericht erscheinen müsse und vielleicht nie mehr zurückkäme.

Er fragte verblüfft: »Warum sollten Sie denn nicht wiederkommen?«

»Weil ich vielleicht ins Gefängnis muss.«

»Ganz bestimmt müssen Sie nicht ins Gefängnis, Kholoud!«, sagte er bestürzt. »Das ist ausgeschlossen.« Er schien in keiner Weise glauben zu können, was ich gesagt hatte.

Und jetzt war ich wirklich im Gefängnis, allein in einer winzigen Zelle. Am nächsten Tag würde mein Chef merken, dass ich nicht zur Arbeit kam. Er wäre bestürzt und hätte einmal mehr etwas Merkwürdiges in unserem merkwürdigen Land erlebt.

Ich weiß noch, dass ich den Gebetsüberwurf aus dem Plastikbeutel nahm, damit die Schaumstoffmatratze bedeckte und darauf einschlief, ohne an etwas zu denken. Ich weinte nicht und war nicht traurig, und selbst die Angst, die ich bei der Durchsuchung und auf dem Weg in die Zelle durchgestanden hatte, war verflogen. Alles verschwand plötzlich, eine Betäubung überkam mich, ich war nur noch erschöpft und wollte schlafen. Ich träumte nicht und erwachte erst, als meine Tür geöffnet wurde und eine ältere Wärterin mir ein Tablett mit Essen und Wasser in einer Plastikpackung auf den Boden stellte. Ich erwachte ein zweites Mal, als sie erneut aufschloss.

Sie sah, dass ich das Tablett nicht angerührt hatte, nahm es wieder mit und ging.

Durch das kleine Fenster konnte ich erkennen, dass es Nacht geworden war, und so schlief ich weiter. Immer wieder erwachte ich und schlief wieder ein. Ich fiel so leicht und schnell in den Schlaf, als wäre ich vor meiner Einlieferung betäubt worden. Ich kann nicht sagen, wie lange ich geschlafen hatte, aber ich erwachte von einem Gebetsruf. Es musste das Morgengebet sein, denn der Muezzin rief: »Beten ist besser als schlafen!«

Mir war schrecklich heiß. War meine Zelle eigentlich klimatisiert? Jedenfalls bekam ich kaum Luft und musste aufstehen. Mein Körper und meine Augen zwangen mich dazu, so als wollten sie mir sagen: Du kannst nicht dein ganzes Leben lang schlafen. Obwohl ich mir genau das von ganzem Herzen gewünscht hätte. Ich wollte nie mehr aufwachen. Ich saß aufrecht auf der Matratze und lehnte den Kopf an die Wand. Durch die Haarsträhnen, die mir ins Gesicht und auf die Schultern hingen, betrachtete ich, was aus mir geworden war.

Ich war in einer kleinen Zelle mit einer Eisentür, einem Fenster, das kein Licht hereinließ, und einer Toilette, zu der hinzusehen ich Angst hatte. Ich schaute nach rechts und sah den Koran, den die Wärterin mir gegeben hatte. Ich nahm ihn in die Hand und entsann mich der Worte des Polizisten, der mich in die Anstalt gebracht und vom Auswendiglernen des heiligen Buches gesprochen hatte. Nun sah ich zum ersten Mal, dass der Koran sechshundert Seiten hatte und voll war mit den kompliziertesten Wörtern, die es im Arabischen gibt. Mir wurde klar, dass ich bisher nur selten darin gelesen hatte. Es schien mir unmöglich. Mir war, als stünde ich am Fuß eines riesigen Berges, für dessen Besteigung ich Jahre meines Lebens brauchen würde. Ich räumte das Buch aus meinem Blickfeld und versuchte, wieder einzuschlafen, und seltsamerweise gelang es mir.

Ich schlief, bis Licht in die Zelle fiel und wieder eine Wärterin auftauchte, die mir erneut ein Tablett mit Essen und verpacktem Wasser hinstellte, das ich wieder nicht anrührte und das sie später, mit Ausnahme des Wassers, wieder mitnahm, wie sie es gebracht hatte. Seit man mich in diese Zelle geworfen hatte, hatte mein Magen nichts bekommen, kein Essen und keine Flüssigkeit. Ich weiß nicht mehr, wie die Wärterinnen aussahen und ob sie etwas gesagt hatten, während sie mir die Tabletts hinstellten.

Als ich diesmal erwachte, war mir, als hätte ich allen Schlaf, den ich in meinem Leben noch brauchte, hinter mich gebracht. Mein Kopf, ja selbst mein dünner Körper waren mir schwer, und ich konnte mich an nichts erinnern, was sich abgespielt hatte, seit ich in der Anstalt war. Mein Bedürfnis, die Toilette zu benutzen, war eine Herausforderung für sich. Es machte mir Angst, mich diesem dreckigen Loch auch nur zu nähern, nachdem ich schon im Schlaf befürchtet hatte, irgendetwas Grässliches könnte daraus hervorkriechen. Der Durst brachte mich zudem dazu, tatsächlich die Hand nach dem Wasser auszustrecken. Nun musste ich erst recht meine Angst vor dem Loch überwinden. Gleich darauf legte ich mich wieder auf die Matratze. Mir war klar, dass ich nun nicht würde schlafen können. Wieder hatte ich kein Zeitgefühl, aber draußen war es nun so hell, dass ich annahm, es müsse Mittag sein.

Warum bin ich hier?, dachte ich. Wozu die Einzelhaft? Gab es einen neuen Vorwurf gegen mich, weswegen sie mich zusätzlich straften? Würde ich jetzt die gesamten vier Jahre so verbringen müssen?

Diese Fragen drängten sich mir plötzlich auf, und sie ängstigten mich schrecklich. Ich wusste, dass man Einzelhaft als Folter gegen Gefangene einsetzte und dass sonst nur politische Häftlinge und Schwerverbrecher lange Zeit alleine eingesperrt wurden. Aber ich? Warum wurde ich allein in dieser Zelle gehalten? Panik stieg in mir hoch. Nach vielen Stunden des Schweigens fragte ich plötzlich laut: »Wo ist mein Vater?« Und es brach aus mir hervor: »Ich will meinen Vater sehen!« Ich stürmte zur Tür und begann hysterisch, mit beiden Händen dagegenzuhämmern. Hoffentlich hörten sie mich. »Ich will meinen Vater anrufen! Er weiß nicht, wo ich bin! Ich bitte Sie, ich will meinen Vater sprechen!«

Aber niemand kam, und niemand schien auf mein hysterisches Schreien und Klopfen auch nur zu achten. Ich fiel auf die Knie und brach in ein verzweifeltes Schluchzen aus. Nie zuvor hatte ich so geweint und gejammert, und ich weinte fast bis zur Ohnmacht. Die Angst zerriss mich, und ich zitterte fiebrig. Bis ich endlich eine Stimme vernahm, die ganz leise zu mir zu sprechen schien. Ich unterbrach mein Schluchzen, um sicherzugehen, dass diese Stimme echt war und ich sie mir nicht einbildete. Das Flüstern ging weiter, aber ich konnte kein Wort verstehen.

Ich griff an die Eisenstäbe der Zellentür und versuchte, hinauszusehen, aber ich sah nur eine Wand und einen Teil der Tür zu der Zelle, die meiner gegenüberlag.

»Wer spricht da?«, rief ich.

»Sprich leiser, sonst hören uns die Wärterinnen«, kam es zurück.

»Wer ist da?«

»Ich bin in der Zelle gegenüber eingesperrt. Ich heiße Maha, und neben dir wohnt Hiba.«

»Hallo«, begrüßte mich jemand.

Dann sagte die Erste wieder: »Wir können uns gegenseitig nicht sehen, aber wenn keine Wärterinnen in der Nähe sind, können wir miteinander sprechen. Das ist eigentlich streng verboten. Wie heißt du?«

Ich wischte mir die Tränen vom Gesicht und sagte niedergeschlagen: »Kholoud.«

»Wir hatten keinen Ton von dir gehört, seit du hier bist. Wir dachten schon, sie hätten dich wieder weggebracht, während wir geschlafen haben. Erst als wir beobachtet haben, dass sie dir Essen in die Zelle bringen, wussten wir, dass du noch drin bist.«

Ich wusste nicht, was ich antworten sollte. Es war, als sei mein Wortvorrat erschöpft.

Aber das Mädchen fragte mich weiter: »Woher kommst du?«

»Aus Dschidda.«

»Ich bin aus Taif, und Hiba ist aus Mekka.«

»Ich habe viele Mädchen auf den Fluren gesehen«, sagte ich. »Warum sind wir in Einzelhaft? Müssen wir lange in diesen Zellen bleiben?«

»Ich weiß es nicht. Ich bin hier seit zehn Tagen. Ich habe auch gesehen, dass da Mädchen auf den Fluren sind. Wir hören sie hier manchmal sprechen und lachen. Sie arbeiten sogar. Eine von ihnen bringt uns mit der Aufseherin unser Essen. Aber warum sie uns getrennt halten, weiß ich auch nicht.«

Eine Zeit lang sagten wir nichts, bis ich in die Stille hinein sagte: »Vielleicht liegt es an unseren Vergehen, und sie wollen uns zusätzlich bestrafen. Obwohl ich nichts getan habe, was eine solche Sonderbehandlung rechtfertigen würde. Aber der Richter hat mich behandelt wie eine Terroristin.«

Ich wollte weinen. Es schnürte mir die Kehle zu, und eine zentnerschwere Last legte sich mir auf die Brust, sodass ich kaum noch atmen konnte.

Ich begann, wie wahnsinnig mit Händen und Füßen an die Tür zu hämmern, und schrie dabei in voller Lautstärke: »Warum sperrt ihr mich hier ein? Schande über euch und den Richter und die gesamte Regierung! Holt mich hier raus! Ich will meinen Vater anrufen!«

»Tu das nicht! Hör auf, sie kommen sonst!«, flüsterte Maha.

Ich hörte nicht auf sie und lärmte weiter, bis sich Schritte näherten. Maha war verstummt, während ich weiter auf die Eisentür einhämmerte und herumschrie. Als ich eine dicke Frau mit dunklem Teint näher kommen sah, die über den Lärm ganz entgeistert zu sein schien, wurde ich still. Die kannte ich doch! Sie sah aus wie eine Tante väterlicherseits von mir.

»Was ist denn los, Mädchen?«, fragte sie erstaunt. »Was machst du denn da?«

»Ich will wissen, warum ich hier in Einzelhaft bin«, sagte ich. »Ich habe nichts getan. Bitte, ich möchte mit meinem Vater telefonieren!«

Ich brach in Tränen aus und sah, dass die Wärterin Mitleid mit mir hatte. Sie sagte: »Was du hier treibst, bringt gar nichts. Danke Gott, dass ich gerade Dienst habe. Die anderen hätten dich für dein Gelärme bestraft.«

Schluchzend sagte ich: »Ich bitte Sie, lassen Sie mich meinen Vater anrufen! Er ist krank, und er war bei meiner Verurteilung nicht dabei. Er weiß nicht, wo ich jetzt bin.«

»Beruhige dich, du kannst ihn anrufen. Aber erst muss dich die für dich zuständige Sozialarbeiterin sehen.«

»Wann wird das sein?«

»Das weiß ich nicht, aber du musst dich beruhigen, sonst machst du alles nur noch schlimmer.«

Ich konnte das Schluchzen kurz unterdrücken, aber Tränen liefen mir noch übers Gesicht. »Haben Sie ein Taschentuch für mich?«, fragte ich.

Sie lächelte, als hätte ich einen Scherz gemacht. »Ich bringe dir welche, aber versprich mir, dass du nicht wieder einen solchen Krach schlägst. Mir scheint, du bist ein anständiges Mädchen und lässt dich nicht gerne schlecht behandeln. Also pass auf, dass du dir nicht noch Schlimmeres einbrockst.«

Sie wandte sich zum Gehen.

Ich rief: »Heißt das, ich soll vier Jahre lang hier drinbleiben? Ich bin doch keine politische Gefangene!«

»Ich bin gleich wieder da«, sagte sie lächelnd und ging.

Kurze Zeit später flüsterte Maha mir zu: »Mach das nie wieder! Du hattest Glück, dass es diese Wärterin war.«

Verwundert fragte ich: »Wenn sie es nicht gewesen wäre, was hätten sie dann mit mir gemacht?«

Jetzt antwortete Hiba, die ich schon ganz vergessen hatte, weil sie so wenig gesagt hatte: »Vor vier Tagen habe ich mittags auch so Krach geschlagen wie du. Da kam eine Dicke mit wütenden Augen zu mir herein und schlug mich so zusammen, dass ich zwei Tage lang nicht mehr schlafen konnte, so viele Blutergüsse hatte ich. Dann brachten sie mir eine ägyptische Krankenschwester, die mir Schmerzmittel gab und dabei schadenfroh sagte, dass ich die Schläge verdient hätte.«

»Sie wagen es, dich zu schlagen?«, rief ich. »Dazu haben sie kein Recht!«

Maha ermahnte mich wieder flüsternd: »Sprich leise, sonst hören sie, dass wir miteinander sprechen.«

Wieder kamen Schritte, und die Frau, die mit mir geredet hatte, steckte mir ein paar Papiertaschentücher durchs Gitter. Sie flüsterte mir zu: »Du kommst hier raus, wenn die Sozialarbeiterin dich gesehen hat. Aber wenn du weiter Rabatz machst, lässt sie dich hier drin. Also sei vernünftig.« Dann ging sie weg.

Ich setzte mich auf meine Matratze, schlang die Arme um die Knie und ließ den Tränen freien Lauf.

Maha rief leise nach mir, aber ich hörte nicht hin. Ich weinte hemmungslos. Ich hätte am liebsten laut geschrien, nicht damit mir jemand half, sondern um mich von dem Würgen zu befreien, das mich fast erstickte. So gut ich konnte, versuchte ich, still zu weinen, aber ich schaffte es nicht. Ich war es nicht gewohnt, vor anderen zu weinen. Seit ich vierzehn war, hatte ich auch vor meinen Eltern nicht mehr geweint. Meine Mutter hatte mir immer gesagt: »Weinen ist ein Betteln um Hilfe, und es ist erniedrigend. Also zeig nie jemandem deine Tränen. Wenn du weinen willst, dann nur, wenn du alleine bist. Erlaube niemandem, dich schwach zu sehen!« Und trotzdem wettete ich jetzt darauf, dass sie sich an ihren eigenen Rat nicht hielt. Bestimmt heulte sie selbst Tag und Nacht vor allen, jetzt wo sie wusste, dass ich verurteilt worden war.

Eines der beiden Mädchen sprach mich wieder an: »Nimm's nicht so schwer. Lass uns weiter reden und weine nicht mehr.«

Ich antwortete nicht. Nicht weil ich die beiden ignorieren wollte, sondern aus Erschöpfung. Ich streckte mich auf der Matratze aus und rollte mich zusammen. Die Tränen wollten nicht aufhören zu fließen. Ich dachte dauernd an meinen Vater. Hätte ich auf seinen Rat gehört und wäre nicht zur Verhandlung erschienen, dann würde ich jetzt vielleicht zu Hause in meinem Bett schlafen. Ich dachte daran, ob es möglich wäre, zu flüchten. Wenn ich weiter nichts äße und so schwach würde, dass sie mich ins Krankenhaus brächten? Dort könnte ich vielleicht ausbrechen. Dann überlegte ich, ob ich mich umbringen könnte. Das Einzige, was mir einfiel, war, meinen Kopf gegen die Wand zu schlagen, bis ich tot war. Meine eigenen Gedanken erschreckten mich. So grübelte ich, bis ich endlich einschlief – und am liebsten wäre ich nie mehr wieder wach geworden.

Aber mich weckte eine Stimme: »Wer nichts isst, der schadet sich nur selbst.« Eine magere alte Frau nahm das Tablett mit, das sie zuvor in meiner Zelle abgestellt hatte. »Du wirst verhungern, und niemanden wird es interessieren«, sagte sie, bevor sie wieder ging und die Tür hinter sich verschloss.

Ich hatte noch keinen Bissen zu mir genommen, seit ich hier eingesperrt war, und lediglich ein oder zwei Schlucke

Wasser getrunken. Vielleicht würde der Plan mit dem Krankenhaus ja doch aufgehen. Ich befühlte meine Rippen und bemerkte, wie dünn ich schon geworden war. Meine Lippen taten mir weh, sobald ich den Mund öffnete, so trocken und aufgesprungen waren sie. Ich würde nichts essen. Essen wäre ein Zeichen meiner Kapitulation, und zum anderen erforderte die Einnahme des Fraßes, der hier serviert wurde, einen geradezu wahnsinnigen Hunger.

Ich konnte die Tage nicht zählen und wusste nicht, wie viel Zeit ich in jener Zelle verbrachte. Die Tageszeiten konnte ich ein wenig unterscheiden. Je nach Hitze und der Stärke des Lichts, das durch die Gitterstäbe am Fenster fiel, war es Mittag oder Nachmittag. Ich muss fünf oder sechs Tage lang nichts gegessen haben. Das Seltsame war, dass ich noch immer keinen besonderen Hunger verspürte, ich war nur furchtbar müde und bekam kaum Luft. Ich wollte aufstehen und an die Tür schlagen, aber ich schaffte es nicht. Eine seltsame Hitze strömte durch meine Glieder und meine Wangen. Irgendetwas in meinem Körper wollte Erlösung durch den Tod. Es verkündete mir, dass es nicht vier Jahre lang durchhalten würde. Aber ein anderer Teil von mir wollte nicht sterben und ließ mich die Stimme meiner Schwester hören, die mich anflehte, nach Hause zurückzukommen, und ich sah meine Eltern mit verwelkten Gesichtern weinen, wie sie weinen würden, wenn ich hier drin starb.

»Nein, ich will nicht, dass meine Familie vor Kummer vergeht. Ich werde weiterleben.«

Meine Liebe zu meiner Familie war unbeschreiblich. Es gab für mich nichts Schlimmeres, als ihnen noch mehr Kummer zu bereiten als ohnehin schon. Ich begriff, dass mein Wunsch nach einem bequemen Tod nur Egoismus war und dass ich die Kraft haben musste, all das hier ihnen zuliebe durchzuhalten.

Sie würden es nicht verkraften, mich nie wiederzusehen und zu hören, sollte ich sterben. Wenn ich könnte, würde ich dafür sorgen, dass sie nie wieder weinen mussten, das versprach ich mir. Hätte ich geahnt, was für ein Schicksal mir in meinem eigenen Land drohte, ich wäre nicht dortgeblieben und hätte es stattdessen vorgezogen, mein Leben irgendwo anders in der Fremde zu verbringen.

Hätte mein Vater mir vorhergesagt, was hier geschah, hätte ich mich nie mehr so sehr nach meinem Land gesehnt wie zuvor. Denn trotz aller Eigenheiten, die mir bei meinen Heimatbesuchen immer aufgefallen waren, hatte ich das Gefühl, dass die Wüstenhitze ein Teil von mir war und schwarze Umhänge mein Schicksal waren. Mein grüner Reisepass und die unkomplizierte Freundlichkeit der Menschen würden mich immer daran erinnern, dass dies mein Land war, auch wenn ich den größten Teil meines Lebens anderswo verbringen müsste. Ich wurde zornig, wenn jemand etwas an meinem Land auszusetzen hatte oder es beleidigte. Selbst als mein Vater vorschlug, die Gerichtsvorladung zu ignorieren und stattdessen ins Ausland zu reisen, dachte ich nur daran, dass ich dann Dschidda nie mehr wiedersehen würde. Ich wollte nicht zu einer Fremden werden. Dies war mein Land, und hier war ich eine Einheimische.

Hätte ich geahnt, dass das Schlimmste an meinem Land nicht die brennende Sonne und rückständige Stammestraditionen waren, hätte mir jemand gesagt, dass es hier noch viel Schlimmeres gab, so hätte ich mich damit abgefunden, im Ausland zu leben, und hätte den Menschen, die mir die liebsten sind, nicht solchen Kummer bereitet.

Als Mädchen war ich mit meiner Schwester die meiste Zeit im Ausland gewesen. Meine Mutter hatte darauf beharrt, dass wir eine gute Bildung bekommen sollten. In den saudischen Lehrplänen waren damals kaum Naturwissenschaften vorgesehen, dafür umso mehr Lehre der Scharia und der Religion. Also besuchte ich eine Eliteschule in Ägypten. Dort hatte ich viele Freunde, und die Lehrer mochten mich gern. Aber immer wenn es um Saudi-Arabien ging, bekam ich das ab, wenn sie etwas gegen mein Heimatland hatten oder sich darüber beklagen wollten. Da war es ihnen egal, dass ich auch noch als Mensch da war – und dass ich Saudi-Arabien im Herzen trug. Ich hielt es kaum aus, wenn sie so schlecht über mein Land sprachen, auch wenn sie sich zuweilen hinterher dafür entschuldigten und mir versicherten, dass ihre Kritik nicht gegen mich oder meine Familie gerichtet sei, sondern sich nur auf unsere Gesetze und unser rückständiges Regime bezog. Das minderte kaum meinen Schmerz darüber, dass jemand das Land beleidigte. Ich wusste, wie sehr mein Vater es liebte, und er sagte, es liebe auch uns – einfach weil wir zu ihm gehörten.

Wenn ich nach Hause kam und meinem Vater mein Leid klagte, meinte er, die anderen Schüler seien nur eifersüchtig darauf, dass ich aus einem so reichen und schönen Land käme. Am nächsten Tag begleitete er mich dann zur Schule und stellte meine Klassenkameraden zur Rede, wie sie es wagen könnten, mich armes Mädchen in politische Diskussionen zu verwickeln und mir die Gedanken zu vergiften. Dann wollte es natürlich niemand gewesen sein. Aber wenn wir am Ende eines Schuljahres über die Ferien nach Saudi-Arabien zurückkehrten, bemerkte ich, wie viel ich meinen Cousinen und Cousins an Bildung voraushatte, obgleich diese zum Teil mehrere Jahre älter waren als ich. Trotzdem beneidete ich sie darum, dass sie in Saudi-Arabien leben konnten und nicht nur wie ich als Gast im Ausland ausharrten. Seit ich vierzehn war, bekam jeder, der schlecht von meinem Land sprach, von mir eine solche Predigt, dass er es nicht wagte, das Thema noch einmal anzuschneiden. Ich bettelte meinen Vater an, er solle mich doch bitte nach Dschidda zurückbringen, aber er bestand darauf, dass ich zuerst meine Schule zu Ende bringe und einen guten Abschluss erwerben müsse, sonst könnte ich auch auf keiner ausländischen Universität studieren. Manche Verwandte von uns waren bereits zum Studium nach Großbritannien oder Amerika gegangen und würden irgendwann mit tollen Abschlüssen nach Hause kommen und eine blühende Zukunft vor sich haben. Aber ich wollte nirgendwohin. Ich wollte am liebsten zurück nach Dschidda und dort studieren, auch wenn alle anderen das noch so dumm fanden.

Nun lag ich also in meinem geliebten Land in einer Zelle, verurteilt zu vier Jahren qualvoller Haft. Mein Körper war entkräftet, mich erwarteten zweitausend Stockschläge, und dabei wusste ich noch nicht, wie weh die tun würden. Ich hatte nicht mehr die Kraft aufzustehen. Ich floh in Gedanken in schöne Erinnerungen an die Zeit, in der es nie unangenehme Überraschungen gegeben hatte, und fiel in einen tiefen Schlaf, aus dem ich schweißgebadet erwachte.

5.

Hunger nach Leben

Ich bibberte vor Kälte, und zu meiner Überraschung waren nun drei weitere Frauen in meiner Zelle. Eine sprach einen ägyptischen Dialekt, die andere war die dünne Wärterin, die ich vor dem Einschlafen schon gesehen hatte, und die Dritte war eine groß gewachsene afrikanischstämmige Frau.

Sie sprachen über mich, dann quatschten sie mich an. Ich hörte nicht hin, und es war mir gleichgültig, was sie sagten. Mir war wieder, als verginge die Zeit ganz langsam, als sei ich dem Tod ganz nahe. Nur an einem Gedanken hielt ich mich fest: Ich wollte mit meinem Vater sprechen.

Matt und langsam sagte ich: »Ich möchte ein Telefon und meinen Vater anrufen. Ein Telefon bitte. Sagen Sie meinem Vater, wo ich bin.«

Die Krankenschwester hob mein Kinn, steckte mir etwas in den Mund und flößte mir Wasser ein. Sie blickte die anderen an und sagte: »Sie muss ins Krankenhaus.«

Eine der Frauen ging hinaus und meckerte dabei: »Sie weigern sich zu essen, nur um zu sterben und uns damit Schwierigkeiten zu machen. Wozu kommen die überhaupt hierher?« Dann rief sie: »Manal! Geh und bring uns ein Sandwich und eine Packung Saft aus der Vorratskammer!«

Eine andere bemerkte: »In der Verwaltung ist niemand mehr. Ich werde die Sozialarbeiterin anrufen, wenn sich ihr Zustand weiter verschlechtert.«

Dann brachten sie mir ein Stück Brot, das nach Käse roch, und eine Tüte Saft. Ich konnte nur mit Schwierigkeiten kauen und schlucken, aber ich hatte auf einmal Appetit. Mir wurde schlecht und schwindlig, obwohl ich nur ganz wenig aß und gleich darauf wieder einschlief.

Die Frauen ließen mich endlich allein und verschlossen die Zellentür.

Das Stück Himmel, das ich durch das vergitterte Fenster sehen konnte, änderte seine Farbe. Es musste entweder die Morgen- oder die Abenddämmerung sein. Ich hörte meine Zellennachbarinnen flüstern und erhob mich von meiner Matratze. Ich wusch mir das Gesicht unter dem Wasserhahn, nahm die Decke, die ich zuvor angeekelt weggelegt hatte, und legte sie mir um, denn mir war kalt.

»Kholoud!«

»Maha?«

»Endlich bist du wach. Wir haben dich ewig gerufen, aber du hast nicht reagiert.«

»Warum bist du eigentlich hier?«, fragte ich Maha. »Hast du deine Sozialarbeiterin schon getroffen?«

»Ich habe noch niemanden getroffen, aber ich bin nicht die Einzige. Hiba ist auch noch hier.«

Ernüchtert schwieg ich. Dann sagte Maha: »Wir haben gesehen, dass eine Krankenschwester und Wärterinnen bei dir in der Zelle waren. Wir haben uns Sorgen um dich gemacht.«

»Wie spät ist es jetzt? Ist es Morgen oder Abend?«, fragte ich.

»Morgen«, sagte sie. »Gleich bringen sie das Frühstück.«

»Bitte fang nicht wieder an zu weinen«, sagte Hiba. »Unterhalte dich ein wenig mit uns, dann vergeht die Zeit schneller.«

»Warum seid ihr hier?«, begann ich ein Gespräch.

Ich hörte Hiba sagen: »Ich bin wegen meinem älteren Bruder von zu Hause weggelaufen. Bei einem Besuch der Großen

Moschee von Mekka wurde ich geschnappt und hierhergebracht.«

»Und du«, fragte ich Maha. »Weswegen bist du hier?«

»Erzähl du uns erst mal, warum sie dich eingesperrt haben«, forderte sie mich auf.

»Ich weiß nicht, ob das, was ich getan habe, ein Verbrechen ist«, sagte ich. »Im Vergleich zu Hibas Geschichte vielleicht schon.« Ich seufzte, und mir lief ein Schauer über den Rücken. »Um es kurz zu machen«, sagte ich, »ich war mit meinem Freund auf einer Party.«

»Mischung der Geschlechter also«, kommentierte Maha.

»Mag sein«, antwortete ich. »Aber zusätzlich wurden mir noch Unzucht und Widerstand gegen einen Sicherheitsbeamten vorgeworfen.«

»Um Gottes willen, warum das denn alles?«

»Vielleicht, weil ich versucht habe zu fliehen.« Dann fragte ich: »Seid ihr auch verurteilt worden?«

»Nein, wir wurden direkt hierhergebracht. Und du?«

»Vier Jahre und zweitausend Stockschläge.«

»Mein Gott!«

Wir hörten Schritte näher kommen und schwiegen. Ich ruhte mich wieder auf der Matratze aus, denn mir tat alles weh. Die Tür ging auf, und zwei Frauen betraten die Zelle. Eine brachte mir ein Medikament und etwas Wasser, die andere gab mir ein Sandwich und einen Pappbecher mit Tee darin, den sie vom Tablett eines Mädchens nahm, das vor der Zellentür stand. Das Mädchen versuchte, einen Blick auf mich zu werfen, aber die Wärterin schalt sie dafür aus. Dann gingen sie wieder und verschlossen die Tür.

Ich verschlang das Sandwich gierig, obwohl es mit Schmelzkäse bestrichen war, den ich eigentlich nicht ausstehen kann, aber in diesem Moment schmeckte es mir. Auch der Tee sah ziemlich trüb aus, aber ich trank ihn in einem Zug. Bis mich der Geschmack traf: Erst später sollte ich begreifen, dass die Anstaltsleitung Kampferöl beigab, das unseren Sexualtrieb unterdrücken sollte …

Während des Essens erzählte mir Maha, dass sie ihrem Mann weggelaufen war, der seinerseits im Gefängnis gewesen und danach gewalttätig gegen sie geworden war. Sie floh ins Haus ihres Vaters, von wo sie die Polizei gleich am nächsten Tag in die Anstalt brachte. Der Mann war nämlich nicht ihr wirklicher Vater, vielmehr hatten seine Frau und er sie als kleines Kind aus dem Waisenhaus zu sich genommen. Als ihre Ziehmutter dann starb, galt deren Mann nicht mehr als ihr Vormund, sondern als ein Fremder, bei dem sie sich nicht aufhalten durfte.

Ich muss zugeben, dass ich allmählich das Gefühl bekam, nicht das allerschlimmste Schicksal zu haben. Zumindest hatte meine Sache nichts mit meiner Familie zu tun, sondern nur mit den unverständlichen Gesetzen meines Landes, die kennenzulernen ich allerdings einen hohen Preis zahlen musste.

Am nächsten Tag holte eine Wärterin Hiba ab und brachte sie nicht mehr zurück. Immer wenn wir sicher waren, dass niemand uns hörte, unterhielten Maha und ich uns, egal wie spät es gerade sein mochte. Obwohl ich ihr Gesicht niemals sah, fasste ich Zutrauen zu ihr, und ich glaubte, dass dieses Gefühl auf Gegenseitigkeit beruhte. Zumindest sagte sie, dass sie mich in ihre Gebete einschließen wolle.

Etwa neun Tage brachte ich in meiner Einzelzelle zu. Weder erfuhr meine Familie, wo ich war, noch bekam ich eine Sozialarbeiterin zu Gesicht. Maha bewahrte mich davor, verrückt zu werden. Einerseits wünschte ich ihr, dass sie bald freikam, andererseits hatte ich Angst davor, dann ganz alleine zu sein und vor Einsamkeit und Kummer den Verstand zu verlieren.

Ich aß jetzt auch, was ich bekam. Ein wenig jedenfalls: das Sandwich jeden Morgen und das Mittagessen mit einer

Schnitte Obst. Darüber hinaus aber brachte ich nichts herunter, es sah einfach zu unappetitlich aus. Ich gewann durch die regelmäßigen Essenszeiten und die Gebetsrufe mein Zeitgefühl zurück, aber die Zeit verging nach wie vor langsam, und nur der Schlaf machte das Gewarte erträglicher. Selbst wenn ich mich mit Maha tags oder nachts durch das Gitter unterhalten konnte, wurde uns auch das zuweilen langweilig, und es war, als würde uns die Zeit höhnisch zurufen: »Ihr kriegt mich nicht tot, egal was ihr tut!«

Dann blätterte ich manchmal im Koran. Es fiel mir schwer, darin zu lesen. Ich verstand nicht einmal all die Vokalisierungszeichen über den Buchstaben, die wie Verzierungen aussahen. Aber meine Seele wollte sich nicht mit dem Schmerz abfinden, den ich empfand, und mein Verstand sagte mir, dass es falsch war, mich in mein Schicksal zu fügen. Meine Gedanken mündeten in den einen Entschluss: Ich musste hier raus, und sei es, indem ich das eigentlich Unmögliche versuchte, nämlich den Koran auswendig zu lernen. Ich redete mir deshalb ein, dass ich dazu imstande sei oder es zumindest versuchen müsse, um mich zu retten. Die Aussicht, es schaffen zu können, war das Einzige, was mir etwas Halt gab.

6.

Eine neue Form der Einzelhaft

Am Morgen des zehnten Tages kam die dicke Wärterin und forderte mich auf, meine Sachen zu packen und ihr zu folgen. Ich dachte, dass ich nun endlich meiner Sozialarbeiterin vorgestellt würde und meine Familie anrufen könne und dass ich danach in den gemischten Trakt zu anderen Mädchen käme. Aber zu meiner Enttäuschung führte sie mich in einen unbewohnten Flügel im oberen Stockwerk und fragte mich, ob ich das Badezimmer benutzen wollte.

»Duschen würde ich schon gern«, sagte ich.

Nein, ob ich mal zur Toilette müsste, fragte sie und sah mich ungnädig an, als wäre sie jetzt am Ende ihrer Geduld.

Sie schloss einen Raum auf, in dem nur eine Matratze auf dem Boden lag. Vor dem großen Glasfenster waren Gitterstäbe. Ich wusste kaum, wie mir geschah, da schloss sie schon die Tür hinter mir, und ich schrie: »Was soll ich hier? Wo ist denn jetzt diese Sozialarbeiterin?« Aber sie kümmerte sich nicht weiter um mein Geschrei und ging.

Ich weinte wie nie zuvor in meinem Leben, stundenlang, ich hatte einen richtigen Zusammenbruch, das weiß ich heute. Vor Angst war ich vollkommen fertig, weil ich nicht begriff, was vor sich ging. Ich war zwar zum ersten Mal überhaupt in einem Gefängnis, aber ich wusste, dass normale Häftlinge nicht so behandelt wurden und dass nur Terroristen und Schwerverbrecher in Einzelhaft gehalten wurden und keine Besuche empfangen und keine Telefongespräche führen durften, und ich wusste auch, dass weder ich noch die beiden Mädchen von unten in diese Kategorie gehörten. Warum behandelten sie uns dann so? Noch schlimmer war, dass ich hier mit niemandem mehr sprechen konnte, anders als zuvor mit Maha, und wenn ich zur Toilette wollte, musste ich erst ganz laut an meine Zellentür schlagen, bis eine Wärterin kam und mich dorthin begleitete. Aber das Schlimmste waren die Schreie von anderen Mädchen, die gar nicht weit weg von mir riefen und weinten und die die meiste Zeit über an ihre Türen schlugen. Ihre Stimmen machten mir Angst und versetzten mich in Hochspannung vor Sorge. Denn ich verstand nicht, was vor sich ging. Warum schlossen sie die Zelle ab, wenn der ganze Korridor abgesperrt war? Warum war ich in einer Zelle ohne Toilette? Warum war ich überhaupt hier? War das normal, was hier geschah? Immer wieder stellte ich mir diese Fragen. Ich spürte etwas, das zu erfahren ich nie erwartet hatte: Entwürdigung. Ich musste nicht erst in einen Spiegel sehen, um zu wissen, wie jedes Licht aus meinen Augen verschwand. Ich war so erschöpft, dass ich mir nicht vorstellen konnte, dass eine Seele es in diesem Körper aushielte. Könnte man mit Weinen mehr erreichen als momentane Erleichterung und dass es einen müde macht, so hätten meine Tränen bewirken müssen, dass die Gefängnistüren sich öffneten.

Ich blieb ewig auf meiner Matratze hocken, dann wieder fiel ich in einen tiefen Schlaf, raffte mich hoch und musste weinen. Manchmal schaffte ich es, damit aufzuhören, und starrte einfach nur die Wand an. Offenbar wollten sie, dass ich wahnsinnig wurde. Aber wozu? Reichte die Macht des Chefs des lokalen Tugendamtes so weit? Wusste mein Vater mittlerweile, wo ich war? Wie ging es meiner Mutter und meiner Schwester? Es war das erste Mal, dass sie nichts von mir hörten, sonst hatten wir jeden Tag Kontakt, mein Leben lang. Wie schmerzlich musste das für sie sein? Kaum kam mir das in den Kopf, brach ich in hysterisches Weinen aus, das mich krampfhaft schüttelte.

7.

In einer anderen Welt

Wir vier saßen am Strand auf vier Stühlen um einen Tisch. Meine Mutter trug elegante Kleidung und kein Kopftuch, auch mein Vater war attraktiv und gut gekleidet wie immer. Ich setzte mich neben ihn und klammerte mich an seinen Arm. Mir war, als sei ich gerade von einer langen und anstrengenden Reise zurückgekommen, und ich wollte nie mehr wegfahren. Hier am Arm meines Vaters fühlte ich mich sicher, und ich musste lachen, weil meine Schwester wieder ein kleines Mädchen war.

Da schlug jemand mehrfach auf die Gitterstäbe an der Zellentür, und ich schreckte hoch. Ich nahm den Gebetsüberwurf von meinen Augen und sah eine Wärterin mit rot gefärbten Augenbrauen, die ein Tablett mit Essen auf den Boden pfefferte, während sie schrie: »Aufstehen! Gleich beginnt das Freitagsgebet. Glaub nicht, dass du nicht beten musst, nur weil du in Einzelhaft bist!«

Ich blickte sie durchdringend an, schlug meine Decke zur Seite, nahm Zahnbürste und Seife aus dem Plastikbeutel und ging zum Waschraum, während die Wärterin an meiner Zelle stehen blieb, bis ich fertig war. Ich lief über den Flur und begriff nicht, was um mich herum vor sich ging. Mein Traum, in dem ich mit meiner Familie vereint gewesen war, war so schön gewesen, und nun empfing mich wieder der reale Albtraum der Anstalt. Alles um mich herum war mir zuwider und verursachte mir Brechreiz. Ich drehte den Wasserhahn zu und lief langsam zurück zu meiner Zelle, während die Wärterin, die mich so derbe geweckt hatte, mich beobachtete. Ich blickte sie kühl an und betrat wieder meine Zelle. Sie verschloss die Tür hinter mir und dann den Flur.

Vier Tage verbrachte ich in dieser zweiten Einzelzelle, bis mich eine Aufseherin zum ersten Mal in einen der beiden Gemeinschaftstrakte verlegte. Mir war, als wäre ich schon eine Ewigkeit in Haft. Diese wenigen Tage hatten mich bereits vollkommen verändert. Meine Seele war wie ein gefesseltes und gebrochenes Wesen, und mein Blick war leblos geworden. Ich war wie tot.

Mein neuer Raum war anders eingerichtet. Es gab ein Bett und einen Schrank und wieder ein Fenster, von dem aus man den Himmel nur durch Gitter sehen konnte. Zumindest hörte ich nun die Stimmen von Mitgefangenen, ihr Lachen und Streiten. Aber so wie mit Maha konnte ich mich mit keiner unterhalten. Sie sahen mich seltsam an und sangen spöttische Lieder, wenn mir aufgeschlossen wurde, damit ich zur Toilette konnte. Ich wich Gesprächen mit den anderen gefangenen Frauen aus, auch wenn sie mich leise riefen, damit die Aufseherinnen in der Wachstation es nicht mitbekamen.

Meine Zelle war voller Kritzeleien in unterschiedlichen Handschriften. An der Wand und an der Schranktür fanden sich Liedzeilen und der Spruch:

»Wer hier drin ist, ist verloren, wer hier rauskommt, neugeboren.« Unterzeichnet hatte eine Widad.

Neben dem Bett stand: »Herr, vereine mich mit meinen Kindern!« Badriya hieß hier die Urheberin.

Immer wieder las ich diese Sprüche, manchmal starrte ich stundenlang durchs Fenster, aber am liebsten schlief ich lange, bis eine Wärterin mir einen Teller mit Essen brachte oder wegräumte oder sie an die Stäbe schlugen, wenn wir beten sollten.

Als die Wärterin eines Tages mein Essenstablett, das ich nicht angerührt hatte, wegräumte und ich wie gelähmt auf dem Bett lag und nichts tat, außer zu atmen, tauchte sie kurz darauf wieder auf und sagte knapp: »Komm mit, du hast einen Anruf.«

Ich begriff nicht gleich, und sie wiederholte ungeduldig: »Jemand ist für dich am Telefon.«

Da sprang ich auf und eilte ihr hinterher zur gläsernen Wachstation, weil ich mich plötzlich wieder lebendig fühlte. Ich nahm den Hörer und lauschte auf die Stimme meiner Mutter: Sie klang wie eine Umarmung.

»Mama! Liebste Mama!«, rief ich.

Wir weinten uns beide etwas vor. Ich weiß nicht mehr, was ich zu ihr sagte oder sie zu mir. Ich weiß nur noch, dass ihr Weinen klang, als trauere sie um einen Verstorbenen. Ich dagegen weinte wie ein Kind, das endlich seine Mutter wiedergefunden hat, sich bei ihr über die Gemeinheit der Welt beklagt und hofft, die Tränen bewirken, dass sie versteht, was ihm Schlimmes passiert ist.

Auch auf dem Weg zurück in meine Zelle konnte ich nicht aufhören zu weinen. Die Mädchen auf dem Flur sahen mich und hätten gern erfahren, mit wem ich gesprochen hatte. Ich ärgerte mich über ihre Neugier, aber in Wirklichkeit war ich sauer auf mich, dass ich so mitleiderregend schluchzte, denn es war das erste Mal überhaupt, dass mich so viele Leute weinen sahen. Ich wünschte mir, mich beherrschen zu können, aber ich hatte noch das Weinen meiner Mutter im Ohr. Seit ich erwachsen war und vermeintlich eine starke Persönlichkeit entwickelt hatte, waren ihre Tränen das Einzige, was mich aus der Fassung bringen konnte. Wenn sie mich wegen eines Fehlers bestrafte, löste dies bei mir nichts aus, aber wenn sie meinetwegen weinte, blieb die Welt für mich stehen, ich wurde wütend auf mich selbst und wollte sie unbedingt trösten. Das war sogar so, wenn ich mich im Recht wähnte. Wenn Mama weinte, wurde ich schwach.

Schließlich beruhigte ich mich und überlegte, ob Maha und Hiba wohl wieder frei waren oder noch immer auf ihr Schicksal warteten wie ich. Zwei Nächte vergingen, und nichts geschah, außer dass ich an tausendundeine Sache dachte. Die Schlaflosigkeit brachte mich an den Rand des Wahnsinns – es schien, als hätte ich meinen Kredit an Schlaf und Träumen aufgebraucht und müsste nun zurückzahlen.

Am Morgen des dritten Tages kam dann wieder eine Wärterin und nahm mich mit – diesmal ohne meinen üblichen Waschbeutel.

Es ging wieder durch den Korridor, der zu den vier Einzelzellen führte, aber an dem Tag führte sie mich weiter, und ich seufzte innerlich auf, als wir erst am Ende des Ganges abbogen. Denn hier sah es ganz anders aus: Links und rechts lagen Büros, und in der Mitte wuchsen zwischen zwei Glasscheiben Pflanzen und Blumen. Sie klopfte an eine Tür, auf der »Sozialarbeiterin« stand. Ich begegnete erstmals Abla Suad, also Frau Suad.

Im Büro saß eine hübsche große Frau von Mitte dreißig mit heller Haut und dichtem schwarzen Haar. Auffällig waren ihre buschigen Augenbrauen, die sie blond gefärbt hatte. Mir reichte das als Information über sie, denn diese Methode, die Augenbrauen optisch zu verfeinern, wird gern von religiösen Frauen angewandt, die sich damit an eine Überlieferung des Propheten Muhammad halten.

»Du bist Kholoud?«, fragte sie und sah mich verächtlich an. Dann blickte sie wieder in den grünen Ordner, den sie in der Hand hielt. Sie blätterte darin herum und war offenbar über irgendetwas verärgert. Dann sah sie wieder mich an und fragte: »Die Vorschriften hier kennst du schon, oder?« Sie schloss die Akte, fixierte mich scharf und ergänzte: »Hier wird nicht rebelliert und Chaos gestiftet, verstanden? Die Folgen jeder Dummheit, die du hier anstellst, hast du selbst auszubaden.«

Ich blickte sie nur schweigend an. Mir ging nur eine einzige Frage durch den Kopf.

»Hast du verstanden?«, hakte sie nach.

»Hat mein Vater angerufen?«, fragte ich zurück.

Die Sozialarbeiterin war überrascht. »Ob du verstanden hast, was ich gesagt habe, will ich wissen, oder fängst du an, mir Schwierigkeiten zu machen? Die Konsequenzen hast du allein zu tragen, deswegen hoffe ich, dass du mich verstanden hast.«

»Ja, ich werde niemandem irgendwelche Schwierigkeiten machen, aber ich möchte meinen Vater anrufen. Seit ich hierhergebracht wurde, habe ich nichts von ihm gehört.«

»Haben wir dir nicht erst vorgestern einen Anruf deiner Mutter durchgestellt?«

»Das ist richtig.«

»Es gibt nur ein Gespräch oder einen Besuch pro Woche.«

Ich bekam Luftnot, und mir wurde ganz heiß im Gesicht. Ich hatte bei der Polizei nicht geweint und wollte es vor dieser Frau auch nicht tun. Nicht einmal vor dem Richter hatte ich geweint, obwohl mir viele dazu geraten hatten, um sein Mitleid zu erregen. Ich wollte nicht, dass sie mich schwach sahen oder gedemütigt. Aber jetzt kämpfte ich mit den Tränen und wischte mir verstohlen über die Wange.

»Ich muss meinen Vater aber sehen oder sprechen. Meine Mutter und meine Schwester leben im Ausland und können mich nicht besuchen. Sie müssen mir einen Besuch oder ein Telefonat erlauben.«

»Du wirst mir nicht vorschreiben, was ich muss oder nicht muss«, brauste sie auf. Sie schaute wieder auf meine Akte. »Geh jetzt auf dein Zimmer, und ich werde selbst sehen, was ich zu tun habe.« Dann setzte sie drohend hinzu: »Es kommt alles darauf an, wie du dich verhältst. Also benimm dich lieber.«

»Aber ich muss …«

Sie unterbrach mich schroff: »Geh in deinen Trakt zurück, habe ich gesagt!« Dann sagte sie zur Aufseherin: »Bring sie in ihren Bereich zurück. Und wenn sie Ärger macht, sag mir Bescheid. Die Einzelzelle wartet schon auf sie.«

Die Wärterin brachte mich weg, und ich verstand nicht, warum sie mich so hart am Handgelenk packte. Wohin sollte ich denn hier fliehen? Sie redete auf mich ein, aber ich hörte nicht hin. Ich dachte daran, wie mein Vater versucht hatte, mich dazu zu überreden, mich mit ihm ins Ausland abzusetzen. Ich hatte seine Worte noch im Ohr, und ich bereute es bitter, nicht auf seinen Rat gehört zu haben. Ich dachte daran, wie wir im Gericht all die vielen Stunden im Wartesaal verbracht hatten. Schweigend und schicksalsergeben hatten wir dagesessen und uns nur wortlos angesehen.

»Lass uns irgendwo im Ausland leben«, hatte er gesagt. »Wenn du willst, ziehen wir zu deiner Mutter und deiner Schwester. Wenn nicht, dann gehen wir eben woandershin. Ich lasse doch nicht zu, dass die dich einsperren. Ich bin für dich verantwortlich. Lass uns weggehen, liebe Kholoud!« Er hatte Tränen in den Augen und hoffte, ich würde zustimmen.

Ich war es nicht gewohnt, meinen Vater weinen zu sehen. Nur als meine Großmutter und sein Schwager gestorben waren, hatte ich ihn zuvor weinen gesehen. Sonst hatte er es wohl immer verstanden, seine Tränen vor uns zu verstecken, wenn er sorgenvoll oder traurig war. Aber diesmal konnte ich seine Angst förmlich spüren. Und sie wich einem Gefühl der Verzweiflung, als ich sagte: »Ich werde nicht fliehen, Papa, weil ich nichts verbrochen habe. Im Gegenteil, sie sind es, die mir unrecht tun! Ich will mein Leben nicht auf der Flucht verbringen. Wenn ich tue, was du vorschlägst, kann ich Dschidda nie wiedersehen, und das will ich nicht. Ich möchte hierbleiben.«

Er sagte nichts, aber in seinen Augen lag etwas, was ich erst hier in der Anstalt zu deuten wusste: Er wollte mir zu verstehen geben, dass ich nicht wüsste, mit wem ich es zu tun hatte, und dass mein Schicksal von den Worten eines Mannes abhing, der mir feindlich gesinnt war.

Die Wärterin redete weiter auf mich ein, bis wir im sogenannten kleinen Trakt beim Gebetsraum waren. Beide Flügel waren in Wirklichkeit gleich groß, aber hier waren früher nur Mädchen eingesperrt, die wegen kleinerer Vergehen einsaßen, etwa wegen unerlaubter Kontakte zu Männern, Aufsässigkeit gegenüber den Eltern oder Flucht aus der Obhut des gesetzlichen Vormunds. Zudem waren hier psychisch oder geistig Kranke untergebracht gewesen, was ich ziemlich seltsam fand, denn solche Fälle waren ja wohl in einem entsprechenden Krankenhaus besser aufgehoben als in einer Strafanstalt.

Auf jeder Seite des Korridors lagen fünf Räume. Der Boden war mit einer aufgeklebten verschmutzten Plastikfolie bedeckt, die an den Rändern ausfranste. Zwischen den Türen lagen beiderseits des Flurs Schaumstoffpolster mit alten, dunklen Bezügen. Auf ihnen saßen die Mädchen, wenn sie ihre Zellen verlassen und etwas Tee trinken durften. Am Ende jedes der beiden Korridore waren gegenüber der Zugangstür zu den Trakten jeweils zwei Waschräume. Darin gab es je fünf kleine Kabinen mit Toilette und Dusche. Die Toiletten waren das Schlimmste in der Anstalt. Obwohl sie täglich gereinigt wurden, waren sie immer schmutzig, und manchmal kamen Ratten heraus.

Drei Mädchen starrten mich an, als mich die Wärterin in ihren Raum führte und mich ihnen vorstellte: »Das ist ab heute eure neue Mitbewohnerin. Abla Suad hat veranlasst, dass sie hierher verlegt wird.«

Eines der Mädchen schien sich über mich zu freuen und

begrüßte mich: »Sei uns willkommen. Ich bin Aisha aus Mekka. Und du?«

»Kholoud aus Dschidda.«

»Hier ist dein Bett«, fuhr Aisha fort. »Keine Sorge, das Leintuch ist sauber. Wir haben es vor ein paar Tagen gewaschen, nachdem unsere Freundin von hier weggegangen ist. Gott schütze sie. Seitdem hat es niemand mehr benutzt.«

Sie nahm mir meinen Plastikbeutel mit dem Waschzeug aus der Hand und sagte: »Ich leg dir das in den Schrank, bis du dich zurechtgefunden hast.«

»Ich danke dir«, sagte ich.

Die anderen beiden Mädchen sahen mich lächelnd an, während Aisha sie mir nacheinander vorstellte. »Das ist Sara, sie ist auch aus Dschidda.« Und lachend zeigte sie auf die andere: »Und diese Verrückte hier heißt Nura. Sie ist auch neu hier. Sie kam erst vor ein paar Tagen aus der Einzelhaft hierher.«

Nura lächelte mich weiter an. Ich fragte sie: »Waren wir im Einzeltrakt zusammen? Kennst du Maha oder Hiba?«

»Nein, ich war im oberen Stockwerk ganz alleine«, antwortete sie. Dann kniff sie die Augen zusammen und versuchte sich zu erinnern: »Ich glaube, ich war eine volle Woche dort.«

»Werden hier alle in Einzelhaft genommen?«, fragte ich.

Aisha sagte: »Ja, alle Neuen kommen von Zeit zu Zeit in die Einzelzelle, je nach ihrem Verfahren oder je nach Laune der Sozialarbeiterin. Einzelhaft wird auch zur Bestrafung verhängt, wenn man gegen die Regeln verstößt, und dort bleibt man, bis die Sozialarbeiterin sich erbarmt.«

Ich schaute zu Boden und sagte nichts. Aber ich war froh, aus der deprimierenden Einsamkeit der Einzelzellen herausgekommen zu sein.

Sara sagte lachend: »Wir haben dich gesehen, wie du vor

ein paar Tagen in der Wachstation telefoniert hast. Wir dachten, das muss eine Prinzessin sein, wenn sie ihr erlauben, sich beim Telefonieren zu setzen. Noch nie zuvor durfte sich eine Gefangene in der Wachstation hinsetzen!«

»Wie bitte?«, rief ich erstaunt. »Ihr dürft beim Telefonieren nicht sitzen?«

Alle drei, selbst die ziemlich traurig wirkende Nura, lachten los. Ich musste etwas sehr Witziges gesagt haben.

Aisha sagte, noch immer ganz aufgekratzt: »Ich hatte schon damals gehofft, dass sie dich bei uns einquartieren werden. Ich wusste, wir würden Spaß mit dir haben.«

»Was ist denn so lustig an mir?«

»Wir lachen über dein erstauntes Gesicht«, sagte Sara. »Vergiss alles, was du draußen gelernt hast, und vergiss Worte wie *warum, müsste man nicht, eigentlich* und *wieso denn nicht*. Ich habe keine Ahnung, wie sie es zugelassen haben, dass du dich bei ihnen in der Wachstation hinsetzt. Vielleicht war es deine mutige Art, sodass sie dachten, du kommst vielleicht aus gutem Hause. Oder sie hatten einfach Mitleid, weil du so geheult hast. Das wäre aber auch ungewöhnlich. Na ja, lass dir einen guten Rat geben und tu es nicht wieder.« Sie kicherte noch immer.

Nura schaltete sich ein und fragte: »Was hast du denn angestellt?«

»Angeblich darf ich mit keiner von euch darüber sprechen. Aber ich weiß auch nicht, wozu diese Geheimniskrämerei gut sein soll. Eigentlich war da gar nichts, aber einer von der Tugendbehörde hat mir einiges angehängt. Aber was mich am meisten schockiert hat, war, dass der Direktor einer Behörde, die sich Amt zur Förderung der Tugend und zur Verhütung des Lasters nennt, vor Gericht falsch gegen mich ausgesagt hat. Er hat mich richtiggehend verleumdet.«

Eine Minute lang schwiegen wir alle. Meine Zellengenossinnen hingen ihren Gedanken nach. Ich wartete auf eine Reaktion, aber Nura fragte nur: »Wie viel hast du bekommen?«

»Vier Jahre und zweitausend Stockschläge.«

Aisha blieb der Mund offen stehen. »Um Himmels willen«, rief sie. »Wann wird Gott diese Bande endlich bestrafen? Vier Jahre Gefängnis?«

Sara starrte auf ihre Fingernägel, die Brauen gerunzelt. Nura sah mich noch immer entsetzt an. Dann versuchte sie mich zu trösten: »Möge Gott dir Geduld schenken, und mögen deine Sorgen vergehen. Wenn Er will, kommst du bei der nächsten Amnestie raus.«

Wir unterhielten uns dann zwei Stunden lang. Sie wollten alles Neue von der Welt draußen wissen. Welche neuen Musikalben erschienen waren, wie die neuen Überwürfe für Frauen geschnitten waren, ob es neue Malls in Dschidda gab und ob die Strandpromenade noch so aussah wie sonst. Dann schlug jemand laut an die Gittertür am Flurende, und eine Frauenstimme rief: »Mittagessen! Mittagessen!«

Aisha sagte zu mir: »Komm mit zu deinem ersten Mittagessen im Office.«

Aisha wirkte weniger bedrückt als Sara und Nura. Sie hatte hellbraune Haut und war sehr dünn. Pickel prangten überall auf den Wangen und der Stirn, aber ihre Augen leuchteten und strahlten Hoffnung und Zuversicht aus, obwohl sie häufig nervös blinzelte.

Wir betraten einen Saal, in dem Tische in Reihen standen. An der Rückwand waren zwei Türen, die in einen anderen Raum führten, den ich nicht sehen konnte. Vier Frauen trugen so etwas wie Uniformen, Hemd und Hose mit Längs- und Querstreifen in Gelb und Braun, was Quadrate ergab, und ein kurzes Kopftuch in denselben Farben. Sie sausten durch die rückwärtigen Türen hin und her und werkelten im Esssaal herum, der hier »Office« hieß. Ich erfuhr, dass hinter der

Doppeltür die Küche lag, dass dort Gefangene kochten und dass alle von uns im Wechsel zum Küchendienst eingeteilt wurden, selbst Schwangere.

Wir setzten uns an einen Tisch, der mit leeren Tabletts gedeckt war. Allmählich stieg der Geräuschpegel, je mehr Mädchen aus den Trakten hereinkamen, und viele von ihnen lugten zu mir herüber und flüsterten oder kicherten dabei.

»Mach dir nichts aus denen, die sind nur übertrieben neugierig«, versuchte mich Aisha zu beruhigen und lenkte mich ab: »Das hier ist das Office, hier essen wir immer. Frühstück ist um sechs, gekocht wird morgens, aber nur donnerstags und freitags, da gibt es Bohnen oder Eier. Mittagessen gibt es zwischen dreizehn und fünfzehn Uhr, je nachdem, wer kocht. Das Abendessen gibt es immer direkt nach dem letzten Gebet des Tages, meistens ist das ein Topf Linsen. Am besten schmeckt mir das Abendessen am Donnerstag, da gibt es Hamburger und Pommes.«

Drei Mädchen kamen an unseren Tisch, zwei von ihnen trugen einen riesigen Topf, und ihnen voraus ging eine Dicke mit einer großen Schöpfkelle.

»Wie geht's euch, Mädchen?«, fragte sie, schaute dabei aber nur mich an.

»Ganz gut, Amani, riecht ja lecker heute«, erwiderte Aisha.

Die Essensfrau kleckerte uns jeweils etwas Reis auf den Rand des Tabletts, das als Teller diente, und fragte mich teilnahmslos: »Bist du Kholoud, die Neue?«

Ich blickte sie an. Schweiß stand ihr auf der Stirn, als wäre sie durch einen Regenguss gelaufen. Es war ziemlich heiß im Saal. Ich bejahte ihre Frage.

»Geiz mal nicht so mit dem Reis, Amani«, sagte Sara ärgerlich und stocherte mit dem Plastiklöffel in ihrer Portion herum. »Das würde ja nicht mal einer Katze reichen.«

Amani ging schon zum nächsten Tisch und beschied ihr lautstark: »Sei froh, dass du überhaupt was abkriegst, andere Menschen bekommen nicht einmal einen Löffel voll Reis. Wenn am Schluss etwas übrig bleibt, werde ich es gerecht verteilen.«

»Gott erbarme sich unser. Wenn Amani Dienst hat, verhungert man hier«, sagte Sara so leise, dass diese nichts hören konnte. »Sie selbst isst so viel wie die Insassen einer ganzen Zelle, aber ein klein wenig mehr Reis gönnt sie einem nicht.«

Amani war dick und groß, sie hatte breite Schultern, und ihre harten Gesichtszüge hatten nichts Weibliches. Aisha warnte mich: »Sieh dich vor, die ist richtig hinterhältig! Hast du gesehen, wie sie dich angeschaut hat? Sie wohnt im großen Trakt, und mit den dortigen Insassinnen solltest du dich besser nicht anlegen.« Dann beugte sie sich zu mir herüber und flüsterte: »Sie soll eine Kupplerin gewesen und wegen Beihilfe zur Prostitution im Knast sein.«

Sara protestierte: »Sei gottesfürchtig, Aisha! Wir wissen nicht, ob das stimmt. Die Mädchen hier quatschen viel, aber nur Gott kennt die Wahrheit.«

Aisha hielt dagegen: »Siehst du nicht, wie herablassend sie uns behandelt? Einen Löffel Reis extra verweigert sie uns, und du verteidigst sie noch? Wie blöd kann man sein!«

Ich betrachtete mein Mittagessen und überlegte mir, wie ich das runterbringen sollte. Das Mahl bestand aus einem kleinen Haufen verklebten Reis, einem Stückchen Huhn, ein wenig Salat und einem großen Schnitz von einer schlechten Birnensorte. Ich hatte zwar ziemlichen Hunger, aber das zu essen war eine Herausforderung. Ich hatte bisher immer nur das Stück Obst gegessen, das mit dem Mittagessen kam, und vom Frühstück und vom Abendessen das Brot. Zudem hatte ich jeweils eine halbe Tasse von dem trüben Tee getrunken, den es nachmittags immer gab. Davor hatte ich gefastet, bis ich festgestellt hatte, dass man hier nicht ins Krankenhaus kam, selbst wenn man sterbenskrank wurde. Von dort wollte ich ja fliehen. Und Selbstmord durch Hungerstreik war auch viel leidvoller, als ich gedacht hatte. Ich musste mir also etwas anderes überlegen.

Ich hob einen Löffel mit Essen zum Mund, schnupperte an dem ranzigen Hühnchen mit Reis und mir wurde wahrhaftig schlecht.

»Wenn dich Amani jetzt gesehen hätte, würde sie dich bei ihrer nächsten Schicht verhungern lassen«, sagte Sara und verschlang ihre Portion.

Ich legte den Löffel zurück auf das Tablett und sagte angewidert: »Ich krieg das nicht runter.«

»Dann wirst du hier verhungern«, beschied mir Nura, ohne mich anzusehen. »Die kochen hier nicht wegen dir was anderes, und von draußen schicken lassen kannst du dir auch nichts.«

»Mein Vater würde mir schon was schicken, wenn ich ihn darum bitten könnte. Aber seit ich hier bin, weiß ich nichts mehr von ihm.«

»Die erlauben keine Essenspakete von Besuchern oder per Post. Das kannst du komplett vergessen. Sieh zu, dass du nicht krank wirst vor Schwäche. Wenn doch, bringen sie dich ins Krankenhaus und danach wieder hierher, und dann bekommst du auch nur dasselbe Essen vorgesetzt.«

Ich schob das Tablett weg. Wut überkam mich, und ich bekam Luftnot. Ich atmete tief ein, um mich wieder beherrschen zu können, und sagte zu Sara: »Du kannst meinen Reis haben. Ich habe keinen richtigen Hunger. Die Birne wird mir bis zum Abendessen reichen.«

»Versuch wenigstens, ein bisschen zu essen«, sagte sie. »Glaub mir, du wirst dich daran gewöhnen. Es ist uns allen anfangs schwergefallen, und jetzt verlangen wir sogar Nachschlag, wie du siehst.«

»Ich hab gerade keinen Hunger.«

Sie nahm mein Tablett und schob sich meinen Reis auf ihren eigenen Teller. »Dein Hunger wird noch kommen«, sagte Sara, »und dann wirst du alles verschlingen, was sie dir vorsetzen.«

Aisha hob ihr Tablett. »Gib mir auch ein wenig Reis ab.«

Ich weiß nicht, wie viel Zeit danach im Trakt verging. Einige der dort wohnenden Mädchen umringten mich und wollten Fragen beantwortet haben. Ich war so etwas wie ein Großereignis im Gefängnis. Sie fragten und fragten und betrachteten meine Augen, meine nachgezogenen Brauen und meine gefärbten Haare, so als hätte ich etwas an mir, was sie schon lange vermissten. Ihre Fragen prasselten auf mich ein, bis der Gebetsruf ertönte, und alle stoben auseinander, als eine Wärterin im Flur aufkreuzte. Es war eine große, schlanke Frau Mitte vierzig. Mit einem langen, wallenden dunkelblauen Rock und einer orangefarbenen Bluse, die eng an ihrem Körper anlag, stolzierte sie selbstverliebt über den Flur, und die Enden ihres braunen Kopftuchs hüpften auf ihren breiten Schultern hin und her.

Sie schlug mit ihrem Stock auf die Eisenstäbe der Zugangstür, als führe sie einen Kampf auf Leben und Tod, und dabei rief sie: »Beten! Los, Mädchen, betet!«, und schlug auf jede einzelne Zellentür. »Beten, beten!«, wiederholte sie ungeduldig und wankte dabei so hin und her, dass wir glaubten, sie würde gleich umfallen.

Aus einer Zelle tönte es ärgerlich: »Wir haben es ja kapiert, Abla Khadidscha! Wozu dieses Geschrei und Gerassel?«

»Wasch dich vor dem Gebet, Zahra, aber schnell! Du kennst die Strafe, die dir blüht, wenn du zu spät zum Beten erscheinst«, erwiderte die Aufseherin und verschwand.

So hochmütig sie durch den Gang stolziert war und die Türen misshandelt hatte, so selbstgefällig ging sie wieder zur

Wachstation zurück, dessen Bedeutung nur kannte, wer hier einsaß.

»Steh auf, hast du das Geschrei nicht gehört?«, sagte Aisha zu mir und band sich ein Tuch um die Haare.

»Ist Beten hier Pflicht oder was?«, fragte ich.

»Komm mit, ich erkläre es dir später.«

Ich fand mich zum gemeinschaftlichen Gebet im dafür vorgesehenen Raum ein und ließ den Blick wandern. Sie beteten hier in Gemeinschaft? Ich hatte immer gedacht, diese Pflicht gelte nur für Männer, nicht für Frauen. Und zum ersten Mal sah ich eine Imamin, die das Gebet leitete. Durfte eine Frau das überhaupt? Wie machten die das hier? Alles war so seltsam, was ich hier in der Anstalt Stunde um Stunde neu entdeckte.

Allahu akbar, Allahu akbar.

Aisha nahm mich an der Hand und zog mich in ihre Reihe, denn die Betenden müssen dicht an dicht stehen, so schreibt es der Islam vor.

8.

Heilige Gesetze

Die erste Woche war vergangen, und sie kam mir vor wie ein Jahr. Ein Tag war wie der andere, außer dass sich das Essen mittags unterschied. Trotzdem war ich einer Achterbahnfahrt der Gefühle ausgesetzt, und dass ich andauernd weinen musste, rüttelte an meinem Selbstwertgefühl, denn bisher war ich überzeugt gewesen, mir so etwas wie innere Stärke im Leben aufgebaut zu haben.

Die gefangenen Mädchen legten sich zum Schlafen meist einen Streifen Stoff, den sie von einem alten Kleid abrissen, über die Augen, denn in allen Zellen brannte Tag und Nacht grelles Licht, was es schwierig machte, überhaupt Schlaf zu finden. Die Direktorin hatte dies veranlasst. Sie war der Überzeugung, helles Licht verhindere, dass Insassinnen sich heimlich zu nahe kämen. Sie war sehr darauf bedacht, dass kein eventueller Vorfall lesbischer Liebe unentdeckt blieb. Die diesbezüglichen Vorschriften waren streng. Niemand durfte eine Nachbarzelle betreten oder sich im jeweils anderen Trakt aufhalten. Es galt sogar als strafbares Verbrechen, wenn zwei Mädchen auf einem Bett saßen, selbst wenn sie für alle hörbar sprachen. Wir durften uns auch nicht mit Umarmungen trösten oder verabschieden – und küssen schon gar nicht. Die Strafen dafür waren erheblich.

Wenn immer eine von uns Gefangenen an ihre Familie oder ihr früheres Leben dachte, wenn ihr klar wurde, dass sie die Freiheit verloren hatte, wenn eine ihr Urteil erfuhr oder von einer Prügelsitzung zurückkam, brach sie zusammen. Eigentlich genügte es schon, jeden Morgen erneut an diesem höllischen Ort wach zu werden. Der Moment war furchtbar, in dem man begriff, dass alles, wovon man geträumt hatte, nur ein Traum gewesen war. Wenn dann die Wärterinnen mit ihren Stöcken an die Türen schlugen, spürte man förmlich, wie man zerbrach. Mit der Zeit musste die Seele krank davon werden.

Jeden Tag stellte ich aufs Neue fest, dass ich noch immer einer unerbittlichen religiösen Macht ausgeliefert war, die keine Menschlichkeit kennt. Einer Macht, die uns als verkommene Huren betrachtete, mit denen man so hart wie möglich verfahren musste, damit wir nie wieder fehlten. Liebe galt unter diesem Himmel als das schlimmste Verbrechen, das weder gemäß der Scharia noch dem Gesetz nach mit Nachsicht betrachtet werden durfte. Dafür wurde man als junge Frau eingesperrt und ausgepeitscht.

Und wenn der Islam und die Regierung ihre Rache genommen hatten, waren der Vater und der Bruder dran, um uns Mädchen im Namen der Männlichkeit zu bestrafen. Denn der höchste Rang gebührt der Mannesehre, und diese kann nur durch Blut wiederhergestellt werden – durch das Blut einer Frau, die es gewagt hat, selbst zu entscheiden, wer ihren Körper berühren darf.

Die ganze erste Woche war ein Schock für mich. Gerade am Anfang versucht jede Neuangekommene, sich in dem Labyrinth des Elends der Anstalt zurechtzufinden, in dieser Welt, deren Sprache und Dimensionen sie noch nicht kennt. Ich kann mich nicht erinnern, dass ich in dieser ersten Woche auch nur gelächelt hätte. Ich war einfach nur entsetzt und weinte unaufhörlich. Ich hatte schreckliche Angst, meinen Vater nie wiederzusehen oder dass ihm etwas passiert war. Es konnte doch nicht sein, dass er mich nicht besuchen kam!

Außerdem war das Gespräch mit meiner Mutter so kurz gewesen, und wir hatten uns die halbe Zeit lang nur angeweint. Ohnmächtig vor Wut musste ich ertragen, dass die Wärterinnen im Morgengrauen wie wahnsinnig an die Türen schlugen, in einer Art von systematischer Perversion, wie ich sie nie zuvor erlebt hatte. Arglist und der Wunsch nach Rache klangen in diesem Scheppern mit, es wiederholte sich fünfmal am Tag, immer zu den Gebetszeiten, und ich wurde fast verrückt davon. Ich beschloss, mich in Geduld zu üben, aber das war eine Kunst, die ich überhaupt nicht beherrschte – schon gar nicht, wenn mir die Wärterinnen hochmütig ins Gesicht lachten oder mich mit falscher Freundlichkeit von oben herab behandelten. Zudem musste ich mich auch noch damit abfinden, diese alten Toiletten zu benutzen, vor denen mich so ekelte. Ich fürchtete mich wahnsinnig vor den Ratten dort. Und dann das eklige Essen …·

Die Mädchen schilderten mir, welche Strafen mich erwarteten, falls ich gegen irgendeine der zahllosen unbegreiflichen und unsinnigen Vorschriften der Anstalt verstieß. Beispielsweise durften wir niemals etwas zu essen mit auf die Zelle nehmen, kein Brot, keinen Käse und kein Obst. Nur Wasser war außerhalb des Speiseraums gestattet. Begründet wurde dies damit, dass frühere Insassinnen es angeblich einmal geschafft hatten, aus Obst und Zucker Alkohol herzustellen. Zum Gebet durfte man sich keinesfalls verspäten, und man musste es immer in Gemeinschaft verrichten. Wenn ich meine Periode hatte und deshalb nicht beten durfte, musste ich zu den entsprechenden Zeiten trotzdem die Zelle verlassen und im Korridor warten, bis das Gebet vorbei war. Dasselbe galt für fastende Frauen; sie mussten zu den Essenszeiten ebenfalls ihren Trakt verlassen, denn zu den Gebets- und Essenszeiten mussten die Gemeinschaftszellen menschenleer sein.

Man durfte aber Angehörigen nichts darüber erzählen,

welche Vorschriften und Strafen in der Anstalt galten, noch sonst etwas von den Lebensumständen dort. Selbst vor der Menschenrechtskommission, die das Gefängnis von Zeit zu Zeit besuchte, angeblich um die dort herrschenden Zustände in Augenschein zu nehmen, musste ich mich vorsehen. Man gab mir zu verstehen, dass es auf jede Frage, die man gestellt bekam, nur eine mögliche Antwort gab, nämlich: »Alles in Ordnung.« Eine Beschwerde hätte nur Strafe nach sich gezogen, sobald die Kommission das Gelände verlassen hatte.

Wir durften nur mit Erlaubnis der Aufseherinnen unseren Trakt verlassen, und nach dem Abendgebet war es keiner von uns gestattet, sich außerhalb der eigenen Zelle aufzuhalten, denn dann war Schlafenszeit. An der Decke des Korridors hing ein Fernseher, aber der lief nur, wenn die Direktorin ihn einschaltete. Man durfte ohne Erlaubnis so gut wie nichts tun, selbst fürs Atmen brauchte man eine Genehmigung der Sozialarbeiterin.

Ich erfuhr, dass ich zu bestimmten Arbeiten verpflichtet werden würde: Einmal in der Woche war der Waschraum zu reinigen, ein anderes Mal der Flur oder der Speiseraum und die Küche. Küchenschichten würde ich auch übernehmen müssen. Wer kochen konnte, musste dies angeben, dann wurde man zum Kochen eingeteilt und musste Hühnchen säubern und hacken, Fleisch vorbereiten oder Fische ausnehmen. Man musste sich dazu von den Aufseherinnen Küchenmesser aushändigen lassen, dies unterschreiben und sie an die anderen Mädchen in der Küche weitergeben.

In der Küche lebten angeblich unzählige Ratten unter dem Spülbecken und im Ofen. Ich hoffte, dass das nicht wahr war und mir die anderen nur Angst machen wollten. Ich versuchte, mir vorzustellen, wie Ratten in einem Ofen leben konnten, ohne zu verbrennen. Wie sollten sie sich dort sogar noch vermehren?

Ich lernte viele der Mädchen in meinem Flügel kennen und hörte ihre Geschichten, nicht nur die von Aisha, Sara und Nura, mit denen zusammen ich in einem Raum hauste. Keine von ihnen wäre in einem anderen Land als Saudi-Arabien für das, was ihnen angelastet wurde, belangt worden. Das einzig Haarsträubende an ihren Taten war, wie der Staat und ihre Angehörigen darauf reagierten.

Die meisten von ihnen waren zur Strafe hier, weil sie jemanden geliebt hatten. Nura und Aisha hatten eine ähnliche Geschichte. Sie hatten sich jeweils in einen Jungen verliebt und mussten vor ihren Familien fliehen, nachdem diese es mitbekommen hatten. Die Polizei wurde benachrichtigt, und so landeten sie in der Anstalt. Aisha hatte zudem unehelichen Verkehr zugegeben und wurde zu einem Jahr Haft und hundert Stockschlägen verurteilt. Weil ihr Urteil als Strafe nach der Scharia galt, konnte sie nicht begnadigt werden. Aisha musste also ihr Jahr vollständig absitzen, und die Schläge, die sie bekam, waren besonders hart.

Nuras größte Sorge war, dass ihr Vater sie nach der Haft nicht zurücknehmen würde, denn dann würde sie vor Gericht gestellt, weil ihre Liebesbeziehung offiziell noch nicht bewiesen war. Als wir einmal medizinisch untersucht wurden, bat sie mich darum, Urin für sie abzugeben, denn sie fürchtete, schwanger zu sein, was ihre Lage katastrophal verschlimmert hätte. Ich half ihr daher aus.

Sara hatte dagegen keine Probleme mit ihrer Familie. Sie hatte sechs Monate Gefängnis und hundert Stockschläge als Strafe bekommen, weil sie sich des unerlaubten Alleinseins mit dem anderen Geschlecht schuldig gemacht hatte. Sie wurde im Auto ihres Freundes ertappt, als sie beide vor einem Schnellimbiss auf ihre Bestellung warteten.

Alle sahen mich mitleidig und traurig an, weil ich zu vier Jahren und zweitausend Stockschlägen verurteilt worden war.

Viele der anderen hatten wahnsinnige Angst davor, entlassen zu werden, weil sie dann zu ihren Angehörigen zurückkehren mussten und nicht wussten, was dort mit ihren passieren würde.

Doch egal, wie traurig sie sonst waren, manchmal sah man echte Freude in den Augen der Mädchen – und dann hörte man sie sogar lachen.

Was mir dagegen – nach dem Gedanken an die Ratten – die größte Panik verursachte, waren die Stimmen der Mädchen aus der Einzelhaft im oberen Stockwerk, wo sie unterschiedlich lange zubrachten. Ständig weinten sie, und wenn sie zur Toilette mussten, schlugen sie an ihr Gitter, ohne dass irgendeine Wärterin sich darum scherte. Manchmal dauerte es Stunden, bis sich eine Aufseherin die Mühe machte, die Treppe hochzugehen, um einer Gefangenen kurz aufzuschließen. Ihre Rufe, ihr Weinen und ihre unerhörten Bittgebete fanden immer einen Weg in meinen Kopf, und ihr Leid machte mich ängstlich und wütend zugleich. Umso mehr graute mir, wenn sie plötzlich aus heiterem Himmel in hysterisches Lachen ausbrachen. Manchmal hörten sich ihre Laute an, als wären da oben Tiere eingesperrt. Wenn das geschah, sahen wir Mädchen in unserer Zelle uns schweigend an, denn es war wahrhaft beängstigend. Angeblich verbrachten manche Mädchen mehrere Monate in der Einzelzelle und wurden dabei psychisch krank. Wenn ich sie wie irre lachen oder ihr herzerweichendes Heulen hörte oder erfuhr, dass eine von ihnen versucht hatte, mit einem Stück Glas vom Fenster Selbstmord zu begehen, wurde auch ich fast wahnsinnig.

9.

Hochzeit in der Anstalt

Eines Tages verkündete uns unsere Mitgefangene Basma nach dem Mittagessen zwei frohe Botschaften. Euphorisch rief sie: »Mädchen, heute Abend wird Aishas Hochzeit gefeiert! Sie haben es erst jetzt bekannt gegeben, damit wir kein Chaos anrichten. Außerdem soll eine Gefangene aus der Einzelhaft in den Gemeinschaftsbereich verlegt werden. Angeblich ein Mädchen von Suad.« Gemeint war eine Klientin von Abla Suad, der Sozialarbeiterin. Ich wandte mich meiner Mitgefangenen Aisha zu und fragte sie verblüfft: »Welche Aisha? Die meint doch wohl nicht dich?«

Basma lachte und antwortete statt ihr: »Nein, nicht diese Aisha. Eine ehemalige Gefangene wie wir. Sie war fünfzehn Jahre lang hier eingesperrt, weil ihre Familie sie verstoßen und nicht zurückhaben wollte. Als sie dreißig geworden war, hätte sie in ein normales Gefängnis verlegt werden müssen. Aber wegen ihrer guten Führung und weil die Leitung sie mochte, haben wir erreicht, dass sie als Wärterin eingestellt wurde. Sie hat seitdem in dem angrenzenden Flügel mit den ausländischen Angestellten und den Krankenschwestern gewohnt, denn ohne männlichen Vormund konnte man sie nirgendwo anders wohnen lassen. Vor einem Monat hat sie sich verlobt, und heute heiratet sie und kehrt damit der Anstalt für immer den Rücken. Sie wird hier auch nie mehr arbeiten. Die Arme!«

»Fünfzehn Jahre war sie hier, weil ihre Familie sie verstoßen hatte?« Ich riss erstaunt die Augen auf und betrachtete Basma.

Sie erzählte das alles ohne jedes Anzeichen von Bestürzung, so als berichte sie etwas ganz Gewöhnliches. Fast glaubte ich, sie dächte sich das alles nur aus. Es konnte ja wohl nicht sein, dass ein Mädchen fünfzehn Jahre lang im Gefängnis bleiben musste, nur weil ihre Angehörigen sie nicht wiederhaben wollten. Vielleicht wollte uns Basma nur ein wenig die Langeweile vertreiben. Sie war selbst erst sechzehn und hatte ein hübsches Gesicht mit kindlichen Zügen. Sie sprach mit einem unverstellten, unschuldigen Ton. Und sie hatte weniger betroffen gewirkt als andere, als ich ihr mein Strafmaß mitteilte. Sie fragte mich nur, ob nur Haft angeordnet sei oder auch Züchtigung, und sie hatte bedauernd geschwiegen, als ich ihr von den Stockschlägen berichtete. Und jetzt erzählte sie von Aishas langer Haft und dass sie Wärterin geworden war, als sei das nichts.

Ich musste ihr unbedingt die Frage stellen, die mich umtrieb, seit ich sie zum ersten Mal gesehen hatte: »Warum bist du eigentlich hier, Basma?«

Aisha zwickte mich in den Arm.

Aber Basma, die es gesehen hatte, meinte nur: »Lass sie doch fragen! Wenn ich es ihr nicht sage, erfährt sie es von den anderen. Außerdem habe ich mich schon daran gewöhnt, gefragt zu werden. Mich stört es lediglich, wenn andere sich hinter meinem Rücken an meiner Geschichte hochziehen.« Sie sah mich an und fuhr fort: »Ich habe drei Jahre und tausend Hiebe als Strafe bekommen. Außerdem kann ich nicht begnadigt werden, weil meine Strafe eine koranische ist. Der Soldat, der mich schlägt, darf daher nie aus Mitleid aufhören, und die Haftzeit muss ich bis zum letzten Tag absitzen. Es sind aber nur noch drei Monate. Mein Vergehen: Inzest, unerlaubtes Alleinsein mit dem anderen Geschlecht und Flucht.«

»Inzest?«, fragte ich. »Was ist das denn?«

Aisha packte mich am Arm, damit ich aufhörte zu fragen.

Basma stand auf und fügte noch hinzu: »Ich sage den anderen Mädchen eben Bescheid, dass Aisha heiratet.« Sie ging von einer Gruppe zur nächsten, um allen begeistert von der bevorstehenden Vermählung zu erzählen.

Erst später vertrauten mir Aisha und Sara dann Basmas Geschichte an. Sie war dreizehn gewesen, als sie mit ihrem zwei Jahre älteren Bruder wegen angeblicher Unsittlichkeit verhaftet wurde. Er war mit ihr in die Wohnung eines Freundes geflüchtet und wurde ebenfalls wegen »Unzucht und schamlosen Verhaltens« verurteilt. Tatsächlich aber hatte sich Aisha das mit der Wärterin Aisha, die ich nie zu Gesicht bekommen hatte und die fünfzehn Jahre lang hier gefangen gewesen war, nicht einfach ausgedacht; und es gab außer ihr noch einige Mädchen, die nur deswegen jahrelang hier waren, weil ihre Familien sie verstoßen hatten.

Nach dem Abendgebet ging es an diesem Tag in den Gemeinschaftsbereichen drunter und drüber. Mehrere Mädchen rannten mit leeren Töpfen Richtung Moschee, von wo man sie kurz darauf singen hörte, während sie auf die Töpfe trommelten, um die Heirat jener Frau namens Aisha zu feiern. Ich sah sie zum ersten Mal und nur kurz, als sie von der Direktion zur Wachstation ging, um mit einer Wärterin ein paar Minuten zu sprechen und dann in deren Begleitung anschließend wieder zur Direktorin zu gehen. Im Speisesaal aber stellten wir Mädchen die Tische zur Seite, um Platz zu schaffen für die großen Teller, um die wir uns jeweils zu fünft auf dem Boden scharten. Heute gab es einmal richtiges Essen. Sie brachten gegrilltes Fleisch, Reis und Süßspeisen.

Sara blinzelte mir zu und sagte: »Du bringst uns Glück.«

Als wir aßen, sah ich die neue Gefangene, von der Basma gesprochen hatte. Nun war sie es, zu der sich alle hindrehten, und ich begriff, dass sie das mit jeder machten, die neu eingewiesen wurde, nicht nur mit mir, und dass sie es aus reiner Neugier taten. Letztlich starrte auch ich sie an, aber aus einem anderen Grund. Ich fragte mich, ob sie nicht eine der beiden Mädchen war, mit denen ich mich, ohne sie sehen zu können, in der Einzelhaft unterhalten hatte.

Und tatsächlich kam sie nach dem Essen auf mich zu und fragte mich: »Bist du Kholoud?«

Meine Augen strahlten. Ich hatte recht gehabt, es war Maha.

Wir unterhielten uns eine halbe Stunde, konnten uns dabei tatsächlich ansehen, bis eine Wärterin kam und alle anschrie, dass wir jetzt wieder in die Zellen zu gehen und zu schlafen hätten. Maha und ich waren trotzdem froh, uns wieder getroffen zu haben, wenngleich ich ihr gewünscht hatte, dass sie längst freigekommen wäre. Diesen Wunsch hatte ich ihr mit auf den Weg gegeben, als ich verlegt worden war. Auch war ich enttäuscht, dass sie im anderen Trakt untergebracht war, sodass wir immer nur beim Essen miteinander würden sprechen können.

Maha war ein Jahr älter als ich, hatte haselnussbraune Augen mit schönen langen Wimpern und ein Lächeln, bei dem sie immer eine Hand vor den Mund hielt, um einen hervorstehenden Schneidezahn zu verbergen. Sie erzählte mir, dass ihr Mann zwar einmal in die Anstalt gekommen sei, sich aber geweigert habe, sie mitzunehmen. Jetzt überlege die Sozialarbeiterin, was sie mit ihr machen sollte, denn ihr einziges Vergehen war, das Haus ihres Ehemanns verlassen zu haben. Es hatte nie ein Verfahren gegen sie gegeben.

10.

Anstaltsalltag

Im »Office« hörte man schallendes Lachen und lautstark geführte Wortgefechte, so als wollten alle in der kurzen überwachungsfreien Zeit ihre überschüssige Energie loswerden. Zu essen gab es ein wenig Reis und Gemüse mit Fleischeinlage. Es war das schlechteste Fleisch, das ich je gegessen hatte. Die Knochen waren so dick, dass es sich meiner Meinung nach kaum um Rind- oder Lammfleisch handeln konnte, und es war so zäh, dass man es nicht zerkauen konnte. Das Essen in der Anstalt war nicht nur etwas, was wir herunterzuschlucken hatten, sondern es war neben den Namen der Mädchen, die gerade Küchendienst hatten, auch das Einzige, womit wir einen Tag vom anderen unterscheiden konnten.

Kochte Azza Rashid am Samstag, wusste man es sofort. Ihre Kochkünste waren so bescheiden wie ihr Charakter, der jedem auffiel, der mit ihr zu tun hatte oder auch nur kurz mit ihr sprach. Man erkannte schnell, dass sie ein Problem oder vielmehr gleich mehrere hatte. Eigentlich sah sie aus wie ein gewöhnliches Mädchen, dem man kein Verbrechen zutraute, schon gar nicht eine Entführung. Aber ihre Augen starrten immer nach oben oder in eine andere Richtung, wenn man mit ihr sprach, besonders wenn sie einen Streit anfing. Ihre schrille, laute Stimme schallte bei jedem Anlass und nur zu oft völlig grundlos durch die Anstalt. Aber trotz dieser Eigenheiten war sie doch nicht niederträchtig oder böswillig, sondern sie hatte im Grunde ein gutes Herz – aber das entdeckte man erst, wenn man länger mit ihr zusammenlebte.

Ich mochte ihr lautes Lachen und ihr ehrliches Lächeln, wenn jemand es schaffte, ihr eine Freude zu machen. Sie war vierundzwanzig, aber ihr Herz war das eines Kindes, und manchmal wollte es sich ein wenig Geltung verschaffen. Dann protestierte sie gegen die ständigen Strafen, die ihr auferlegt wurden. Dass sie eine schlechte Köchin war, sagte ihr niemand geradeheraus, man kommentierte nur ihre Art der Zubereitung, woraus indirekt zu entnehmen war, dass ihr Essen nicht gerade mundete. Unverblümt wollte ihr es niemand sagen, denn das hätte bedeutet, dass man ihre schrille Stimme hätte ertragen müssen.

»Kholoud, du bist mit Badriya zum Küchendienst eingeteilt, viel Spaß! Wie findest du das, meine Hübsche?«, sagte Azza lächelnd, während sie mir etwas Reis und Fleisch auf die Platte tat. Dann ging sie lachend zum nächsten Tisch.

»Wer ist denn Badriya?«, fragte ich die Mädchen an meinem Tisch, denn ich erinnerte mich an den Spruch in meinem Zimmer.

»Eine ganz Nette eigentlich«, sagte Sara, »aber Azza mag sie nicht.«

Aisha zeigte mit den Augen zum hintersten Tisch im Saal. »Die Dicke dort links, das ist sie.«

Ich hatte sie schon einmal gesehen, kannte sie aber nicht mit Namen, denn sie wohnte im großen Trakt. Sie war ziemlich klein, aber füllig, ihre Haut war hell und ihre langen Haare schwarz. Wenn sie lächelte, sah sie mit ihren langen Schneidezähnen aus wie ein Kaninchen, was ich niedlich fand. Ich beobachtete, wie sie sich mit einem Stück Fleisch auf ihrem Teller abmühte.

»Sie ist lieb, aber sie isst ziemlich viel. Und ihr Essen ist so gut oder schlecht wie ihre Tageslaune. Wenn es ihr gut geht, kocht sie uns die leckersten Sachen, aber wenn sie sauer ist, kriegst du ihr halb rohes Hühnchen nicht runter«, lachte

Aisha. »Sie ist außerdem sehr geschickt darin, Ratten totzuschlagen«, ergänzte sie.

Ich ließ den Löffel sinken und blickte angewidert zu Aisha. »Sag mal, muss das beim Essen sein?«, fragte ich sie und begann mich zu kratzen, denn wenn ich auch nur von Ratten höre, überkommen mich ein Juckreiz und ein Stechen im Gesicht und an der Kopfhaut. Dennoch sprachen die Mädchen andauernd über Ratten, aber weil ich noch nie eine zu Gesicht bekommen hatte, glaubte ich, dass sie mir nur Angst machen wollten, eben weil sie meine Phobie kannten.

»Amani hat gesagt, Badriyas Großvater bestehe darauf, dass sie die Todesstrafe bekommt«, wechselte Sara das Thema.

»Dieser Alte hat wohl kein Herz!«, meinte Aisha. »Er will, dass seiner Enkelin der Kopf abgeschlagen wird?«

Ich hörte auf, mich zu kratzen, und blickte die beiden verständnislos an: »Wie bitte? Wieso will er denn seine Enkelin tot sehen?«

»Sie soll ihre Großmutter ermordet haben«, sagte Aisha, während sie ein Stück Apfel aß. »Sie bestreitet das, aber ihr neunjähriger Sohn soll ausgesagt haben, sie habe unmittelbar nach dem Mord ein blutiges Messer in der Hand gehabt.«

»Wo gibt es denn so etwas?«, fragte ich erschrocken.

»Kholoud, du hast Besuch!«, rief plötzlich eine Wärterin. Sie stand am Eingang zum Speisesaal.

»Besuch?«, fragte ich sie ungläubig. »Für mich? Ist mein Vater da?«

»Keine Ahnung, komm mit«, sagte sie nur.

Vor dem Besuchsraum an der Direktion stand eine Frau, die ich erst erkannte, als sie mich ansprach: »Über die Umstände in der Anstalt zu sprechen ist verboten, ist das klar?« Es war Abla Suad, meine Sozialarbeiterin. Sie trug einen schwarzen Überwurf, der von Kopf bis Fuß reichte, und gab sich damit als streng religiös zu erkennen.

Sie führte mich in das Zimmer, und da saß er mit hängendem Kopf. Er trug sein bestes Langhemd, ein seidenes weißes mit goldenen Knöpfen. Als er mich sah, lachten seine Augen zuerst. Aber Traurigkeit und Besorgnis bremsten sein Lächeln. Er war ganz schmal geworden, und deutlich zeichneten sich Falten auf seinem Gesicht ab.

»Papa, lieber Papa!« Ich rannte zu ihm und warf mich ihm in die Arme. Ich glaube, ich hatte ihn nie zuvor so fest umarmt. Endlich hatte ich meinen Vater wieder! Ich versteckte mich förmlich in seinem Schoß.

Er fasste mich an den Wangen und schaute mich mit Augen voller Tränen an. »Wie geht es dir, meine Liebe? Geht es dir gut, Kleines?«, fragte er mich.

Ich brach in Tränen aus wie ein kleines Mädchen, das sich bei seinem Papa deswegen ausweint, weil es jemand geärgert hat. Zwischen den Schluchzern fragte ich: »Wo warst du so lange, Papa? Warum bist du nicht gekommen und hast mich hier in Sorge um dich gelassen?«

»Ich bin zuckerkrank geworden, Kholoud. Ich habe es nicht mehr aus dem Haus geschafft, bis mich deine Tante ins Krankenhaus gebracht hat. Ich konnte niemandem in der Familie sagen, was mit dir ist. Ich wollte deine Mutter anrufen, aber sie hat sich geweigert, mit mir zu reden. Ihr geht es auch schlecht, seit sie weiß, was dir passiert ist. Hat sie dich angerufen?«

»Ja.«

»Sag mir, wie es dir geht. Behandeln sie dich schlecht? Wie ist das Essen? Schläfst du gut? Du musst gut essen, hörst du?« Er sah mich prüfend an und fragte weiter: »Warum bist du so dünn, Kind?«

»Ich will hier raus, Papa! Hätte ich nur auf dich gehört.«

Er seufzte und sagte: »Du kommst hier raus.« Dann schwieg er kurz und sagte dann: »Du kommst bald wieder frei. Bald ist das alles nur noch eine Erinnerung, und auch die wirst du vergessen. Bestimmt wirst du im Ramadan begnadigt. Und ich werde nicht ruhen und jemanden suchen, der für uns vermitteln kann. Mach dir keine Sorgen.«

»Ich habe Angst«, sagte ich. »Ich will nicht, dass du wieder gehst. Nimm mich bitte mit raus hier!«

Er ließ den Kopf hängen und ihm kamen nun auch Tränen. Abla Suad, die das Gespräch neben uns sitzend überwacht hatte, sagte: »Hör auf zu heulen, Kholoud. Und verschone deinen Vater mit deinem Gerede!«

»Mach dir keine Sorgen, Papa«, sagte ich. »Ich verspreche dir auch, nicht mehr zu weinen. Ich werde abwarten, bis ich begnadigt werde und hier rauskomme.« Dabei konnte ich vor Weinen kaum atmen; die Tränen flossen in Strömen. Ich fragte mich, woher ein Mensch so viele Tränen hernahm. Ich umarmte ihn wieder und durchnässte ihm dabei das ganze Hemd.

»Schluss jetzt, Kholoud«, beschied Suad. »Die Besuchszeit ist zu Ende. Lass deinen Vater los.«

Ich ging rückwärts aus dem Raum und blickte ihn noch immer an. Ich wollte ihn nicht gehen lassen. Nichts war geblieben von dem frechen Mädchen, das sich gegen seine Eltern auflehnt, weil es glaubt, erwachsen geworden zu sein, und das wütend wird, wenn sich jemand in seine Angelegenheiten einmischte. Jetzt war ich wieder das weinende kleine Kind, das bei seiner Familie sein und sich an der Hand von Papa festhalten will.

Ich ging direkt auf die Toilette, versteckte mich dort in einer Kabine, wo ich mich auf den Boden setzte, obwohl mir sonst sogar davor ekelte, mit meinen billigen Anstaltsschuhen darin zu stehen, und weinte ununterbrochen.

Ein Mädchen rief mir von außen zu: »Hör auf rumzuheulen! Du wirst noch wahnsinnig, wenn du so weitermachst. Du darfst dadrin nicht weinen.«

Eine andere flüsterte ihr zu: »Lass sie, sie hatte Besuch von ihrem Vater. Wahrscheinlich will er sie nicht zurücknehmen und hat sie verstoßen.« Dann sagte sie laut zu mir: »Nimm's nicht so schwer! Gott wird es schon richten.«

Mein Zusammenbruch war mir selbst ein Rätsel, ich war doch nun schon eine Weile dort. War es meine Gefangenschaft, die mich fertigmachte? Der Ekel, an diesem dreckigen Ort sein zu müssen? Die Unfähigkeit, bei ständig brennendem Licht zu schlafen, oder das schlechte Essen, das ich meistens nicht herunterbrachte und wegen dem ich hungrig zu Bett ging? Oder der Horror, den ich jedes Mal empfand, wenn ich die Stimmen der Gefangenen aus der Einzelhaft hörte? War es der abgrundtief gehässige Umgang der Wärterinnen mit uns, oder trauerte ich einfach um die schönen Tage in Freiheit und um alles, was ich sonst noch verloren hatte, was mir geraubt worden war? Weinte ich um meine Träume und meine Zukunft, die sich mit einem Richterspruch in Luft aufgelöst hatten? Eines jedoch schmerzte mich mehr als alles andere, ja es zerriss mich vor Schmerz: Es war die Zuneigung meines Vaters, die ich nie zuvor so stark empfunden hatte wie an dem Tag, obgleich er immer liebevoll zu mir gewesen war. Nie zuvor hatte ich ihn so umarmt, und nie zuvor hatte ich mich so danach gesehnt, meine Mutter und meine Schwester zu sehen wie in diesem Moment. Ich fühlte so etwas wie Reue, dass ich ihnen allen meine Liebe früher nicht so deutlich gezeigt und ihnen nicht eingestanden hatte, wie schwach ich ohne sie war, dass sie das Wertvollste in meinem Leben waren und ich immer in ihrer Nähe sein wollte. Am liebsten wollte ich wieder das kleine Mädchen sein, das tat, was sie verlangten, weil sie es besser wussten als ich.

Am nächsten Tag bekam ich einen Anruf von meiner Mutter, und ich musste wieder weinen. Ich sagte ihr, dass ich sie liebe, aber ich kam nicht dazu, mich bei ihr für die vielen Tage zu entschuldigen, an denen ich mich mit ihr gestritten hatte. Sie stellte mir Fragen und gab mir Ratschläge: »Isst du auch genug? Hast du gerade Hunger? Wie schläfst du? Schlägt dich jemand? Halt dich von den anderen Mädchen fern und erlaub keiner, dich zu berühren. Auch nicht, wenn du schläfst.« Dabei weinte sie noch mehr als ich. Ich konnte ihr nicht erklären, dass es mit den Mädchen hier nicht so zuging wie in irgendwelchen Fernsehserien.

Sie wollte etwas hören, was sie beruhigte und ihr ein wenig von ihrem Schmerz nahm, deshalb ihre vielen Fragen nach meiner Gesundheit und meinem Wohlergehen und ob auch wirklich alles in Ordnung sei. Sie brauchte etwas, was ihr ermöglichte, nachts wieder zu schlafen. Sie wusste nur zu gut, dass sie überhaupt nicht mehr würde schlafen können, wenn ich ihr auch nur einen Teil der Wahrheit erzählen würde. Aber sie wusste auch, dass ich ihr so etwas nie zumuten würde. Sind wir Menschen nicht alle so? In unserer Naivität tun wir in Krisen immer dasselbe: Wir stellen dieselbe Art von Fragen und hoffen auf dieselben Antworten, um uns selbst einzureden, dass alles irgendwie in Ordnung kommen wird. Natürlich, ich war nie selbst Mutter gewesen, ich konnte nur ahnen, wie es gerade in ihr aussah. Ich wusste nur, dass meine Mama alles für mich tun würde. Sie liebt ihre Kinder über alles und hat Angst um sie, so als wären wir auf alle Zeit klein und hilflos. Wie alle arabischen Mütter verwöhnt sie uns beziehungsweise schimpft mit uns, wenn wir nicht darauf achten, genug zu essen, oder wenn wir leichtfertig unsere Gesundheit aufs Spiel setzen. Man wächst zwar heran, aber in den Augen der eigenen Mutter bleibt man für immer das kleine Kind, auf das man gut aufpassen muss. Deshalb ist es für jeden Menschen auch das Schlimmste, die eigene Mutter zu verlieren. Die Welt erscheint einem dann lange Zeit wüst und kalt, selbst wenn die Verstorbene alt und krank oder dement war. Und solange sie auf Erden ist, gibt sie einem das Gefühl, man habe Halt, wenn es einem schlecht geht, denn sie ist das Symbol der bedingungslosen Liebe, mit der man während der ersten Lebensminuten empfangen wurde, und man schöpft Wärme daraus, dass sie noch da ist. All das war meine Mutter für mich. Und trotz der großen Entfernung, die uns trennte, weil sie im Ausland war, konnte ich mir in diesem Moment gut vorstellen, welche schlimmen Gedanken ihr durch den Kopf gehen mussten und wie sehr ihr das auf dem Herzen lastete.

Ich verbrachte den restlichen Tag irgendwie, oder sollte ich sagen, er verbrachte mich, denn so fühlte es sich für mich an, und so fühlten sich alle Tage in der Anstalt an.

11.

Das Koran-Versprechen

Tags darauf mussten wir zur Koranstunde bei Abla Futeima. Sie gab uns eine Lektion über das Thema Reue. Man müsse bereuen, bevor man sterbe. Es komme hin und wieder vor, so die Lehrerin, dass Gott der Erhabene einen Menschen ein Unglück erleiden lasse. Dies geschehe jedoch nur, um uns auf den rechten Weg zurückzubringen, von dem wir aufgrund unserer Launen und der Verführungen Satans abgekommen seien. Reue und Abbitte, so versicherte sie uns, seien der Schlüssel zur Erlösung. Ihr Vortrag machte Eindruck auf mich. Was sie sagte, klang für mich nachvollziehbar und praktikabel, ja ich fand darin alles, was ich brauchte, um mein Leben aus dem tiefen Abgrund zu retten, in den ich es gestürzt hatte. Einen Ausweg aus dem Unheil zu finden, die Unergründlichkeit des Schicksals, Gottes Weisheit, Reue und Umkehr als Weg zum Segen, das alles waren Hinweise, die mir noch lange zu denken gaben.

Wir verrichteten das Mittagsgebet, aßen schlecht gekochtes Huhn mit verklebten Nudeln und einer Soße ohne Geschmack und gingen wieder zurück in den Trakt, wo wir merkten, wie müde wir waren, weil wir bereits zum Gebet zur Morgen-dämmerung geweckt worden waren und seither nicht ge-schlafen hatten.

Manche Mädchen legten sich schlafen, andere saßen in Grüppchen und tuschelten bis zum Nachmittagsgebet, zu dem gerufen wurde. Wir gingen beten und danach zurück in unsere Bereiche, wo zwei Mädchen Tee ausschenkten. Die eine der beiden verteilte Pappbecher, die andere goss aus einer riesigen Kanne den Becher halb voll, während die Mädchen mit ihr stritten, sie solle nicht so geizen. Dann hieß es die Zeit bis zum Sonnenuntergangsgebet abwarten, und dann warteten wir erneut bis zum Nachtgebet. Sobald der Gebetsruf über Mekka erklang, stürmte eine Wärterin unseren Trakt und haute mit ihrem Knüppel wie von Sinnen auf alle Türen. Der Tag endete mit dem Abendessen, das aus drei oder vier Löffeln Linsen, einem halben Stück alten Brotes, zwei Löffeln Honig und mit etwas Glück einem Happen Rahm bestand. Danach war uns Schlafen verordnet.

Ich schlief zwar nicht, tat aber so, bis der Ruf zum Morgengebet erschallte. Ich dachte die Nacht über an die Worte der Koranlehrerin, die mir schon den Tag zuvor über nicht aus dem Kopf gegangen waren. Kein Zweifel, sie hatte recht, was sonst konnte als göttliches Motiv für das infrage kommen, was ich erlebte? Ich legte mir aus verstreuten Splittern ein Bild zurecht, um klarer sehen zu können und mir dann ehrlich auf die Frage zu antworten, die da lautete: »Glaube ich an Gott? Und wenn ja, wer ist dieser Gott?«

Dazu musste ich etwas Abstand von meinem verstandesgesteuerten Denken gewinnen. Wenn ich die Sache rein objektiv betrachtete, mochte Gott nicht mehr sein als eine Illusion. Es gab Hunderte Gründe und wissenschaftliche oder philosophische Erklärungen für die Rätsel der Schöpfung, ohne dass man dafür ein übernatürliches Wesen bemühen musste, das uns beobachtet, um sich die Zeit totzuschlagen, und zugleich behaupten, dieser Humbug beruhe auf einer göttlichen Weisheit, zu der unser kleiner menschlicher Verstand keinen Zugang habe.

Mein Verstand glaubte nur, was er sah. Aber ein anderer Teil von mir, den ich nicht begriff, wollte über dieses Wesen sprechen und tanzte vor Freude, wenn ich diesem sogenannten

Gott nahe war. Offenbar trug ich etwas Metaphysisches in mir, das an eine liebevolle himmlische Macht glauben wollte, und diese konnte ich nur durch Liebe begreifen. Das musste er sein: der Gott, den der Islam meint. Und der war sicher nicht derselbe wie der der Christen, über deren Mythen unsere Scheichs sich so gerne ausließen wie auch darüber, dass die Bibel verfälscht sei, dass ihre Anhänger an eine Heilige Dreifaltigkeit glaubten, daran, dass Jesus Gottes Sohn sei und dergleichen Unsinn mehr. Außerdem hatte ich die Bibel nie gelesen und konnte also auch gar nicht an sie glauben. Und sicher war es auch nicht derselbe Gott wie der der Juden, die Moses Bund mit Gott gebrochen und ihn hatten leiden lassen, wie es im Koran heißt. Eine Gestalt wie Buddha oder ein Feuer, wie die Sikhs es anbeten, konnte er auch nicht sein.

Gott musste unbegreifbar sein. Wenn Er der Schöpfer des Universums war, dann war Er auch sämtlichen Wesen des Kosmos überlegen, hatte keine Kinder und war unsterblich. Er war alles, und alles war Er. Dies mussten die Eigenheiten des islamischen Gottes sein.

Mein Verstand schwieg eine Weile, so als entdecke er zum ersten Mal, dass Gott existierte. Dann analysierte ich, was mir gerade passiert war.

Wenn ich nun also davon überzeugt war, dass es einen Gott gab und dass dies zugleich jener war, von dem der Koran sprach, dann musste ich auch daran glauben, dass ich Pflichten zu erfüllen hatte, um Ihm näherzukommen und mich vor der Bosheit des Teufels zu retten. Mir war klar, dass ich diesen Pflichten bisher nicht wirklich aus Liebe zu Ihm nachgekommen war. Ich hatte immer nur gebetet oder gefastet, weil es so Sitte war, weil meine Familie es tat und weil es an bestimmten netten Festtagen üblich war: im Ramadan, zum Ende der Fastenzeit oder zum Schlachtopferfest. Und selbst von jenem Koran, den ich gar nicht richtig zu lesen vermochte, begriff ich nur die paar Zeilen, die man bei Feiertagsgebeten aufsagt. Aber Gott selbst war nie Teil meines Denkens und meiner Lebensplanung gewesen. In Gedanken sprach ich daher nun zu Ihm:

»Wenn Du dieser Gott bist, von dem alle sprechen, dann weißt Du sicher auch in diesem Moment alles, was in mir vorgeht. Sagst Du nicht selbst im Koran, Du seist uns näher als unsere Halsschlagader? Wenn dem so ist und wenn Du uns so liebst und alles weißt, dann möchte ich einen Handel mit Dir abschließen, bei dem niemand verliert. Wenn Du den Menschen nur deshalb Unheil schickst, weil Du ihnen Wert beimisst und möchtest, dass sie auf den rechten Weg zurückfinden – sagte nicht auch Dein Prophet: ›Niemand hat so viel gelitten wie Gottes Gesandte‹, mithin jene Menschen, die Dir am nächsten standen, und sagst Du nicht selbst: ›Gott erlegt keinem Menschen mehr auf, als er zu ertragen vermag‹ –, dann erkenne ich jetzt den Grund für das Unheil, das mir widerfahren ist und das mein Leben von einem Tag auf den anderen auf den Kopf gestellt hat. Du aber weißt, dass ich nicht imstande bin, vier Jahre an diesem Ort zuzubringen, ganz zu schweigen von den Stockschlägen, die ich noch gar nicht verabreicht bekommen habe. Ich gelobe daher, von dieser Stunde an all meine Pflichten Dir gegenüber zu verrichten und auch nicht das kleinste Detail davon zu übergehen. Ich werde von ganzem Herzen an Dich glauben und werde Dir das beweisen, egal was geschehen mag. Ich werde Dir treu sein und Dir kein anderes Wesen beigesellen. Zudem will ich ernsthaft über alle Sünden nachdenken, die ich in der Vergangenheit begangen habe, und über alles, was mich von Dir ferngehalten hat und womit ich Dich erzürnt habe. Ich werde mit allem in meiner Macht Stehenden versuchen, Dir nahe zu sein und mich nach den besten Wegen umsehen, dies zu erlernen.

Und Du hilfst mir im Gegenzug dabei, dieses Buch auswendig zu lernen. Nicht nur einen Teil davon, nein, das ganze! Ein solches Buch zu memorieren schaffe ich nämlich nicht allein, das erfordert ein göttliches Wunder. Du wirst mir die Kraft und die Geduld dazu geben, denn nur über den Umweg des Korans kann ich amnestiert werden, und nur Du kannst mir dazu verhelfen. Ich muss nicht länger hier drinbleiben, und Du musst mich nicht weiter quälen, wenn das Unheil, das mich getroffen hat, nur dazu da war, mich mit einer kleinen Ohrfeige wachzurütteln. Das hast Du geschafft. Ich bin aufgewacht. Und ich werde es Dir beweisen.«

12.
Küchendienst

Am Donnerstag war ich zum ersten Mal zur Arbeit in der Küche eingeteilt, zusammen mit Badriya als Köchin. Ich bekam dafür eine spezielle Arbeitskleidung, und Aisha meinte, die stehe mir besser als die Schlabberkleider, die ich sonst trug.

»Los geht's, Mädchen«, rief Badriya. »Das Essen ist angeliefert«, und sie eilte zur Wachstation, um sich die Küchenmesser ausgeben zu lassen.

Wegen der Gerüchte über die Ratten betrat ich die Küche nur zögerlich und voller Angst. In der Mitte stand ein großer Tisch mit Keramikplatte, der die Küche zu einem Viertel ausfüllte, ein kleinerer neben einer der Türen. Eine alte Spüle mit metallenem Becken stand in der rechten Ecke, in der linken ein riesiger Herd mit großen Kochstellen und einem Ofen. An der Tür zu einem Nebenraum stand »Vorräte«; hier wurden die Lebensmittel gelagert, die täglich in die Anstalt geliefert wurden.

Ein Mädchen lächelte mir zu, während sie die Tür zur Speisekammer schloss, dann wurde ihr Blick ernster, und sie flüsterte mir zu: »Hüte dich vor Badriya, die ist verrückt!« Ich war überrascht, und sie bemerkte meine Verunsicherung. Sie lächelte wieder, wandte sich zum Gehen und sagte: »Gib mir Bescheid, wenn du etwas brauchst.«

Sie hieß Manal, wohnte im großen Trakt und war für die Vorratskammer zuständig. Sie war hübsch, aber ihre Art zu gehen und zu sprechen wirkte männlich. Sie saß wegen Drogenhandels ein; man hatte sie mit einer größeren Menge Haschisch festgenommen und zu drei Jahren Haft und tausend Schlägen verurteilt. Der Richter soll Mitleid mit ihr gehabt haben, weil sie gestanden hatte, nachdem Drogenfahnder sie heftig geschlagen hatten. Sie hatte eine Narbe neben ihrer buschigen linken Augenbraue davongetragen. Sie gestand auch vor dem Richter und bekundete ihm gegenüber Reue, um eine mildere Strafe zu bekommen. Ihr langes schwarzes Haar, ihre bronzene Haut und ihre feinen Gesichtszüge erinnerten mich an eine Verwandte. Auch mit ihrer schlanken Figur ähnelte sie ihr.

Badriya überreichte mir einen metallenen Eimer voller Zwiebeln, dazu ein kleines Messer. »So, Kholoud, deine Aufgabe ist heute, die Zwiebeln zu schneiden.« Selbst ging sie zur Spülmaschine, neben der ein ganzer Haufen gerupfter Hühner lag. Diesen widmete sie sich mit einem lächerlich kleinen Messer.

Ich starrte auf die Unmengen Zwiebeln in meinem Eimer und wusste nicht, wie ich anfangen sollte. Es war eine beschwerliche, tränentreibende und langweilige Arbeit, vor allem mit einem so steinzeitlichen Messer. Andere Mädchen kamen und stellten riesige Töpfe auf den Herd, und ich fragte mich, warum Badriya die Tomatensoße in das Nudelwasser kippte, ohne es vorher abzugießen. Sie nannte die Soße *Kashna,* und ich wollte sie fragen, warum sie so schrecklich kochte und was *Kashna* eigentlich heißen solle, aber ich zog es vor zu schweigen und mich auf die Zwiebeln zu konzentrieren, um möglichst schnell wieder aus der Küche zu kommen.

Als das Essen fertig war, verteilte ich die Esstabletts im Speiseraum und häufte auf die Ränder jeweils etwas Salat. Badriya ermahnte mich, höchstens zwei Löffel Salat für jeden auszuteilen, damit es für alle reichte.

Wir diensthabenden Mädchen aßen gerade in der Küche,

als ich aus dem Ofen seltsame Geräusche hörte. Ich fragte, was das sei, und Badriya antwortete beiläufig, kauend und ohne mich anzusehen: »Das sind die Ratten, hast du die noch nie gehört?«

Ich sprang auf und rannte aus der Küche, und ihre durchdringende Stimme übertönte den Lärm im Office: »He, wo willst du denn hin? Komm zurück und iss auf! Nach dem Essen gibt es noch viel Arbeit!«

Alle um mich herum waren mit Essen beschäftigt, während es mich vor Angst zerriss und ich mich fragte, wie ich es schaffen könnte, wieder in die Küche zu gehen, und was sie wohl mit mir machen würden, wenn ich es nicht täte. Die anderen Küchenmädchen dachten, ich spielte meine krankhafte Angst vor Ratten nur. Sie konnten sich nicht vorstellen, dass ich fast in Ohnmacht fiel, wenn jemand nur von Ratten sprach, während manche von ihnen in der Lage waren, sie ohne Angst anzufassen.

Ich sammelte die benutzten Essenstabletts ein; es waren so viele, dass es lange dauerte, sie auch nur auf die Anrichte neben der Spüle zu stellen. Das Spülbecken sah widerwärtig aus, und es war eindeutig noch nie gründlich gereinigt worden. Es gab auch nur ganz wenig Spülmittel, das man entsprechend sparsam benutzen musste, um die Alutabletts wieder zum Glänzen zu bringen. Als ich endlich fertig war, kam die Gefangene, die die Küchenarbeit überwachte, und schaute sich die Tabletts eines nach dem anderen an, um zu kontrollieren, ob sie auch wirklich sauber waren. Ich aber war schon auf dem Sprung in die Dusche.

»Warum willst du jetzt schon duschen, heute Abend hast du noch eine Küchenschicht«, sagte Hissa mit ihrer lauten Stimme. Ich erwiderte nichts und begab mich in den Waschraum, während sie wiederholte, ich müsse abends eh wieder arbeiten und wozu ich denn jetzt duschen wolle?

Ich duschte, zog mich um und fühlte mich trotzdem noch klebrig. Ich muss gestehen: Nie zuvor hatte ich eine so harte und schmutzige Arbeit verrichtet. Ich sah mich um, und mein Blick fiel auf den Koran. Und eine Stimme in mir ermutigte mich, es zu versuchen. Es war die einzige Möglichkeit, hier herauszukommen. Auch wenn meine Aussprache beim Vorlesen furchtbar war, wie die Lehrerin Futeima immer wieder betont hatte. Ich musste es einfach schaffen, um diesem Albtraum zu entkommen. Ich hätte alles dafür gelernt, was es auf der Welt zu lernen gibt.

Ich betete zum Sonnenuntergang mit den anderen und ging wieder in die Küche, wo mir Badriya abermals das Zwiebelschneiden auftrug. Ich wusste nicht, dass ich das erneute Zwiebelschneiden hätte ablehnen und mir eine andere Arbeit hätte aussuchen können. Aber so machten sie es mit allen Neuzugängen. Sie wiesen ihnen die unangenehmsten Arbeiten zu.

Wir aßen unsere Linsen, und ich wusch wieder das Geschirr. Bis hierher schien es so, als sei der Tag einigermaßen glimpflich verlaufen. Aber es grauste mir nach wie vor, im selben Raum mit Ratten zu sein und sie immer wieder rumoren zu hören.

»Ich bin fertig«, sagte ich zur Schichtleiterin, von Müdigkeit übermannt.

Sie ließ den Schrubber stehen, mit dem sie das Wischwasser zum Ausguss geschoben hatte. Sie nahm sich einen Teller nach dem anderen und kontrollierte sie sorgfältig. »Die sind noch nicht sauber, spül sie noch mal«, sagte sie schließlich.

»Wo ist denn da bitte noch etwas schmutzig?«

»Siehst du nicht, dass sie noch fettig sind?«, sagte sie. »Spül diese Teller noch einmal ab.« Sie zeigte auf ein paar Tabletts, die ich zur Seite gestellt hatte.

»Die Seife war aus, es war zu wenig davon da. Womit soll ich die jetzt noch einmal abspülen?«

»Das ist dein Problem. Seit drei Jahren spüle ich die Teller mit genau dieser Menge. Sieh zu, wie du klarkommst.«

Während wir noch diskutierten, flitzte plötzlich ein schwarzes Tier aus dem Schrank unter der Spüle hervor, so groß wie eine dicke Katze, und streifte meinen Fuß.

Die Zeit blieb stehen, und ich konnte nichts mehr sehen. Ich schrie und rannte so schnell ich konnte in meinen Trakt.

Die Haare standen mir zu Berge, ich hatte panische Angst.

Die Schichtleiterin stand an der Tür zu meinem Zimmer und sagte: »Kholoud, komm zurück und mach deine Arbeit zu Ende!«

Doch ich konnte es einfach nicht. Ich sah sie an und hoffte, sie würde meine Blicke richtig deuten.

Sie aber sagte: »Morgen werden wir uns bei der Direktorin gegenüberstehen, das hast du jetzt davon.«

»Kann ich sonst noch etwas für Sie tun, Abla Suad?«, fragte die alte Wärterin.

»Vielen Dank.«

Meine Sozialarbeiterin wandte sich mir zu und blinzelte mich nervös an. »Was hast du dir da gestern geleistet? Wie kommst du dazu, dich zu weigern, deine Schicht zu Ende zu machen?«

Ich erklärte, was passiert war, und gab ihr zu verstehen, dass ich eine Rattenphobie hatte. Ich konnte dort nicht arbeiten.

»Diese Anstalt gibt es seit fünfundzwanzig Jahren«, sagte sie wütend. »Tausende von Mädchen haben hier gewohnt, manche länger als fünfzehn Jahre lang. Glaubst du, du bist die erste, die sich vor Ratten fürchtet?«

Ich starrte zu Boden.

»Ich gebe dir eine letzte Chance«, fuhr sie fort. »Sollte ich noch eine Einzige Beschwerde über dich hören, stecke ich dich wieder in Einzelhaft. Dann kannst du dich erholen und brauchst nicht zu arbeiten.«

»Einzelhaft ist mir lieber, als in einer dreckigen Küche voller Ratten zu arbeiten«, entfuhr es mir.

Sie lächelte boshaft und sagte: »Alle Achtung, du hast ein ganz schön vorlautes Mundwerk. Nun gut, Kholoud, wie du willst. Verweigere noch ein einziges Mal die Arbeit beim Küchendienst, und ich stecke dich in Einzelhaft. Dann hast du Ruhe und wir auch. Und deinem Vater werde ich sagen, dass er sich gar nicht erst die Mühe machen muss, hierherzukommen, denn wer unter verschärften Haftbedingungen steht, darf keine Besuche empfangen. Deiner Mutter werde ich es auch erzählen, damit sie uns nicht weiter mit ihren ständigen Anrufen auf die Nerven geht und mit ihrer Nörgelei, ob wir dich auch ja gut behandeln. Glaubst du, wir wüssten nicht, was du deiner Mama erzählst? Alle Telefonate werden hier überwacht.«

Ich verließ das Büro der Sozialarbeiterin und verspürte einen gewaltigen Hass auf die Anstalt, und zugleich war mir bewusst, dass ich nichts tun konnte, aber auch gar nichts. Selbst wenn ich die Einzelhaft irgendwie überstand – ohne die Besuche meines Vaters und die Stimme meiner Mutter am Telefon wäre es nicht zu ertragen. Ich konnte meinen Eltern nicht dieses Leid antun, mich in der Einzelzelle zu wissen.

13.

Gottes Prüfungen

Die Koranstunde am nächsten Tag war die reine Qual für mich, denn ich hatte nachts nicht schlafen können, und diese Schlaflosigkeit war wie eine Folter. Am liebsten hätte ich sie alle in der Anstaltsmoschee sitzen lassen und mich wieder in meinem Bett verkrochen, aber die Aufseherinnen waren in diesem Punkt unerbittlich. Sie drohten mit Strafen, etwa dem »Ausstopfen«, bei dem man eine bestimmte Zeit lang starr vor der Wand stehen musste, auf die *Es gibt keinen Gott außer Gott* geschrieben war. Ich wäre sogar dazu bereit gewesen, diese alberne Strafe zu riskieren, hätte man mich nur schlafen lassen. Aber ich wusste, dass sie mich eher aus dem Bett gezerrt hätten, als mir auch nur eine weitere Minute Schlaf zu gönnen.

Heute unterrichtete Naila, eine dünne, rothaarige Frau von fünfundsechzig Jahren und einem freundlichen Wesen. Sie saß wie sonst auch auf einem großen Stuhl, und wir hockten in einem großen Kreis um sie herum im Schneidersitz auf dem Boden. Während eine von uns eine Sure vortrug, döste sie gewöhnlich vor sich hin, erwachte aber sofort, wenn diejenige, die an der Reihe war, auch nur den geringsten Fehler machte. Auch ich schlief an diesem Tag ein, allerdings schreckte auch ich sofort wieder auf, als die Lehrerin einem Mädchen zurief, wie es richtig heißen müsse.

Ich hatte mit Aisha und Sara verabredet, dass wir an diesem Tag fasten wollten, denn Abla Futeima hatte uns im Unterricht einmal ausführlich erklärt, dass Gott keinem Fastenden eine Bitte abschlage. Außerdem sei das Fasten ein gutes Mittel zum Erlernen von Selbstbeherrschung. Und Selbstbeherrschung konnte ich wahrlich gut gebrauchen, hier in dieser bigotten Anstalt.

Am Anfang war das nicht leicht, aber ich tat, was Abla Futeima gesagt hatte. Ich wiederholte im Stillen immer wieder: »Gott, mein Herr, ich faste«, und kümmerte mich nicht um die Mädchen, die mich ärgern wollten, die Verrückten, denen hier bei uns wichtige Medikamente fehlten, die psychisch Kranken, die hier eigentlich nichts zu suchen hatten. Reagierte ich nicht auf sie, wurden sie wütender. Intisar machte das geradezu rasend vor Wut, worüber die Wärterinnen sich ausschütten konnten vor Lachen. Doch auch mit diesen auszukommen erforderte schier göttliche Geduld und Kraft. Hass und Niedertracht lagen in jedem Ton, jedem Blick von ihnen, so als müssten sie sich an uns für irgendetwas rächen.

Am Anfang war ich schockiert und fragte mich unwillkürlich, wie man solche Demütigungen auf sich beruhen lassen konnte, ohne sich zu wehren. Beim zweiten und dritten Mal tat es noch genauso weh, aber irgendwann redete man sich ein, man sei stark und es hänge von einem selbst ab, ob man reagierte. Ließ man sich provozieren oder beherrschte man sich?

Ich bemühte mich, nicht wie ein Blatt im Wind vor ihnen hergetrieben und von ihnen gelenkt zu werden. Ich bemühte mich, jedem Ärger aus dem Weg zu gehen, einfach keinen Widerstand zu leisten oder mich gar nicht damit zu befassen. Ich muss zugeben, das gelang nicht auf Anhieb. Mir tat es lange weh, das auszuhalten, denn ich erwartete Respekt von Menschen, denen ich nichts getan und denen ich nicht geschadet hatte. Sie sollten mich bitte schön genauso behandeln wie ich sie. Aber damit lag ich weit daneben.

Ich musste lernen, dass es in der Anstalt, genau wie im richtigen Leben, normale Menschen gab, aber auch hasserfüllte, deren einziges Ziel darin bestand, andere zu beleidigen, um ihnen ihre Energie zu rauben und sie auf das eigene Niveau herunterzuziehen, indem sie Streit mit ihnen anfingen. Solche Menschen tun das nicht nur, weil sie einen schlechten Charakter haben, sondern auch weil sie es sich angewöhnt haben und süchtig danach sind. Andere tun es, weil sie befürchten, ansonsten selbst angegriffen zu werden, und benutzen den Hass als Schutzschild, um eigener Verletzung zuvorzukommen. Nach und nach verlieren derartige Angriffe ihren Schrecken, sie tun nicht mehr weh, sie verletzen einen nicht mehr. Aber ärgern tut man sich doch. Ich hätte mich am liebsten gerächt, genauso heftig reagiert, weil ich wusste, ich war wütend, und unterdrückte diese Wut nur, die herauswollte, auch hinter der Fassade des eigenen netten Gesichts wollte sie hervorbrechen. Wenn man sich dann nicht bremsen kann, ist es um jeden geschehen, der einem zu nahe kommt.

Ich aber wurde Tag für Tag entschlossener, mir meine Ruhe zu bewahren, indem ich auf Gottes Hilfe dabei baute, mich nicht von den anderen aus der Bahn werfen zu lassen. Die ständigen Provokationen, denen ich ausgesetzt war, betrachtete ich als Prüfung Gottes, der von mir zu erwarten schien, dass ich mein Versprechen hielt. Ich stellte mir vor, Er wolle damit testen, ob ich mich in Geduld üben oder mich von der Bosheit anderer mitreißen lassen würde und mein Gelöbnis Ihm gegenüber dabei vergäße.

Und es kam der Tag, an dem ich meine innere Ruhe fand und meinen Frieden mit mir selbst und der Situation machte. Es war, als hätte sich das Monster in mir in einen Rosenstrauch verwandelt, dessen lieblichen Duft jeder wahrnahm, der daran vorbeiging. Ich begann, Mitleid für die anderen zu empfinden und mich in sie hineinzuversetzen. Ich wünschte mir, dass auch sie den Frieden finden könnten, der nun in mir herrschte. Jetzt spürte ich tatsächlich eine grenzenlose Kraft, so als hätte ich mich endlich selbst gefunden und wäre Herrin über meine Emotionen. Plötzlich konnte ich beschließen, andere zu lieben, egal, wie sie sich verhielten, und damit änderte sich nach und nach alles. Vor allem in mir selbst.

Das war alles andere als leicht, und es entwickelte sich sehr langsam. Es erforderte monatelange Geduld und Gelassenheit, und oft schaffte ich es nicht. Aber es ging.

14.

Putzdienst

Panisch vor Schreck fuhr ich im Bett hoch. Was war passiert? Ich öffnete mühsam die Augen und sah die Wächterin Khadidscha in der Tür zu unserem Trakt stehen und mit ihrem Stock ununterbrochen auf die Stäbe schlagen. Ich wollte sie anschreien, was ihr einfiele, uns auf diese blöde Weise zu wecken. Stattdessen glotzte ich sie nur verwirrt an.

»Auf geht's, Mädchen! Anstalt putzen!«, plärrte sie triumphierend und stolzierte zurück zur Wachstation.

Aisha riss sich das Schlaftuch vom Gesicht und murmelte wütend: »Gott breche dir die Hände, Khadidscha!«

Sie öffnete ihren Spind, und ich fragte sie: »Was soll das heißen, die Anstalt putzen?«

Sara antwortete an ihrer Stelle genervt: »Einen Scheißtag, das bedeutet es. Sie reißen dich aus dem Schlaf, und dann sollst du mit Eimern voll Seifenwasser hier durchmarschieren und den edlen Boden der Anstalt fluten. Danach heißt es wischen, bis dir der Rücken bricht. Und das Schöne ist, dass heute unser Zimmer dran ist, das gesamte Drecksloch sauber zu machen.«

Ich stand auf, noch immer voller Wut über die Art, wie diese Frauen uns hier weckten. Ich glaubte inzwischen, dass ihre Niedertracht und ihre Willkür Teil des Systems waren, und dazu gehörte insbesondere diese Art des Weckens zum Gebet oder zum Putzen. Denn auch die Netteren unter ihnen schlugen in dieser schwachsinnigen Art auf die Türen ein, sodass wir jedes Mal förmlich aus dem Bett sprangen, als sei der

Jüngste Tag angebrochen. Offenbar hatte man sie darauf trainiert, uns so zu behandeln und uns zu demütigen. Eine andere Erklärung gab es nicht. Die Regierung wollte, dass wir jedes Mal die Stunde verfluchten, in der wir unseren Fuß in diese Anstalt gesetzt hatten, und das hatte sie erreicht. Zu jeder Stunde jedes Tages verfluchten wir unser Schicksal, und die Wärterinnen hörten nie auf mit ihren Schikanen, denn genau dafür wurden sie bezahlt.

Sara und Aisha diskutierten ein paar Minuten lang darüber, wer von ihnen zur Wachstation gehen sollte, um die Putzsachen zu holen. Nura wollten sie nicht schicken, weil es ihr schon schlecht genug ging, seit ihr Vater ihr bei seinem letzten Besuch eröffnet hatte, dass er sie nicht zurücknehmen werde. Sie versuchte, jede Begegnung und jedes Gespräch mit den Wärterinnen zu vermeiden.

Irgendwann sahen Sara und Aisha mich an, so als fragten sie sich, ob man nicht auch mich schicken könnte, dann machten sie die Sache doch untereinander aus, so als hätten sie diesen Gedanken aus Mitleid wieder verworfen, weil es für mich die erste Putzschicht in der Anstalt war. Noch hatte ich den Status einer Neuen.

»Schon gut, Sara, ich gehe ja schon«, maulte Aisha. »Gott, hol mich hier bitte raus!«

Sara und Nura kamen mit dem großen Plastikeimer aus dem Waschraum des Trakts angeschleppt und baten mich, ihnen beim Füllen mit Wasser und dann beim Tragen zu helfen, damit der Fußboden damit begossen werden konnte. Aisha brachte derweil die Flüssigseife und das Desinfektionsmittel und mischte die Seife in das Wischwasser. Das Desinfektionsmittel stellte sie daneben und sagte: »Das ist für den letzten Wisch.« Immer zwei von uns trugen nun einen Eimer, aus dem das Wasser schwappte, und gossen es in der Anstalt aus, beginnend bei der Wand, auf der »Es gibt keinen Gott außer

Gott« stand, bis zum Gebetsraum und zum Speisesaal. Dann rannten wir zurück und holten einen zweiten Eimer Wasser und kippten ihn aus, bis alles unter Wasser stand. Die Aufseherin Layali fuchtelte mit den Händen und gab so von der Wachstation aus Anweisungen, ging dann aber lieber hinein, als sie Angst bekam, ihre Schuhe und ihre Kleidung könnten auch nass werden.

Wut und Zorn kochten in mir hoch, und ich stellte mir vor, wie ich einen Eimer Wasser packte, zur Station ging, die Tür mit dem Fuß auftrat, sodass das Glas fast zersprang, während die Wärterinnen mich verblüfft anguckten und ich ihnen das Seifenwasser ins Gesicht und auf ihre hässlichen Uniformen schüttete – und danach würde ich mit dem dünnen Plastikeimer alles kurz und klein schlagen.

Layali klopfte mit ihrem Schlüssel an die Scheibe und bedeutete mir, ich solle den Boden scheuern. Ich blickte sie an und wünschte mir, ich könnte meine Fantasie wahr machen. Wir brauchten eine Stunde, bis wir all das Wasser zu den Abflüssen am Ende des Speiseraums gewischt hatten, und eine weitere Stunde, bis wir den zweiten Guss, diesmal mit Desinfektionsmittel, weggeputzt hatten. Die Fläche war riesig, vor allem der Speisesaal, und unsere Hilfsmittel waren erbärmlich. Es war ein weiteres Rätsel der Anstalt, dass die Direktion der Bitte der Mädchen nicht nachkam, wenigstens ordentliches Material anzuschaffen. Ich hätte als Erstes neue Spülschwämme zum Teller- und Töpfewaschen besorgt oder eben neue Schrubber und Putzlappen. Die Gefängnisleitung wollte es uns offenbar so schwer wie möglich machen. Denn wenn alles leicht und machbar wäre, wo bliebe da der Effekt? Aber so zankten wir uns auch noch darum, wer den größeren Schrubber bekam, weil man mit dem mehr Wasser wegbekommen konnte, während man mit dem kleineren das Gefühl hatte, sich eine Ewigkeit vergeblich abzumühen.

15.

Nur die Starken überleben

Der erste Monat kam mir so lang vor wie mein ganzes bisheriges Leben. Ich hatte mir ein unbeschriebenes Blatt Papier von einer Mitinsassin geliehen, auf das ich jeweils das Tagesdatum schrieb und daneben die Anzahl der Tage, die mir in der Anstalt noch bevorstanden. Damit hatte ich in der ersten Woche begonnen, die ich im Gemeinschaftstrakt untergebracht war. Ich errechnete die Anzahl der Tage und kam bei vier Jahren auf 1460. Jeden Tag strich ich einen davon weg: 1459, 1458 … Das war wahrscheinlich das Dümmste, was man in meiner Situation tun konnte. Aber aus irgendeinem Grund beruhigte es mich.

Ich betrachtete die riesige Menge an Tagen, die jeden Tag ein wenig kleiner wurde. Ich redete mir ein, dass die Tage schnell herumgingen und dass all diese Jahre, die unerträglich schienen, auch schnell vorbei sein würden. Selbst wenn ich mir den Koran nicht würde einprägen können, wäre das nicht das Ende der Welt, denn eines Tages würde ich diese Anstalt verlassen. So, wie ich bereits einige Wochen hier durchgehalten hatte, würde ich auch noch ein paar Monate überstehen, und vielleicht käme ich ja dann in den Genuss der Amnestie, von der alle sprachen. Ich war sogar froh, dass man in Saudi-Arabien nach islamischen Jahren rechnet und dass das islamische Jahr elf Tage kürzer ist als das gregorianische. Jeden Morgen erinnerten mich die Wärterinnen mit ihrem sinnlosen Gehämmer an mein Schicksal, aber ich rief mir selbst in Erinnerung, dass meine Entlassung mit jedem Tag näher rückte. Irgendwann würde das hier vorbei sein, und ich müsste hier nicht sterben. Ich würde unser Haus wiedersehen, ich würde von der Dachterrasse des zweistöckigen Gebäudes aus den Garten ansehen. Würde in mein Zimmer gehen und Ruhe haben. Ich vermisste die Sauberkeit, das Essen, ich träumte von dem Geschmack meines Lieblingsessens. Stundenlang lief ich in Gedanken durch das Haus – und mein großes Sofa, ich stellte mir vor, wie ich dort lag und Fernsehen guckte. Am Anfang beruhigte mich das. Aber noch vor Ablauf eines Monats hörte ich damit auf, die Tage durchzustreichen. Die Zeit verging eben doch nicht so schnell, wie ich gehofft hatte, und 1460 Tage in der Anstalt waren mindestens so lang wie hunderttausend normale. Ich wurde fast wahnsinnig, wenn ich zusah, wie langsam das ging. Daher ließ ich das Tagezählen sein, aber ich behielt mein Blatt Papier, auf das ich auch die Namen meiner Familienangehörigen geschrieben hatte.

Am Ende des Monats zitierte mich die Sozialarbeiterin zu sich. Sie versuchte, mich davon zu überzeugen, dass es keinen Sinn mache, mein Urteil anzufechten, denn sie fürchtete, das Berufungsgericht könnte die Strafe noch verschärfen, statt sie abzumildern, wenn ich das erstinstanzliche Urteil anfocht.

In Berufungsverhandlungen konnte ein Urteil bestätigt, verschärft oder abgemildert werden. Wie die anderen Mädchen zuvor warnte mich nun also auch die Sozialarbeiterin, dass das Berufungsgericht nur in sehr seltenen Fällen, die man an den Fingern einer Hand abzählen könne, eine mildere Strafe verhängt habe als die erste Instanz. Meist bestätigten sie das Urteil des ersten Richters. Ich solle mich daher lieber den Tatsachen beugen und es nicht darauf ankommen lassen.

Abla Suad legte mir nahe, zwar erneut vor Gericht zu erscheinen, mich dann aber mit dem Urteil einverstanden zu erklären. Dann würden die Stockschläge beginnen, und erst danach könne die Sozialarbeiterin mich zur Begnadigung im Ramadan oder bei unangekündigten Amnestien des königlichen Diwans als Kandidatin vorschlagen. Sie sagte mehr oder weniger das, was alle Mädchen in der Anstalt rieten, denn auch von ihnen hatte ich gehört, dass man es mir als Halsstarrigkeit auslegen würde, wenn ich das Urteil vor Gericht anzufechten versuchte. Das sähe so aus, als zeigte ich keine Reue, weshalb die Richter in solchen Fällen gerne das Urteil verschärften.

Dazu kam, dass die Richter beziehungsweise Scheichs, die im Berufungsgericht saßen, mit den Scheichs vom Amtsgericht befreundet waren. »Die Gasse ist eng, man kommt nicht durch«, heißt das entsprechende Sprichwort bei uns. Dazu hörte ich noch die Geschichte von Ashdjan, die von demselben Richter wie ich zu zwei Jahren und fünfhundert Schlägen verurteilt worden war. Sie hatte ihr Urteil angefochten und daraufhin das Doppelte bekommen: vier Jahre und tausend Stockschläge.

Mir schwirrte der Kopf, als ich das Büro der Sozialarbeiterin verließ. Ich stellte mir Fragen: Was, wenn sie mir die Strafe verdoppeln? Würden sie das wirklich tun? Für etwas, was nur in einem einzigen Land auf diesem Planeten als Verbrechen gilt? Nun, bei anderen hatten sie es ja auch getan. Warum sollten sie ausgerechnet mit mir Erbarmen haben, nachdem ich mich gegen ihre Tyrannei aufgelehnt hatte? Andere hatten sich noch weniger zuschulden kommen lassen als ich und saßen trotzdem eine längere Strafe ab.

Am nächsten Tag wurde ich wieder bei der Sozialarbeiterin vorstellig und teilte ihr mit, dass ich das Urteil vor Gericht annehmen wolle. Zum ersten Mal glaubte ich, so etwas wie Mitgefühl bei ihr zu sehen, und das sicher nicht nur, weil meine Augen vom Weinen verquollen waren. Sie erkannte wohl, dass ich den Kampf verloren gegeben hatte, und erlaubte mir, am kommenden Montag zum Gericht zu gehen. Dadurch würde ich zumindest nicht den Besuch meines Vaters am Samstag und den Anruf meiner Mutter am Sonntag verpassen.

Sie schickte mir zur Begleitung eine Wärterin mit, die netter war als die meisten ihrer Kolleginnen und die ein wenig Sympathie für mich aufbrachte. Sie erlaubte mir für ein paar Minuten, den Gesichtsschleier abzulegen, während wir nach Dschidda fuhren, damit ich ein wenig von der Landschaft sehen konnte. Sie legte mir auch keine Handschellen an, sondern beließ es dabei, mich am Arm zu halten, als wir am Gericht ausstiegen.

In Safa, dem Stadtteil, in dem das Amtsgericht lag, wohnte auch eine Tante von mir. Wie schön ich Safa früher immer gefunden hatte, als ich als kleines Mädchen noch zu Besuch zum Spielen mit meinen Cousinen und Cousins dorthin kam. Aber seit ich dieses Gerichtsgebäude kenne, macht es mir keine Freude mehr, dort zu sein.

Wir warteten eine Stunde, und dann führte mich die Wärterin in denselben Gerichtssaal, in dem ich verurteilt worden war. Der Richter sah mich an und fragte: »Na, bist du zur Vernunft gekommen oder noch nicht? Hoffentlich gefällt's dir im Gefängnis.«

Durch meinen Gesichtsschleier hindurch, der meine Niederlage verbarg, sah ich sein maliziöses Lächeln, und ich dankte Gott, dass ich mein Gesicht vor Gericht bedecken musste, sonst wäre seine Schadenfreude noch größer ausgefallen. Es war schlimm genug, dass ich eigens hatte dort hinkommen müssen, um sein Unrechtsurteil zu unterschreiben. Ich war nicht mehr dieselbe, die vor einem Monat an diesem Platz gesessen hatte. Ich wohnte im Körper einer mir unbekannten Person, die Angst vor jedem Wort des Richters hatte und die nur aus Vernunft Ja zum Unrecht sagte. Ich hatte zu große Furcht davor, mein Pech könne noch größer werden – und ich könnte daran zerbrechen. Mein Herz und mein Verstand begriffen, dass ich zu schwach war, den Wellen dieses Ozeans zu widerstehen – und dass ich ganz allein war. Daran konnten all die Umarmungen meines Vaters und die Küsse meiner Mutter und die Stimme meiner Schwester am Telefon nichts ändern.

»Frau Kholoud, nehmen Sie das Urteil an?«, fragte der Richter mit dem Blick in eine Akte.

»Ja.« Es war das einzige Wort, das ich bis zur Rückkehr in die Anstalt sagte. Ich trat vor bis an das Podium, hinter dem er saß, und der Schriftführer überreichte mir ein Papier, das ich unterschrieb. Dann verließ ich mit der Wärterin den Unglückssaal.

Wir standen anschließend für ein paar Minuten vor dem Gerichtsgebäude neben dem Polizeiauto, das mich hierhergebracht hatte. Es war schrecklich heiß, aber es machte mir im Gegensatz zu früher nichts mehr aus. Im Gegenteil, ich hätte nichts dagegen gehabt, den ganzen Tag in der Sonne stehen zu bleiben. Meine Wärterin hatte den Polizisten, der das Auto fuhr, gebeten, ihr einen Becher Tee zu kaufen, und wir warteten darauf, dass er zurückkam. Als er kam, wollte sie ihre Handtasche öffnen, während der Polizist bereits wieder auf die linke Seite des Fahrzeugs wechselte, um einzusteigen und uns aufzuschließen. Sie reichte mir den Teebecher und kramte in ihrer Tasche. Als sie meinen Arm dafür losließ, stellte ich mir vor, in Freiheit zu sein. Ich hätte in diesem Moment ungehindert weglaufen können, einfach drauflos, durch die Straßen vor mir. Ich stellte mir vor, wie ich den heißen Tee auf sie schüttete und auf Nimmerwiedersehen wegrannte. Mein Gehirn arbeitete schnell und hatte in Sekundenschnelle einen Plan. Ich würde nach links auf die Hauptstraße laufen und dabei riskieren, den Autobahnzubringer zu überqueren, über den gnadenlos der Verkehr rollte. Ja, ich wäre bereit, mein Leben aufs Spiel zu setzen. Auf der anderen Straßenseite würde ich zwischen den Wohnhäusern verschwinden. Ich würde um mein Leben rennen. Ich würde mich nicht umdrehen, um die Fassungslosigkeit des Polizisten zu sehen, der mich wegrennen sähe und nicht wüsste, ob er mich verfolgen oder Verstärkung rufen sollte, während meine Wärterin schreien würde, weil sie soeben ihren Arbeitsplatz verloren hatte. Ich würde mit meinem langen Überwurf kämpfen, der mich ausbremste, aber ich würde irgendwo verschwinden und nie mehr zu diesem Friedhof namens Anstalt zurückkehren. Oder ich konnte nach rechts in Richtung Mall laufen, aber auf dem Weg dahin würde mich keine Mauer schützen und jeder könnte mich sehen. Und während die Fantasie mit mir durchging, stand ich einfach weiter neben der Wärterin.

Nein, das würde ich ihr nicht antun. Sie meinte es gut mit mir. Ich würde ihr nicht den kochend heißen Tee über den Körper schütten. Denn ich wollte nicht, dass sie arbeitslos oder deswegen verurteilt würde, weil sie mir ein paar Sekunden lang vertraut hatte.

Wir fuhren zurück nach Mekka, und ich bekam die ganze Zeit über die Gedanken nicht aus dem Kopf, was passiert wäre, wenn ich getürmt wäre. Ich wäre auf der Flucht gewesen, bis ich eines Tages doch wieder in der Anstalt gelandet wäre. Mir kam wieder in den Sinn, wie mein Vater mich zwei Tage vor meiner Verurteilung bedrängt hatte, das Königreich zu verlassen. Ich hatte abgelehnt, weil ich nicht mein Leben lang im Ausland auf der Flucht sein wollte. Wäre ich jetzt weggerannt, wäre ich in meinem Heimatland auf der Flucht und müsste für immer diesen Niqab tragen, damit mich niemand je würde erkennen können. Und ich könnte nie wieder ins Haus meiner Eltern zurück, in dem noch einmal zu schlafen mein größter Traum war.

16.

Die Mädchen der Anstalt

Am Nachmittag saß ich auf dem Flur des Zellentrakts und sah den Teekocherinnen zu. Es waren Azza Rashid und Hind al-Hijazi, die wir Samahir die Tunesierin nannten. Die beiden meckerten gerade mit einer Gefangenen, die eine weitere Tasse verlangt hatte, und mit anderen, die sich über den schlechten Tee beschwerten. Zu einigen aber waren sie freundlich, und wieder andere behandelten sie, als seien ihnen diese völlig egal. Gute Beziehungen helfen einem überall, auch an einem so unseligen und elenden Ort wie der Anstalt. Nur die, die so etwas wie Charisma haben, können andere beeinflussen – oder jene, die in der Sprache der Religionsgelehrten über »Akzeptanz« verfügen, was ihrem Verständnis nach so etwas ist wie das Licht Gottes, das von ihnen auf das Antlitz der gewöhnlichen Menschen scheint, sodass diese sie automatisch lieben und achten. Solche Menschen haben immer mehr Glück als andere, man hört auf sie und ist auf ihrer Seite, und ihre Anhänger sind ihnen treu ergeben.

Jede von uns versucht, die jeweiligen Gottesgaben für sich zu nutzen. Die einen setzen ihre Intelligenz ein, Tricks oder ihre Schönheit, andere ihre Kraft oder Bösartigkeit. Und wer nichts von alldem hat, der bleibt in unserer Gesellschaft unweigerlich eine Null. Ich urteilte für mich, dass Azza und Samahir solche Menschen waren. Besonders Azza hatte nichts Gewinnendes an sich. Hätte nicht das eine oder andere Mädchen sich barmherzig gezeigt oder auch nur etwas von ihr gebraucht, so hätte sie wohl niemand angesprochen oder auch nur gegrüßt. Sie war zwar nicht böswillig oder streitsüchtig und verpetzte nicht einmal andere bei der Anstaltsleitung, aber sie hatte eine laute Stimme und benachteiligte ihre Mitinsassinnen zuweilen bei so banalen Dingen wie der Schichteinteilung in der Küche oder eben beim Teeausschank, und daher wollte sie niemand zur Freundin haben. Was auch immer die äußerlichen Gründe waren, es gab da auch etwas Verborgenes, Unerklärliches, was sie ohne Freundinnen bleiben ließ, obwohl sie schon vier Jahre in der Anstalt zugebracht hatte, als ich kam. Sie war einfach unbeholfen im Umgang mit anderen. Es gab zwar noch mehr Mädchen ohne besondere Eigenschaften bei uns, doch diese lebten in Frieden, während Azza immer mit allen im Streit lag. Inzwischen wusste ich, dass Intrigen dazugehörten in der Anstalt, in der die meisten gefangenen Mädchen, insbesondere die, die schon länger einsaßen, und die, die eine besonders laute Stimme hatten, Spaß daran hatten, ihre Macht auszuspielen. Mit Vorliebe taten sie das bei trivialen Dingen wie der Essensausgabe, der Zuteilung von Kleidung bis hin zur Aushändigung von Haarshampoo, der Bestimmung darüber, wo unsere Betten zu stehen hatten oder der Aufgabenverteilung bei der Arbeit. Oder eben wenn sie Tee ausschenkten. Sie genossen es, wenn sie die Macht hatten, nach dem Motto: »Ich kann dir mehr Tee geben oder eben auch nicht. Es geht auch gar nicht um den Tee, sondern darum, dass du mich darum bittest und dann auf meine Entscheidung wartest.« Für mich war es geradezu absurd, wie manche der lange einsitzenden Mädchen von dieser falschen Freiheit, andere zu ärgern, Gebrauch machten.

Azza bekam von ihrer Sozialarbeiterin wöchentlich zwei Aufgaben zugewiesen: Sie war Köchin und Teeausschenkerin am Nachmittag. Diese Art der Beschäftigung sollte offenbar verhindern, dass sie allmählich durchdrehte, während ihre fünfzehn Jahre sich dahinschleppten. Doch Azza war nicht die Einzige, die gern ihre Macht ausspielte. Die meisten anderen Langzeitgefangenen taten dasselbe, aber sie hatten dabei einen gewinnenderen Charakter, und das hieß nicht, dass sie sich überall Liebkind machen wollten. Sie verfügten wohl über das, was in der Sprache der Religiösen »das göttliche Geheimnis« oder »die Liebe Gottes« genannt wird.

Hind alias Samahir hatte diese Gottesgabe, obwohl auch sie oft brüsk mit den anderen Frauen umging und in die Rolle der Bösen schlüpfte. Und dennoch genoss sie die Sympathie aller, selbst die der Aufseherinnen und der Anstaltsleitung. Auch ich mochte sie und hörte ihr gerne zu, wenn sie einmal ihr Schweigen brach und über Persönliches sprach, was nicht oft der Fall war. Sie war schwer zu durchschauen. Hind war kleiner als die meisten von uns, hatte eine rötliche Haut mit Sommersprossen und ein auffälliges braunes Muttermal am linken Augenlid, das den Blick erst recht auf ihre zu kleinen Augen lenkte. Was ihr allerdings fehlte, waren Redegewandtheit und Intelligenz, sodass sie sich oft nicht verteidigen konnte und leicht in Schwierigkeiten geriet.

Warum Hind al-Hijazi auch Samahir die Tunesierin hieß, das war eine seltsame, komplizierte und verworrene Geschichte, die sie uns immer wieder erzählte. Es klang wie an den Haaren herbeigezogen, aber was sie sagte, passte zu ihr und zu dem, was die Anstaltsleitung über sie behauptete. Ich kann nicht leugnen, dass ich verblüfft und ergriffen war, als ich ihre ungewöhnliche Geschichte zum ersten Mal hörte. Es waren ja diese Schicksale, die uns halfen, uns ein wenig die Zeit zu vertreiben.

»Ich bin keine Saudi-Araberin. Ich habe nicht einmal einen saudischen Pass. Meine Eltern sind beide Tunesier, und ich heiße Samahir. Ich hasse den Namen Hind, auch wenn die Leitung und einige niederträchtige Aufseherinnen mich so nennen. Sie sagen, sie hielten sich nur an das, was in meinen offiziellen Papieren steht. Aber die sind alle falsch. Mein Name ist Samahir, nicht Hind.«

Je weiter sie eintauchte in die Erzählung, die sie stets mit großer Erregung vortrug, während ihr Tränen über die Wangen liefen, desto hilfloser fühlte ich mich. Denn ich musste mir eingestehen, dass ihre Emotionen und ihre Mimik echt waren. Außerdem wiederholte sie manche Einzelheiten immer wieder, und ich bin mir sicher, das hätte kein Lügner fertiggebracht.

»Meine Eltern sind zum Arbeiten nach Saudi-Arabien gekommen. Als ich sechs Jahre alt war, wurde ich entführt. Seitdem habe ich sie nie wieder gesehen und nichts mehr von ihnen gehört. Ein Inder, der in Dschidda Geschäfte machte, zog mich auf.« An dieser Stelle ließ sie entweder den Kopf hängen oder blickte in die Ferne, so als wolle sie sich sein Bild vergegenwärtigen, und kürzte ihre Erzählung ab: »Er handelte mit Drogen und betrieb Magie. Ich wohnte bei ihm im Stadtteil Ghalil. Als ich siebzehn war, überredete er mich, bei einem Spiel mitzumachen, das uns viel Geld einbringen sollte. Es gab nämlich damals eine Familie, die ihre seit Langem verschwundene Tochter suchte und die einen großen Betrag für den in Aussicht stellte, der sie ihr zurückbrächte. Niemand wusste etwas über ihren Verbleib. Ich spielte daher die Rolle dieses verschwundenen Mädchens und blieb drei Jahre lang bei der Familie, die wirklich glaubte, ich sei die verlorene Tochter. Danach floh ich und ging zurück nach Dschidda. Aber dann gab es den Anschlag auf den Muhayya-Tower in Riad, und bei der Fahndung nach Verdächtigen wurde ich in der Altstadt festgenommen. Und jetzt sitze ich seit drei Jahren hier ein.«

Wenn ich sie fragte, was sie mit dem Anschlag zu tun gehabt hatte und warum sie sich genau dort versteckt hatte, wohin die Terrorverdächtigen sich geflüchtet hatten, wich sie aus und antwortete nur: »Ich habe genug erzählt. Das geht dich nichts an.« Es war von einem Moment auf den anderen fort, das liebenswerte, schwache Mädchen, das Zuhörerinnen suchte, denen sie ihre bedrückenden Geheimnisse anvertrauen konnte. Ich verstand auch nie, warum sie Tunesierin sein sollte, wo doch eine saudische Familie sie für sich beanspruchte, oder warum die Anstaltsleitung sie dieser nicht übergab, wie sie es mit anderen Insassinnen tat, bei denen die Familien die Tochter trotz abgesessener Strafe zurückhaben wollten. Warum lehnte ihr angeblicher Vater einen DNA-Test ab, um das Verwandtschaftsverhältnis feststellen zu lassen? Und wer war dieser Inder, der sie aufgezogen hatte und bei dessen Erwähnung ihre Augen so strahlten, obwohl er kriminell war und sie als seine Geliebte gehalten hatte, als sie erwachsen wurde? Wie hatte sie es drei Jahre lang bei einer fremden Familie ausgehalten? Und was hatte sie mit dem Anschlag zu tun?

Sie schien wie von Fragezeichen umgeben, und niemand war in der Lage, zur Wahrheit durchzustoßen in all der Zeit, die sie bei uns lebte und mit uns stritt und scherzte oder in der Anstaltsmoschee weinend auf die Knie fiel. Durch das vergitterte Fenster in der Decke blickte sie mit Augen, die die Hoffnung noch nicht verloren hatten, auf kleine Stücke des Himmels.

Viele der Insassinnen, die ich kennenlernte, hatten eine starke Fantasie und erfanden glückliche oder traurige Geschichten, die sie irgendwann selbst glaubten. Ich versuchte, meine Neugier zu zähmen und mir einzureden, dass Hind beziehungsweise Samahir auch so ein Fall war. So musste ich mir nicht den Kopf über ihre rätselhafte Geschichte zerbrechen. Aber im Inneren wusste ich, dass sie die Wahrheit sagte, auch wenn sie wesentliche Episoden ausließ und versuchte, mich von den Fragen nach den eigentlichen Gründen für ihre

Einweisung in die Anstalt abzulenken. Warum erzählte sie mir überhaupt ihre Geschichte, wenn ihr nicht daran gelegen war, dass ich sie auch verstand, und sie mich nicht in ihre wahren Geheimnisse einweihen wollte?

Immer wieder kam sie zu mir und erzählte mir dieselbe Geschichte von Neuem, und jedes Mal fügte sie ein neues Detail hinzu. Sie sprach mit uns, als verschaffe ihr das Erleichterung. Sie selbst sagte, sie müsse »ein wenig Last abladen« und sie würde noch wahnsinnig, wenn sie alles für sich behalten müsste. Ich fand, dass ihre Angst, sie könne zu viel ausplaudern, und die damit verbundene Grenze, die sie sich selbst setzte, wie eine Bestätigung waren für mich, dass ich ihre Lebensgeschichte glauben durfte.

Ich nannte sie Samahir, weil ich wusste, dass sie diesen Namen mochte, und ich machte ihr gerne diese Freude. Und ich konnte mich darüber totlachen, wie wütend sie wurde, wenn sie mit anderen Mädchen Streit hatte und diese sie dann, nur um sie zu ärgern, Hind riefen. »Hind, Hind, Hind!« Samahir machte das rasend. Sie war oft schlecht gelaunt und regte sich dann über jede Kleinigkeit auf. Sie war die Ungeduld in Person, und niemand brachte Verständnis für sie auf. Wenn sie sich über eine von uns ärgerte, konnte sie weinend vor allen zusammenbrechen, oder sie rannte in ihre Zelle und warf die Tür hinter sich zu, dass auf dem ganzen Flur die Wände förmlich wackelten. Danach erschien sie nicht zum Mittagessen, zuweilen auch nicht zum Abendessen. Dann aber wieder, wenn sie etwas Lustiges sah, musste sie unfreiwillig lächeln.

Keine von uns unterließ es, Gott von Zeit zu Zeit mit erhobenen Händen um Rettung zu bitten. Besonders nach Abla Futeimas Vorträgen im Koranunterricht über die Wunderwirkung von Bittgebeten beteten wir fleißig um unsere baldige Entlassung. Jedes von uns Mädchen hätte auf Befragen mit

Bestimmtheit geantwortet, fest an Gott zu glauben. Zumindest glaubten wir an seine Existenz, weniger an seine Allmacht und Güte, denn sonst hätten wir wohl alle immerzu nur gebetet und nicht gezählt, wie oft wir unsere Hände bittend erhoben, einfach, um es versucht zu haben. Samahir aber glaubte fest an Gottes Allmacht. Man konnte es daran sehen, sodass sie in der Anstaltsmoschee nach den festgelegten Gebeten andächtig weinte und Gott an ihre Bitten erinnerte, ohne darauf zu achten, dass wir alle um sie herum waren. Obwohl sie bereits drei Haftjahre abgesessen hatte, zweifelte sie nie an Gottes Gnade.

Ich dagegen war mir nicht sicher, ob ich nach drei Jahren in der Anstalt noch gläubig sein könnte, wenn ich kein Anzeichen dafür sähe, dass meine Gebete erhört wurden.

17.

Tun die Stockschläge weh?

Meinem Vater waren Erschöpfung und Krankheit deutlich anzusehen. In einem solchen Zustand hatte ich ihn zuvor nur einmal gesehen, das war nach seiner Trennung von meiner Mutter. Aber diesmal war meine Situation daran schuld – und dass er nichts tun konnte, um mir zu helfen. Das Leid grub tiefe Spuren in sein Gesicht.

Ich erzählte ihm davon, dass ich vor Gericht mein Einverständnis zum Urteil gegeben hatte und dass mir Abla Suad dazu geraten habe. Dabei deutete ich auf meine Sozialarbeiterin, die neben uns saß, eingehüllt in einen schwarzen Überwurf, der weder Augen noch Fingerspitzen frei ließ. Sie saß die ganze Zeit schweigend da und gab erst etwas von sich, als wir im Lauf des Gesprächs die Zeit vergaßen, und auch dann nur so leise, dass mein Vater sie kaum hörte, denn in Saudi-Arabien gilt die Stimme einer Frau unter Männern als anstößig.

Wie die meisten Anstaltsangestellten übertrieb Abla Suad es ein wenig mit ihrem Glauben. Sie trug Kleidung, die sie vollständig verdeckte, und für sie waren Dinge wie Gesang, Musik, das Zupfen der Augenbrauen und jeder Wortwechsel mit einem nicht verwandten Mann eine schwere Sünde.

Ich drückte meinen Vater zum Abschied so fest, als wollte ich ihn gar nicht wieder gehen lassen. Seine Gegenwart schenkte mir ein Gefühl der Sicherheit, das ich sehr genoss. Mein Herz vergaß in diesen Minuten alle Furcht, aber wenn er wegging, musste ich wieder allein zurück in die Hölle. So versuchte ich, ihm beim Abschied von den Augen abzulesen, was in ihm vorging. Wie sehr er das Schicksal verfluchte, das ihn daran hinderte, seine Tochter vor Menschen zu retten, die ihr wehtaten. Ich kannte ihn so gut, dass ein Blick reichte. Als ich ein kleines Mädchen war, fragte er mich jeden Abend vor dem Einschlafen, ob jemand in der Schule böse zu mir gewesen sei. Und wenn ein Lehrer versuchte, mich unter Druck zu setzen oder mir Angst zu machen, beklagte ich mich bei meinem Vater darüber. Am nächsten Tag ging er dann persönlich zur Schule, um sich zu erkundigen, was los sei. Er schärfte den Lehrern immer wieder ein, sie sollten ihm Bescheid geben, wenn ich etwas falsch mache, es aber unterlassen, mir Angst einzujagen. So war er, mein Papa: Er wollte mich immer beschützen. Und jetzt konnte er das nicht mehr.

Ashdjan und Amani kamen auch gerade von der Begegnung mit Besuch zurück in den Trakt. Ashdjans Gesicht war verweint, und die Nase leuchtete rot aus dem Bronzeton ihrer Haut hervor. Ihre Tränen strömten, während sie sich ein Taschentuch vors Gesicht presste. Amani lief neben ihr her und tröstete sie flüsternd. Sicher sagte sie ihr dieselben Sätze, die auch ich immer von den anderen Mädchen zu hören bekam, wenn ich weinend von einem Besuchstermin zurückkam.

Unsere Blicke trafen sich auf dem Korridor zwischen dem Mittelrondell und der Direktion, und erst lächelte mir Amani ungewöhnlich freundlich zu, was ich notgedrungen erwiderte. Dann wandte ich mich der traurigen Ashdjan zu, berührte sie am Arm und sagte zu ihr: »Wein doch nicht. Nimm es nicht so schwer.« Aber ihr Gesicht brach mir das Herz. Es war, als spiegele sich darin meine eigene Traurigkeit. Ich wusste nicht, warum sie nach jedem Besuch derart zusammenbrach. Vielleicht weinte sie vor Sehnsucht nach ihrem Bruder, der sie jede Woche besuchte, oder vor Enttäuschung darüber, was sie in der Anstalt insgesamt vier Jahre lang durchmachen musste, vier lange Jahre, die ihr gestohlen waren. Oder hatte sie von ihrem Bruder schlechte Nachrichten erfahren? Beim Blick in ihre Augen sah ich mich jedes Mal selbst, wenn sie wie gebrochen von einem Besuchsempfang zurückkam. Deswegen war ich erstaunt, dass mir ihre Worte wirklich etwas bedeuteten.

Sie lächelte mich traurig an, während sie sich die Tränen abwischte, und sagte: »Du weinst doch selber wie ein Kind.«

Ich musste lachen.

»Wir müssen uns nicht schämen, weil wir weinen«, fuhr sie fort. »Wir trauern nicht über unser Schicksal, das Urteil ist gesprochen. Wir weinen, weil wir Schmerz empfinden, obwohl wir uns vormachen, stark zu sein und durchhalten zu können. Wir wollen nicht vor anderen Gefangenen zusammenbrechen, die nur Schadenfreude für uns übrig haben und sich über unsere Traurigkeit lustig machen. Wir können uns zwar glücklich schätzen, dass wir Angehörige haben, die auf unsere Entlassung warten, aber zuweilen ist der Schmerz so stark, dass wir ihn nicht zum Schweigen bringen können, nur weil es anderen noch schlechter geht als uns.«

Sie wischte sich noch ein paar Tränen aus dem Gesicht und sagte dann: »Schäm dich nicht zu weinen. Wer Stärke vorgibt, wenn er schwach ist, verwandelt sich irgendwann in ein Monster. Wenn du dich von deinem Schmerz nicht befreist, dann geht er nicht weg, sondern sperrt dich ebenso ein wie du ihn.« Dann lächelte sie und wollte weitergehen.

Es war das erste Mal überhaupt, dass wir beide miteinander sprachen. Ashdjan hatte mich immer angelächelt, wenn sie mich sah, aber sie gehörte nicht zu denen, die mit allen reden wollten. Nun hielt ich sie spontan fest und stellte ihr eine Frage. Eigentlich hatte ich Angst, darauf eine ehrliche Antwort zu bekommen, aber ich fragte dennoch: »Ashdjan, tun die Stockschläge sehr weh?«

Sie seufzte und sagte: »Nichts tut mehr weh, als hier zu sein. Wenn du die Einzelhaft ertragen hast und anschließend die Haft in Gemeinschaft, dann wirst du auch die Schläge überstehen.« Dann ging sie mit Amani weiter.

Ashdjan war 27 Jahre alt und beliebt, obwohl sie nicht viel sprach, außer vielleicht mit ihren Freundinnen Amani, Widad und Manal. Sie lächelte gern alle an. Ich mochte ihr Aussehen und auch die Art, wie sie ihr dichtes, lockiges Haar nach afrikanischer Art zu Zöpfen flocht – wenn sie es auch meist bedeckt hielt, um sich abschätzige Bemerkungen der Wärterinnen zu ersparen. Sie war mir zuerst aufgefallen, weil ihre Augen mitlachten und dann schimmerten, wenn sie lächelte. Sie war auch eine gute Köchin, und alle aßen am Montag, wenn sie Küchendienst hatte, besonders gern. Ihr Hühnchen mit Spinat war in der Anstalt berühmt. Sie schaffte es, jedem Streit aus dem Weg zu gehen, als stünde sie über den Alltagsquerelen und sparte sich ihre Energie für Wichtigeres auf. Wenn überhaupt, sah ich sie mit ihren engen Freundinnen sprechen – und dann meist so leise, dass diese ihr aufmerksam zuhörten. Aber sobald sie sich unter uns andere mischte, schwieg sie wieder. Für mich hatte sie irgendwie eine große Bedeutung allein dadurch, dass sie von demselben Richter verurteilt worden war wie ich und er die Strafe vor dem Berufungsgericht sogar noch verschärft hatte: vier Jahre und tausend Stockschläge waren es bei ihr. Richtig aus sich heraus kam sie auch nur, wenn die Rede darauf kam, dann wurde sie emotional und verwünschte ihn tausendfach.

Von der neuen Strafe hatte sie gerade einmal ein Jahr und acht Monate abgesessen, und auch sie versuchte verzweifelt, den Koran zu memorieren. Allerdings hatte sie bisher nur einen kleinen Teil auswendig lernen können, denn sie konnte weder lesen noch schreiben.

Ich hörte Verschiedenes über ihre Geschichte und die Umstände ihrer Festnahme. Das Leben unter den Mädchen in der Anstalt war bestimmt von solchen Tratschereien, und wenn ich mitbekam, wie jemand über Ashdjan sprach, dann sprachen die anderen bestimmt genauso leidenschaftlich gerne über mich, das war mir nur allzu bewusst. Und auch, dass sie es mit den Details alle nicht so genau nahmen. Letztendlich war es auch egal, ob jeweils ein wenig hinzugedichtet oder weggelassen wurde. Wir alle liebten die Spannung, denn dann hatten wir das Gefühl, lebendig zu sein. Wenigstens reden konnten wir noch, das konnte uns keiner nehmen.

Aber tief in mir war ich unzufrieden mit den spannenden Geschichten, denn ich wollte die Wahrheit wissen über die anderen Mädchen, daher konnte ich immer erst glauben, was sie sich gegenseitig erzählten, wenn die Betroffene selbst es mir genauso berichtet hatte. Es dauerte allerdings, bis sich Ashdjan mir anvertraute. Umso dankbarer war ich ihr, dass sie mir ihre Wahrheit erzählte.

Sie war eines Tages wie üblich mit Freunden im Auto unterwegs gewesen, und alles schien so normal zu sein wie immer. Aber an jenem Unglückstag fuhr der Freund, dem das Auto gehörte, unter dem Einfluss von Tabletten, deren Wirkung darin bestand, dass er sich im Besitz von Superkräften wähnte. Als sie gar nicht weit von Zuhause von einem Polizisten kontrolliert wurden, erschoss ihn ihr Freund.

»Als er uns anhielt, lachten wir noch darüber«, erzählte sie unter Tränen, »denn wir alle kannten den Polizisten gut, er arbeitete in der Wache des Viertels, und seine Kontrolle war eine Art Scherz. Er war bei allen wegen seiner netten Art beliebt. Wir antworteten auf seine Führerscheinkontrolle ebenfalls mit Witzeleien, aber plötzlich stieg unser Fahrer aus und hielt ihm eine Pistole vors Gesicht. Wir begriffen nicht, was passierte. Plötzlich fielen Schüsse, und der Polizist lag blutend am Boden. Wir flohen in alle Richtungen und versteckten uns, aber irgendwann fand uns die Polizei. Beim Verhör stritten wir alles ab, aber das machte es nur noch schlimmer. So kam ich wegen Falschaussage in die Anstalt. Unser Fahrer aber wartet auf seine Hinrichtung.«

Wie besonders aber ihr Ratschlag auf dem Flur war, echt zu bleiben und meine Gefühle zuzulassen, zeigte mir die Reaktion der anderen.

So erzählte ich beim Mittagstisch Maha vom Besuch meines Vaters und wie traurig mich das alles machte, und sie wiederholte die Worte, die ich von allen zu hören bekam: »Gott wird dich schon bald hier herausholen. Bete zu ihm und verzage nicht. Sie werden dir deine Strafe schon nicht verschärfen. Danke Gott dafür, dass dich dein Vater überhaupt besucht. Andere werden von ihren Angehörigen verstoßen und bleiben hier bis zum Tag, an dem der Allmächtige sich ihrer erbarmt.«

Das war ja nicht falsch, aber ich konnte den Sermon schon auswendig, und ich wusste, das war nicht der Weg, um meiner depressiven Stimmung zu entkommen. Maha sagte, sie habe die Verlegung in meinen Trakt beantragt, Abla habe auch schon zugestimmt, aber es dauere noch, bis in einer Zelle etwas frei werde. Ich freute mich, das zu hören, denn mit Maha verband mich eine große Vertrautheit, und ich konnte ewig mit ihr plaudern, so wie damals, als wir aus unseren Einzelzellen über den Flur miteinander gesprochen und nichts als Worte und Geschichten besessen hatten, um etwas Zeit totzuschlagen, damals, als wir noch nicht wussten, wie wir aussahen – und als die Stille der Einzelhaft auf uns lastete, als wollte sie uns in den Wahnsinn treiben.

Auf der anderen Seite gingen mir die Worte von Ashdjan lange nach. Es lag so viel Wahrheit darin, und sie hatte genau das ausgesprochen, was ich fühlte. Ich dachte darüber nach, was sie über die Stockhiebe gesagt hatte und dass diese nicht schmerzvoller seien als allein unser Leben in der Anstalt. Ashdjan redete nicht so einfach daher wie die anderen Mädchen, die mir weismachen wollten, dass die Prügel in Wirklichkeit gar nicht so schlimm seien. Dabei sah ich doch, wie verweint und geknickt sie jedes Mal von der Prügelstrafe zurückkamen. Etwas in mir sagte mir, dass es keinesfalls so harmlos sein konnte, wie sie beschwichtigend sagten, um mir die Angst zu nehmen.

Ich hatte nie zuvor den Mut gefunden, eine meiner Mitgefangenen danach zu fragen, wie sie sich bei der Prügelstrafe wirklich gefühlt hatte. Doch mich erfasste jedes Mal Panik, wenn eine Wärterin in unseren Trakt kam, um ein paar Mädchen mitzunehmen, damit sie ihre Stockschläge bekämen.

Deshalb fand ich Ashdjans Antwort so ehrlich. Ja, es tue weh, aber schlimmer als die Einzelhaft und die Dauerkontrolle durch die Aufseherinnen sei es auch nicht. Ich dachte auch daran, dass sie gesagt hatte, wie glücklich wir uns schätzen könnten, weil unsere Familien uns überhaupt besuchten. Wir konnten ruhig schlafen, weil wir die Sicherheit hatten, nach Absitzen unserer Strafe wieder in Freiheit zu kommen, anders als die, die verstoßen wurden und überhaupt nicht wussten, wann sich das eiserne Tor für sie wieder öffnen würde. Konnte es etwas Schlimmeres geben, als im Knast zu sitzen und nicht zu wissen, ob man je wieder entlassen würde? Für mich war es unvorstellbar, und deshalb dankte ich Gott dafür, dass Er mir einen so lieben Papa gegeben hatte, über dessen Besuche ich mich freuen durfte, und dass ich mich darauf verlassen konnte, das Gefängnistor eines Tages in umgekehrter Richtung durchschreiten zu können.

18.

Ein erster Teil ist geschafft

Ich wurde schneller fertig als gedacht. Bald gelang es mir, den ersten Teil des Korans auswendig zu lernen. Nicht nur ich war davon überrascht, sondern auch meine Lehrerin Abla Futeima, die mir anfangs noch geraten hatte, ich solle es lieber aufgeben, denn meine Aussprache und meine Rezitation seien schlecht und ich mache einfach zu viele Grammatikfehler. Doch als sie die Entschlossenheit in meinen Augen sah, wollte sie mir nicht alle Hoffnung nehmen.

Und nun saß ich vor ihr und sagte einen Vers nach dem anderen auswendig auf und war glücklich darüber. Auch Futeima lächelte mich an, zufrieden, dass ich in so kurzer Zeit so viel besser geworden war. Es gelang mir, ganze einundzwanzig Seiten fehlerfrei aufzusagen.

Sie schloss den Koran, nahm ihre Brille ab und sagte: »Gott meint es gut mit dir. Du bist viel besser geworden. Mach so weiter, aber vergiss nicht, das Bisherige immer zu wiederholen, sonst entfällt es dir wieder. Unser Prophet, Gott segne ihn und schenke ihm Heil, hat einmal gesagt: *Mit dem Koran ist es wie mit einem Kamel: Wer es behalten will, muss es festbinden, wer es frei laufen lässt, dem entflieht es.*«

Es sei meine Verantwortung vor Gott, weiterzumachen. Wenn ich mir den Koran wirklich einprägen wolle, dann dürfe mir am Ende auch nicht ein einziger Vers fehlen. Es ging immerhin um sechshundert Seiten! Es werde mich riesige Mühen und echte Geduld kosten, betonte sie noch.

Ich blickte sie an und hörte ihr genau zu, und mein Herz

sagte: »Ja! Ich werde es schaffen, und ich werde den Koran auch dann noch rezitieren, wenn ich in Freiheit bin, nicht weil ich Angst habe, ihn wieder zu vergessen, sondern weil ich seine Suren mittlerweile lieb gewonnen habe.« Für mich war es, als hätte ich ein Geheimnis entdeckt, das außer mir niemand kannte.

Das war an einem Freitag. Es war der heilige Tag der islamischen Woche, und man sagt, dass in bestimmten Stunden am Freitag jedes Gebet erhört wird, einmal während der Moscheepredigt und später beim Nachmittagsgebet. Ich fieberte auf jene Stunden am Freitag hin, um zu Gott zu beten und Ihm näherzukommen. Ich verzagte auch nicht, wenn meine Bitten nicht erfüllt wurden oder nicht gleich in Erfüllung gingen, und ich war ganz überrascht von mir selbst, wie ruhig ich geworden war und wie ich von Tag zu Tag geduldiger wurde.

Der Freitag war ein Tag der Ruhe und des Friedens. Aber es war auch ein Tag des Lärms und des Streits. Man betete zwar und hielt Andacht, aber es war leider ebenso der Tag, an dem jede von uns Insassinnen ihre überschüssige Energie irgendwie loswerden musste – denn es war der Großputztag. Der Wasser-Seife-Dreckwegmach-Tag. Jeder Winkel, jede einzelne Gabel und der gesamte Speisesaal mussten sauber gemacht werden. Wen wunderte, dass dies der Tag war, an dem die Stärksten überlebten: Die Ranghöheren herrschten über die Rangniedrigeren. Und ranghöher hieß nicht unbedingt älter an Jahren, sondern ranghöher war, wer am längsten in der Anstalt saß oder wer die meisten Jahre vor sich hatte, wer die lauteste Stimme hatte, wer am schnellsten sprach, wer die besten Beziehungen zur Direktorin hatte oder wer im Trakt das Sagen hatte … Jede war anders als die andere, aber alle hatten eine Persönlichkeit – und die zeigte sich am Freitag. Natürlich teilten wir uns die Arbeit, zwangsläufig war das so, allerdings in der Weise, dass jede von uns nach Möglichkeit die leichteste und abwechslungsreichste Tätigkeit übernehmen wollte. Die Mauerblümchen und die Schweigerinnen und die Neuen bekamen die unangenehmsten Arbeiten: abspülen, Zwiebeln schälen, den Ofen putzen. Jenen riesigen Ofen, in dem Ratten hausten, die sich aus freien Stücken in die Gefangenschaft der Anstalt begeben hatten.

Kaum waren wir nach dem Freitagsgebet zurück in unserem Trakt, stellte sich eine Mitgefangene an den Zugang, schlug das schwere Vorhängeschloss an die Eisentür und schrie gellend: »Großreinemachen! Heute ist unser Trakt dran!«

Ich ertrug den Lärm nicht und sprang wie von der Tarantel gestochen auf. Die Ruferin war angeblich psychisch krank und verhielt sich deswegen so seltsam. Ob sie es wirklich war, wusste ich nicht, aber eine ganze Reihe von Gefangenen bekam von der Krankenschwester Psychopharmaka verabreicht. Bis zum letzten Tag in der Anstalt wollte es mir nicht in den Kopf, warum man psychisch Kranke mit uns zusammen einsperrte. Wenn Gott sie auf diese Weise bestraft hatte, warum strafte man sie zusätzlich mit einem Gefängnisaufenthalt? Ihre Angehörigen hatten sie verstoßen, und dem Staat fiel nichts Besseres ein, als sie hinter Gitter zu stecken. Aber gerade bei der Ruferin war ich mir nicht sicher, ob ihr Verhalten und ihre gellende Stimme tatsächlich Folge einer seelischen Erkrankung waren. Ich fand sie für eine Achtzehnjährige, die zu Hause vielleicht nie hatte spielen oder lachen dürfen, eigentlich normal. Und nun saß sie mit uns in der Anstalt, ohne dass sie etwas getan hätte, wofür man eingesperrt werden müsste. Ihre Eltern wollten sie nicht zurückhaben, das war alles. Ich wünschte mir nur, sie würde eines Tages aufhören, so zu schreien, denn ihre Stimme war wirklich schrecklich laut.

Mittlerweile hatte sich der ganze Trakt lärmend Richtung

Speisesaal begeben. Manche lachten und scherzten miteinander oder rafften die Röcke bei der Arbeit höher als nötig und kokettierten damit. Andere freuten sich darauf, dass sie beim Großputz zumindest der Direktion unter Beweis stellen könnten, dass sie auch zu etwas nützlich waren. Wieder andere schleppten sich zur Kantine, als würden sie dort Prügel beziehen und als hassten sie den Freitag dafür, dass es der Putztag war. Zur letzten Gruppe gehörte ich.

»Widad, Manal, Ashdjan und ich putzen die Kantine«, schlug Amani vor, zeigte mit einer Hand auf den Boden und lupfte mit der anderen ihr Kleid.

Das hatte einen Streit mit Badriya zur Folge, aber Manal und Widad schritten sogleich ein, worauf Badriya verstummte. Auch ihre Freundinnen hielten sich lieber heraus, wenn sie es mit Widad, Manal und Amani zu tun bekamen, denn Amani war bekannt dafür, dass sie reden konnte wie ein Wasserfall. Amanis Clique setzte sich denn auch durch, und Badriya musste den Herd putzen, nicht ohne zu schwören, dass sie die Teller nicht anrühren werde.

Manal blinzelte mir verschwörerisch zu und flüsterte: »Putz du den Küchenboden, das ist das Leichteste«, nur um gleich anschließend laut zu verkünden: »Leute, Kholoud putzt heute die Küche!«

Und nun protestierte Mariam: »Na toll, Manal, seit wann verteilst du hier die Aufgaben?«

Manal zog die Augenbrauen zusammen und erwiderte unnachgiebig: »Was denn, Mariam? Worüber ärgerst du dich? Hast du dir nicht das Fensterputzen ausgesucht? Dagegen hat doch auch niemand protestiert.« Dann setzte sie zu einem verschlagenen Lächeln an und fragte: »Oder willst du hier die Chefin spielen, weil du bei der Leitung so beliebt bist? Kommt gar nicht infrage. Dann werde ich der Direktorin morgen verraten, dass du sie gegen uns ausspielst.«

Die beiden kabbelten sich endlos, aber ich fand das spannend, denn es war interessant, zuzuhören. Ich fing derweil schon mit dem Küchenfußboden an, wie Manal es mir geraten hatte, während Mariam abgelenkt war und Manal wortreich zu überbieten versuchte. Mariam war nicht leicht zum Schweigen zu bringen, und man wusste nie, wann ihre Lippen etwa ausfransten und sie aufgab. Egal, ob sie das etwas anging oder nicht, sie konnte über alles streiten – und wollte immer unbedingt gewinnen. Im Kern ging es ihr nur um eines: um Rache. Sie war wütend auf alles und jeden, weil sie schon fünf Jahre hier drinsteckte, ohne dass man sie wegen irgendetwas verurteilt hätte. Ihr Vater wollte sie einfach nicht zurückhaben. Oder sie rächte sich auf diese Weise für das, was ihr frühere ältere Mitgefangene vor der Entlassung angetan hatten. Und wenn sie eins von ihnen gelernt hatte, dann wie man uns alle gegeneinander ausspielte – und sich bei der Direktion lieb Kind machte. Dies wiederum ging auf dreierlei Art: Schmeichelei, scheinbare Vorbildlichkeit und Verpetzen anderer. Wir nannten Mariam daher die Süßholzrasplerin, die Petzerin oder auch die Anstaltshündin. Sie führte eine Clique von Mädchen an, die zu ihr hielten und immer das taten, was sie ihnen einflüsterte. Sie alle beherrschten die Kunst der Schmeichelei, und ihnen allen war gemein, dass sie ihre Strafe längst abgesessen hatten, ihre Familien sie aber nicht zurückhaben wollten. Ihre Hoffnung bestand darin, dass irgendwann ein alter Mann auf der Suche nach einer jungen Braut auftauchen würde, für die er nicht allzu viel Brautgeld würde zahlen müssen. Oder ein Frömmler, der auf einen Lohn Gottes hoffte, wenn er eine solche Gefangene durch Heirat befreite. Was für ein Schicksal.

»Manal mag dich ja offensichtlich sehr, Kholoud«, richtete Mariam ihre Worte nun an mich und stolzierte an mir vorbei zu ihrer Clique. Sie hatte Manal besiegt, was ich nicht weiter beachtete. Aisha half mir, meine Arbeit zu Ende zu bringen. Währenddessen kam Widad mit einem Stapel Alutabletts und knallte sie auf den Küchenboden. Hysterisch wirbelte sie alles durcheinander, und sie machte dabei einen Lärm, als wäre sie in einer Rock-'n'-Roll-Band.

Ich konnte mich beim besten Willen nicht mehr beherrschen und schrie sie an: »Widad! Was soll das? Kannst du mal aufhören? Mir platzt der Kopf bei dem Lärm!«

»Na so was«, antwortete sie ironisch und schepperte weiter mit den Tabletts, etwas lauter als zuvor. Ihre Frechheit machte mich sprachlos.

Aisha zog mich von ihr weg und flüsterte mir zu: »Lass dich auf nichts ein, die Drogen haben ihr das Gehirn bis zur letzten Zelle zugedröhnt. Komm mit.«

Nach stundenlangem Putzen zogen wir uns wieder in unseren Trakt zurück. Die meisten warteten darauf, dass eine Dusche frei würde, denn im Waschraum war jetzt Hochbetrieb. Auch ich wartete auf dem Flur, bis ich drankäme. Ich war noch nie so erschöpft gewesen. Ich fühlte mich wie betäubt und konnte mich kaum noch bewegen. Aber die Wärterinnen Ghusun und Futun hielt das nicht davon ab, durch die Trakte zu laufen und auf die Eisentüren zu hauen, damit wir zum Gebet erschienen.

Ghusun und Futun waren unzertrennlich und sich auf eine seltsame Art ähnlich. Nicht nur reimten sich ihre Namen, sie waren auch gleich groß und hatten denselben ausgesuchten Geschmack bei der Wahl ihrer Kleidung. Sie reagierten auf alles in der Anstalt genau gleich und waren meistens gut gelaunt. Selbst ihre Cappuccinosucht teilten sie. Sie unterschieden sich fast nur in der Hautfarbe: Während Ghusun der dunkle, afrikanische Typ war, hatte Futun eine sehr helle Haut. Sie arbeiteten auch immer in der gleichen Schicht zusammen. Und ob es zum Beten ging oder zum Essen oder sonst etwas passierte, immer kamen sie gemeinsam aus der Wachstation heraus. Zu meinem Glück mochten sie mich beide sehr. »Du gehörst eigentlich in einen Uni-Hörsaal«, sagte Futun einmal zu mir, »nicht in diesen Trakt. Wie bist du Arme nur hier gelandet?« Und wenn ich irgendwo auf dem Flur saß und Tee trank, rief mich oft eine von ihnen zu sich und fragte mich, wie es mir gehe, und dann plauderten wir ein wenig.

Wenn ich zwischendrin in die Moschee oder nachts in den Waschraum wollte oder mit jemandem den Dienst tauschen wollte, erlaubten sie es mir ohne Diskussion. Ghusun fragte mich einmal: »Wie kann denn so ein gescheites Mädchen wie du mit einer wie Badriya quatschen? Die hat ihre Oma umgebracht! Oder mit Manal, der Drogenhändlerin?«

Ich sagte, sie hätten bereut und Gott akzeptiere unsere Reue. Aber in Wirklichkeit war mein Eindruck, dass Badriya ein gutes Herz hatte, selbst wenn sie wirklich einen Mord begangen haben sollte. Manal dagegen bekannte sich offen dazu, dass sie Drogendealerin war, und sie schwärmte uns vor, wie toll Haschisch sei. Ich beobachtete trotzdem gern, wie sie sich mit anderen stritt, weil sie dabei so lustige Sachen sagte. Aber andere warnten mich vor ihr. Sie sei nur deshalb so nett zu mir, weil sie mich über den Tisch ziehen wolle. Am Anfang erschreckte mich das. Aber schon bald war ich nicht mehr »die Neue«, und Manal übertrieb es nicht mehr mit ihrem Interesse für mich. Sie behandelte mich nun wie alle ihre Freundinnen.

19.

Lesbische Liebe

Der Tag verging so langsam wie alle anderen. Ich wünschte mir, die Koranlehrerin Abla Naila möge einschlafen und nicht vor dem Gebetsruf am Mittag wieder wach werden. Ihre schläfrige Stimme war unglaublich ermüdend, verhinderte aber gleichzeitig, dass man einschlief. Ihr zuhören zu müssen war so etwas wie staatlich verordnete Folter. Zwar wurden wir nach dem Abendgebet zum Schlafen förmlich gezwungen und in der Morgendämmerung wieder rüde geweckt, ohne dass auch nur eine von uns sich dagegen wehren konnte – und ohne Rücksicht darauf, dass für jemanden, den nachts Sorgen, Angst oder Reue plagten, das Einschlafen an sich schon eine Herausforderung war. Aber in der Koranstunde hieß es für uns alle, wach zu bleiben.

Nach stundenlangem Bemühen, dem Schlaf zu widerstehen, kam endlich der rettende Ruf zum Mittagsgebet.

Jetzt wollte ich nur noch zurück in den Trakt. Ich lächelte noch über den Scherz, den Zahra sich mit Abla Naila erlaubt hatte. Sie hatte den Drehstuhl der Lehrerin so manipuliert, dass diese kurz vor dem Ende der Stunde samt Stuhl zu Boden gegangen war. »Gott verfluche dich, du Dschinnia!«, rief Abla Naila ganz plötzlich hellwach und suchte mit den Augen die Schuldige. Zahra saß im Schneidersitz ganz in ihrer Nähe. Ich hatte zwar in meinem Leben noch keinen Dschinni gesehen, aber sollte es diese Koboldwesen wirklich geben, so stellte ich sie mir tatsächlich ganz ähnlich vor wie Zahra.

Ich war ganz abgelenkt von diesem Streich, als ich fast

gegen Ula stieß, die im Türrahmen stand. Sie war nicht dabei gewesen, und ich wollte ihr gerade von Zahras Scherz erzählen. Ula hatte zur Direktorin gemusst, und jetzt sah sie ganz verstört aus, als müsse sie ein Weinen unterdrücken; sie war ganz rot im Gesicht.

Noch immer lachend, legte ich ihr eine Hand auf die Schulter und fragte: »Was hast du denn so lange in der Direktion gemacht? Bist du krank?«

»Ein bisschen, ja«, sagte sie und machte Anstalten, die Moschee zu betreten. Da sah ich unter der Kapuze ihres Überwurfs auf ihrem Rücken einen halb verdeckten Zettel hervorblitzen.

Ich fasste sie am Arm und sagte lachend: »Zeig mal, was du da auf dem Rücken hast.« Ich dachte, es sei einer der üblichen Scherze und jemand habe ihr etwas Lustiges auf den Rücken geklebt. Etwas anderes kam mir gar nicht in den Sinn, denn ich war noch immer in einer selten albernen Stimmung. Ich versuchte, das Tuch hochzuheben, um den Zettel zu lesen, aber sie drehte sich zu mir um und sagte ganz ernst: »Lass mich in Ruhe, Kholoud!«

Augen, die tränen, ohne zu weinen, hatte ich schon gesehen, aber ein Weinen ohne Tränen sah ich bei Ula zum ersten Mal.

»Was ist denn los? Was ist das für ein Zettel?«, fragte ich noch einmal.

»Den hat mir Abla Suad auf den Rücken geklebt«, sagte sie. »Außerdem muss ich zwei Wochen lang zweimal täglich die Anstalt putzen. Und danach komme ich in Einzelhaft.«

Ich konnte es nicht fassen. Was für eine Strafe! Und wozu dieser kindische Zettel, den sie auf dem Rücken tragen musste? »Was steht denn auf dem Zettel? Warum macht sie so etwas?«, wollte ich wissen.

»Schau ihn dir an, aber bitte nur ganz kurz, ich will nicht, dass die anderen Mädchen es mitkriegen. Deswegen hab ich mir auch dieses lange Kopftuch übergezogen.«

Ich hob den Stoff und las: »Sexuell abartig«. Mit ganz dicken Linien waren die beiden Worte geschrieben, und Ula durfte den Zettel nicht abnehmen, damit ihn auch ja alle sahen!

Ich machte große Augen und hielt mir den offenen Mund zu. Eine Weile blieb ich fassungslos stehen. Ich fühlte eine nie gekannte Art von Ohnmacht. Ich wusste gar nicht, wie mir geschah. Ich war sprachlos und dachte daran, den Zettel abzureißen, in das Büro dieser durchgedrehten Sozialarbeiterin zu rennen und ihr die Fetzen ins Gesicht zu werfen.

»Ein paar Mädchen haben mir was angehängt«, erklärte Ula mir leise, »und Suad hat es mitbekommen. Angeblich plaudere und scherze ich mit einer bestimmten Insassin und habe was mit ihr. Ich soll auch ohne Wissen der Wärterinnen über eine Stunde lang in ihrer Zelle gewesen sein. Die Betreffende ist schwanger, deswegen hat sie das Mädchen ohne weitere Strafe in Einzelhaft geschickt.«

Ula lief in die hinterste Ecke des Gebetsraums und lehnte sich an die Wand, sodass niemand den Zettel auf ihrem Rücken sehen konnte.

Ula war neunzehn. Sie war mittelgroß und von normaler Statur, aber ihre Haut war fast weiß, ihr rundes Gesicht voller Sommersprossen, und ihr wuscheliges Haar hatte einen rötlichen Schimmer. Manche Mädchen machten sich zuweilen über ihr Aussehen lustig und fragten sie: »Bist du dir sicher, dass du einem saudischen Stamm angehörst?« Ula machte sich nichts daraus und scherzte zurück, dass ihre Eltern sehr wohl alteingesessen waren. Ich beobachtete sie noch eine Weile, bis es mir peinlich wurde, so dazustehen, und ging weiter. Ich wusste nicht, ob ich mich in den Trakt setzen oder auf mein Zimmer gehen sollte oder ob ich mich nicht lieber hinstellen und schreien sollte, dass man mich bitte in Einzelhaft verlegen möge. Ich wollte am liebsten niemanden mehr sehen, bis ich aus dieser Hölle entlassen würde. Mehrfach wusch ich mir das Gesicht, um mir die erhitzten Wangen zu kühlen. Ich wollte nur noch beten, ein anderes Ventil gab es nicht. Innerlich bat ich Gott, Er möge alle bestrafen, die wehrlose Mädchen wie Ula demütigten. Aber waren es nicht angeblich Seine Engel, die eine wie Ula Tag und Nacht verfluchten?

Ich beschloss, meine Gebete gegen niemanden zu richten, sondern Gott nur darum zu bitten, mich möglichst schnell hier herauszuholen.

Lesbische Liebe, so sagte man, war eine so große Sünde, dass sie den Thron des Barmherzigen im siebten Himmel zum Wanken brachte. Aber wenn eine von uns zu Unrecht dieser Sünde bezichtigt wurde, machte mich das traurig. Und selbst wenn sich eine Frau in eine andere verliebte, mochte ich sie dafür nicht verurteilen, anders als die meisten anderen, die im Herdentrieb immer auf die lauteste Stimme hörten. Mir war egal, ob es um platonische Liebe oder um Sex ging. Zuweilen berührten Mädchen sich zärtlich oder auch begierig und spürten dabei etwas, was sie in ihrem jungen Leben nie gekannt hatten. Aber in der Anstalt war selbst die unschuldigste Liebe Anlass genug, die Mädchen zu verfluchen und zu verstoßen. Es reichte schon, wenn eine an eine Mitgefangene ein Briefchen schrieb, in dem sie ihren Gefühlen Ausdruck gab oder ihrem Traum, endlich einmal ein Gefühl auszuleben. Wenn sie Pech hatte, fielen diese Zeilen einer Sozialarbeiterin in die Hände, und sie lebte ihre restlichen Tage als Hure und Verstoßene unter uns. Dann war sie auf Erden verhasst, und aus dem Himmel sandte Gott Seine Engel, um sie zu verfluchen. So hatte ich es gelernt, und schon als Kind hatte man uns beigebracht, dass Gott Rache an Männern übt, die sich lieben, so, wie Er es mit Lot in Sodom und Gomorra getan hatte. Und auch Frauen, die so etwas taten, galten bei uns als Unmenschen. Es war das größte aller Verbrechen, es war unverzeihlich und konnte nicht wiedergutgemacht werden.

Insgeheim teilte ich diese Ansicht nicht, und anders als die Frömmler und die, die Fehler immer nur bei anderen suchten, mochte ich solche Mitmenschen nie an den Pranger stellen. Wenn es nach mir ginge, würde Homosexualität weder verurteilt noch sollte dafür geworben werden. In meinen Augen war das eine falsch wie das andere, und auf verliebte Blicke von Mitgefangenen konnte ich nur mit Mitleid reagieren, weil Gott diesen Mädchen so viel Schmerz aufbürdete. Sie taten mir leid, weil sie hier nur von Menschen des eigenen Geschlechts umgeben waren, nur mit ihnen Blicke tauschen konnten, die ihr Herz ein wenig höherschlagen ließen, wodurch sie sich ein wenig lebendiger fühlten. So etwas machte mich traurig, aber ich wollte kein Mädchen daran hindern. Die ganze Sache blieb mir rätselhaft. Aber um die Betroffenen hatte ich Angst, weil dieser unerbittliche Gott ihnen dafür nach hergebrachter Meinung auf Erden Seine Gnade entziehen und sie im Jenseits hart bestrafen sollte. Ich fand, dass eingesperrte Frauen es eher verdienten, von der Barmherzigkeit des Einen zu profitieren, dessen Gnade doch angeblich endlos war. Dieser Widerspruch kochte in mir zuweilen förmlich hoch: Wenn Gott so unendlich barmherzig war, warum waren dann Homosexuelle, Tätowierte und Frauen, die sich die Augenbrauen zupften, von Seiner Gnade angeblich ausgeschlossen?

Ich verstieg mich auch, soweit ich mich erinnere, nie dazu, einer Mitgefangenen zu raten, ihren Weg der gleichgeschlechtlichen Liebe aufzugeben und reumütig zu Gott zurückzukehren. Ich sprach auch nie davon, dass verliebte Blicke eine schlimme Sünde wären. Obgleich ich blind an alles glaubte, was im Koran und in den Hadithen des Propheten stand, verteidigte ich innerlich das Recht auf freie Wahl des Partners. Ich traute mich nur nicht, diese Ansicht offen zu vertreten, ja ich gestand es mir selbst nicht ein! Der Widerspruch in mir verschaffte sich nur von Zeit zu Zeit Raum, indem ich Empathie für die Betroffenen empfand und Abneigung gegen das Unrecht, dem sie ausgesetzt waren.

Bestimmt gab es mehr unter uns, die so dachten und fühlten wie ich, aber ganz sicher verbargen auch sie ihre Ansicht. Denn wenn man über Gottes Gesetze und Vorschriften diskutierte oder versuchte, schwere Sünden kleinzureden, hatte man schon verloren. Nicht nur das, man riskierte etwas, wenn man sich für jemanden einsetzte, den Gott mit einem Fluch belegt hatte, wenn man wirklich an Ihn glaubte. Und leider glaubte auch ich damals noch ganz fest an diesen Gott.

Jedenfalls betrachtete ich diese Angelegenheit mit anderen Augen als die anderen. Für mich waren diese Mädchen nicht krank und mussten auch nicht behandelt werden. Offenbar waren homosexuelle Männer oder Frauen einfach so veranlagt, wie sie waren, und es konnte nicht sein, dass ihr Schöpfer nichts mit ihren Gefühlen zu tun haben sollte. Aber gleichzeitig verdammte er sie angeblich und sah sie als Abschaum. Das war mir zu paradox. Wie konnte es denn sein, dass in einer streng konservativen Gesellschaft wie der unseren jemand seine gesamte Ehre aufs Spiel setzte, nur um einem verpönten Genuss zu frönen? Das hieß doch zwangsläufig, dass er oder sie nicht anders konnte! Nicht zufällig verstecken die Betroffenen bei uns ihre Neigungen vor der Gesellschaft, weil sie Schande und Strafe zu befürchten haben, sollten sie auffliegen. War es jedoch eine Krankheit, mit der Gott sie schlug, warum sollte Er diese Menschen dann obendrein verfluchen und bestrafen? Er selbst war doch der Einzige, der Macht über sie hatte.

So, wie ich die Sache sah, waren Homosexuelle immer dann am zufriedensten und authentischsten, wenn sie so sein konnten, wie sie waren, und ihrer Neigung nachgehen konnten. Und deshalb sprach ich den Lesben in der Anstalt gegenüber auch nie vom Verfluchen oder von Verdammnis und war allenfalls traurig darüber, was der Weise und Mächtige mit ihnen vorhatte.

Aber die Geschichte mit Ula ging mir besonders nah, denn gerade sie war immer freundlich, umgänglich und ausgeglichen – ganz im Gegensatz zu uns anderen mit unseren unberechenbaren Launen! Ula erwartete nichts und war das lebende Beispiel für jemanden, der die Dinge so nahm, wie sie kamen. Und das, obwohl sie vor einem Jahr entlassen worden war und nun schon zum zweiten Mal in der Anstalt einsaß. Es war wohl wirklich etwas dran an der Geschichte mit dem Fluch der Anstalt: So viele Mädchen kamen nach ihrer Entlassung wieder zurück. Es tat mir weh zu sehen, dass manche schon wenige Wochen oder Monate später erneut dort waren. Dass es mir auch so gehen könnte, kam mir nicht in den Sinn, denn mein ganzes Streben war nur darauf gerichtet, freizukommen. Egal, wie oft sie mir einzureden versuchten, ich werde schon sehen, wenn ich erst einmal in Freiheit sei und die Sonne sähe, wäre ich auch schon in Gefahr, wieder zurückzukehren.

Aber was mich an der Sache eigentlich so berührte, war auch, dass wir alle im selben Sumpf steckten. Ula und ich wohnten im selben Trakt, und wir waren beide gefangen, und wenn die Direktion so etwas mit Ula machte, dann konnte sie es auch mit mir tun. Warum hätte sie sich bei mir nicht trauen sollen? Diese bescheuerte Direktion war oft genug sauer auf mich. Der einzige Unterschied zwischen mir und anderen Mädchen bestand vielleicht darin, dass ich mir so etwas nicht bieten gelassen hätte, selbst wenn ich dafür töten müsste oder getötet würde. Es reichte schon, dass ich diese Szene nie wieder würde vergessen können. Aber mit mir dürften sie so etwas nicht versuchen. Ich würde das nicht mit mir machen lassen!

Als das Nachmittagsgebet zu Ende war, hockte Ula wie schon mittags wieder ganz am Rand. Offenbar wartete sie darauf, dass wir alle weg waren.

Das war wenig sinnvoll, was sie da machte, dachte ich. Früher oder später würden die anderen den Zettel alle entdecken.

Ich ging zu ihr. Sie umklammerte mit den Armen die Knie, den Rücken zur Wand. »Ula, meine Liebe. Komm mit, lass uns auf den Tee warten«, sagte ich freundlich.

»Ich will nicht, dass jemand den Zettel auf meinem Rücken sieht.«

Ich legte ihr eine Hand auf die Schulter und versuchte, sie zu trösten: »Sei nicht traurig. Bald kommst du hier wieder raus. Und denk immer dran, dass du nie wieder zurückkommst. Wenn dein Vater dich beim ersten Mal zurückgenommen hat, dann wird er dich auch beim nächsten Mal wieder zurücknehmen, und irgendwann werden sie dich begnadigen. Also nimm es nicht so schwer!«

»Mein Vater?«, erwiderte sie spöttisch und blickte mich kalt an. »Dieser Mistkerl wird mich immer wieder zurücknehmen, aber das will ich gar nicht.« Sie seufzte. »Nimm deine Hand von meiner Schulter, sonst sieht uns noch eine Wärterin und beschuldigt uns beide. Dass du neben mir sitzt, ist nicht gut für dich.«

»Solange ich nichts falsch mache, sollen sie denken, was sie wollen«, sagte ich.

»Deine Hand auf meiner Schulter ist falsch, also handle dir keine Probleme ein«, sagte Ula.

Ich nahm die Hand weg und fragte sie: »Warum nennst du deinen Vater einen Mistkerl? Schlägt er dich?«

»Die meisten Väter schlagen ihre Kinder, aber nicht deswegen hasse ich ihn. Ich hasse ihn, weil er ekelhaft ist.«

Ich lehnte mich nun auch an die Wand und starrte wie Ula Löcher in die Luft. Ich beobachtete durchs Fenster, wie Tauben sich auf der inneren Mauer der Anstalt nebeneinander niederließen. Ich wollte Ula nicht weiter mit Themen belästigen, die sie bedrückten, und schwieg.

Aber nun war sie es, die etwas sagte: »Ich werde dir etwas anvertrauen, aber es muss unter uns bleiben. Ich weiß selbst nicht, warum ich dir das erzähle, aber ich muss darüber sprechen.« Sie sah mich prüfend an. »Eigentlich verstehe ich nicht, dass du dich für meine Probleme interessierst. Wir sind doch gar nicht befreundet.«

Sie hatte recht. Aber selbst wenn ich es versucht hätte, die Sache hätte mich nicht kaltgelassen. Nicht weil ich das Thema so interessant fand, sondern weil es mich störte, dass man Ula demütigte.

»Du bist sehr nett«, sagte sie nach einer Weile. »Ich hoffe, du wirst vor Ende deiner Haftstrafe entlassen und musst nie mehr hierher zurück.«

Ich wartete darauf, dass sie anfing zu erzählen. Gern hätte ich sie wütend gesehen oder sie schimpfen gehört, denn obwohl sie dauernd beleidigt wurde, beschwerte sie sich nie. Ich wollte wissen, wie sie sich fühlte. Was wirklich in ihr vorging.

»Weißt du, warum ich diesen Fiesling, der sich mein Vater nennt, hasse und immer wieder von zu Hause weglaufe? Ja, es stimmt, wir leben in ziemlich ärmlichen Verhältnissen, unsere Wohnung ist klein und schmutzig, und immer fehlt uns etwas. Und dieser Mistkerl behauptet, die Sozialhilfe reiche nicht aus, er meckert und schimpft und schlägt. Aber bei uns zu Hause ist es immer noch besser als hier.«

»Warum läufst du dann weg?«, fragte ich.

»Weil mein Vater meine ältere Schwester sexuell belästigt und es auch mit mir tun will.«

Ich begriff nicht, was ich soeben gehört hatte. »Was meinst du damit, er belästigt deine Schwester?«

»Er belästigt seine eigene Tochter sexuell«, sagte sie, und ihre Stimme bebte. »Kapierst du es nicht?« Sie sprach immer lauter. »Er begeht Ehebruch mit ihr. Jetzt klar?«

Ich erstarrte. Zum ersten Mal blickte ich dem Opfer solcher Praktiken ins Gesicht. Inzest hieß so etwas bei uns. Mag sein, dass ich darüber schon einmal etwas in den Nachrichten gehört hatte. In der Zeitung war einmal etwas von einem Mann gestanden, der wiederholt mit seiner siebenjährigen Tochter in einem Hotel aufgetaucht war. Weil sie immer nur ein paar Stunden blieben, zeigte ihn ein Hotelangestellter irgendwann an.

Ich erinnerte mich auch, dass mir eine Mitschülerin, damals war ich vierzehn, einmal gesagt hatte, dass manche Väter ihre Töchter vergewaltigen. Ich glaubte das damals nicht. Wenn es so etwas gab, dann bestimmt nicht bei Arabern oder Muslimen! Erst als ich das mit dem Mann und seiner siebenjährigen Tochter gelesen hatte, begriff ich, dass Sprache, Religion und Rasse kein Maßstab für Moral waren. Ich begriff, dass offensichtlich nicht einmal die Kaaba von Mekka und das nahe Grab des Propheten jemanden davon abhielten, sich wie ein Tier zu verhalten, das nur seinen Trieben nachgeht.

»Warum hast du deinen Vater nicht angezeigt?«

»Anzeigen? Meinen Vater? Meine Schwester hat immer davon gesprochen, dass sie ihn eines Tages töten wird.« Ula ließ den Kopf hängen und rieb sich gedankenverloren die Zehen. Plötzlich lachte sie spöttisch auf und sagte: »Schau dich doch mal um. Ich bin hier nicht die Einzige, der so etwas passiert ist. Im Gegenteil, die Trakte hier sind voll von solchen Mädchen wie mir. Aber wenn eine so etwas vor einem Richter auch nur andeutet, bekommt sie prompt eine Anzeige wegen Ungehorsams gegen die Eltern. Und wenn es doch einmal nachgewiesen wird, sperren sie nicht nur den Vater ein, sondern auch die Tochter gleich mit, denn sie hat ja ›Unzucht mit einem Angehörigen‹ getrieben.« Ihre Augen wurden ganz klein. »Glaubst du, ich hätte es Abla Suad nicht gesagt? Oder dass die anderen Mädchen, die immer wieder hier landen, der Direktion nicht erzählen, was ihnen zu Hause passiert? Und trotzdem liefern sie uns immer wieder unseren Vätern aus.«

Dann sprach sie ganz schnell und mit veränderter Stimme: »Ich bitte dich, komm, sei jetzt nicht so überrascht. Verwunderung ist das Letzte, was ich ertragen kann!«

Mir fiel nichts ein, was ich hätte sagen können, sie tat mir so leid. Ich versuchte es mit Gott.

»Eines Tages wird Gott dir Gerechtigkeit widerfahren lassen«, sagte ich. »Jeden, dem Unrecht geschehen ist, wird Er ins Recht setzen. Lass deine Hoffnung auf Seine unendliche Barmherzigkeit nicht fahren. Bete zu Ihm, Ula, denn Gott erhört die Bitten derer, denen unrecht getan wurde. Davon bin ich überzeugt.«

Ula lächelte schief und spottete: »Und was ist mit denen, die jahrelang hier drinsitzen, warum lässt Er denen keine Gerechtigkeit widerfahren? Bisher hat Er kein Gebet auch nur von einer von uns erhört. Und wenn dieser allmächtige Gott es nicht schafft, mich vor den Untaten eines Menschen zu schützen, den Er selbst geschaffen hat, und wenn Er das stattdessen als Prüfung bezeichnet, wo sind dann Seine Gnade und Seine Allmacht?«

»Los, Ula, Anstalt putzen!«, keifte eine Wärterin plötzlich, die in der Tür zum Gebetsraum stand. Schadenfreude glänzte in ihren Augen. »Vielleicht bringt dich das wieder auf anständige Gedanken!«

Wir standen auf und gingen auf den Flur hinaus.

»Und du, Fräulein Kholoud«, sprach die Aufseherin mich an, »du erweist uns die Ehre deiner Anwesenheit hier erst seit ein paar Monaten. Du hast noch einiges abzusitzen. Also erlaub dir keine solchen Geheimunterhaltungen!«

Ich würdigte sie keines Blicks und ging weiter. Ich war nicht imstande, irgendetwas zu antworten. Es gab keine Antwort. Für niemanden.

20.

Die Nähe zu Gott

Ich wusste, dass Ahlam noch da war. Sie leitete in der Moschee das Gebet, die Augen blitzend hinter der Brille. Es war gut, sie bei mir zu wissen, denn unter all den Mitgefangenen war mir Ahlam allmählich die wichtigste geworden. Nicht nur, weil sie versuchte, mich zu trösten, wenn mich die Verzweiflung überfiel. Aber ich fühlte eine innere Verwandtschaft mit ihr. Und auch wenn ihr Schicksal furchtbar war, ihr die Todesstrafe drohte, so hatte sie doch Verständnis für mich. Die anderen mochten unsere Vergehen und Strafen vergleichen. Doch Ahlam war ein Einzelfall: Sie nahm mich so, wie ich war.

Nun hatte sie sich bereits erhoben, während ich noch in der Verneigung am Boden verharrte. Sie hatte den letzten Teil des Gebets sehr schnell gesprochen, aber ich hatte Gott noch so viel zu sagen und Ihm zu klagen. Immer wenn ich ein Bittgebet sprach, kamen mir die Tränen. Tat ich das, weil der Prophet einmal gesagt haben soll, dass es Gott gefällt, wenn wir beim Beten weinen? Nein, ich tat es nicht aus einem so oberflächlichen Grund und schon gar nicht mit Absicht. Wenn ich Gott mein Leid klagte, dann war es, als würde ich mich einem guten Freund anvertrauen. Ich fühlte mich Ihm nah, weil ich Ihn inzwischen so sehr liebte. Für mich war Er nicht einfach ein Herrscher, dessen Befehl alle Menschen im Himmel und auf Erden zu gehorchen hatten. Ich war sicher, dass Er mir zuhörte, wenn ich mich an Ihn wandte. Und trotz aller Widersprüche, die mein Verstand nicht auflösen konnte, glaubte ich doch gleichzeitig auch, dass Gott mir etwas gegeben hatte, was andere nicht hatten, ich hatte einen liebenden Vater, eine Familie, die mich vermisste und mich auch mit meinen Fehlern akzeptierte ... Damals war ich zufrieden mit den Antworten von Abla Futeima auf manche meiner Fragen, etwa wenn sie sagte: »Gott weiß um die Seelen der Menschen, und jeder Mensch ist so glücklich oder unglücklich, wie er Gott aufrichtig liebt. Schau nicht auf das, was um dich herum geschieht, sondern auf das, was Er dir gibt, und sei Ihm dankbar dafür. Überlasse die Dinge der Schöpfung dem Schöpfer, denn Er sieht alles.« Daran hielt ich mich fest, und ich klagte Ihm alles, was ich sonst niemandem sagen konnte. Ich bat Ihn darum, mir die Strafe vorzeitig zu erlassen, und versicherte Ihm, dass ich ehrlich bereute, Ihm früher so fern gewesen zu sein. Mehr noch, ich war dankbar, dass ich bestraft wurde für etwas, was ich nicht getan hatte, und gestand Ihm gegenüber eine Schuld ein, die ich eigentlich nicht hatte! Denn erst dadurch war ich Gott nähergekommen.

Natürlich konnte ich mich nicht ganz von allem Zweifel befreien, gerade weil ich so viel sah und erlebte, was mit dem Glauben nicht in Einklang zu bringen war. Aber ich wollte auch nicht verzagen und betrachtete es als Prüfung Gottes für mich und die anderen. Wenn ich so etwas mitbekam wie die Geschichte mit Ula, redete ich mir ein: »Es gibt eine göttliche Weisheit, die unser kleiner menschlicher Verstand nicht begreift. Bestimmt prüft Gott nur, wie stark unser Glaube ist. Gibt Er uns nicht immer wieder Gelegenheit, auf Seinen Weg zurückzukehren? Immer wenn wir zu Ihm beten, sind unsere Herzen rein, ohne dass Er uns mit Feuer und Schwert dazu zwingen muss. Er weiß, dass wir Ihn lieben und Ihm treu ergeben sind. Aber Er prüft uns auch von Zeit zu Zeit, und Er wird unsere Geduld in einer Weise belohnen, die wir nicht erahnen.«

Als ich die Moschee verließ, sah ich Ula mit einem riesigen Eimer Wasser, den sie auf den Boden auskippte, nur um gleich einen weiteren Eimer zu füllen. Ihr hatten wir zu verdanken, dass wir die nächsten zwei Wochen nicht würden putzen müssen. Die Arme musste das nun ganz allein tun, zweimal am Tag!

»Darf ich dir helfen, Ula?«, fragte ich.

Sie schüttete das Wasser aus, warf den Eimer hin und sah mich an. »Nein, darfst du nicht«, sagte sie. »Sie werden dir nicht erlauben, mir zu helfen. Du ziehst dir nur ihren Zorn zu.«

Khadidscha und zwei andere hatten Aufsicht. Während ich in meinen Trakt lief, saß ich sie in der Wachstation vor einem Teller Kuchen sitzen, mit rot leuchtendem Tee in den Gläsern. Sie blinzelten sich zu, lachten und flüsterten, während sie Ula dabei beobachteten, wie sie das Wasser um ihren Posten herum wegwischte und sich dann weiter Flur um Flur vorarbeitete. Als der Ruf zum Sonnenuntergangsgebet erschallte, war sie noch immer nicht fertig mit Putzen.

Die gesamte Anstalt zu reinigen war für ein Mädchen allein so gut wie unmöglich. Wir brauchten zu dritt oder zu viert über eine Stunde dafür. Es war eine Strafe zum Verzweifeln – so, wie die Einzelhaft garantiert dazu führte, dass man irgendwann begann, mit sich selbst zu reden, damit man nicht verrückt wurde. Aber dass diese Sozialarbeiterin Ula einen Zettel an den Rücken heftete, um sie zu demütigen, fand ich unmenschlich. Es wollte mir nicht in den Kopf, dass es etwas bringen sollte, jemandem auf diese Weise die Würde zu nehmen. Das war doch krank, fand ich, dass ihnen so etwas Genugtuung verschaffte.

Ich flüchtete mich in mein Zimmer, wo ich die Zeit totschlug, indem ich den Koran auswendig lernte. Es führte einfach zu nichts, mich mit den Vorgängen in der Anstalt zu beschäftigen, auch nicht mit meinen Schicksalsgenossinnen oder der Direktion. Da war es besser, mich mit dem Koran zu beschäftigen. Schließlich wollte ich ihn auswendig lernen.

Ich war bei Sure 2 angekommen, der längsten des Korans, und hatte noch viel vor mir. Meine Methode war eine andere als die, die alle anderen Mädchen praktizierten. Sie versuchten, es sich dadurch leichter zu machen, indem sie mit den kurzen Suren anfingen. Doch die kannte ich schon fast auswendig, weil Abla Naila sie in jeder Koranstunde vortrug. Aber ich wollte den gesamten Koran memorieren, nicht nur Teile, wofür man nur ein paar Monate Strafnachlass bekam. Ich wollte ganz freikommen.

Dann machte ich weiter mit Sure 17. Es war die erste, die Abla Futeima uns vorgelesen hatte, und sie gefiel mir. Außerdem ziehe ich es immer vor, mit den schwereren Aufgaben zu beginnen, und sei es nur, um den Elan auszunutzen, mit dem ich am Anfang zur Sache ging. Wenn es dann leichter wurde, umso besser, dann konnte ich es entspannter angehen, und es war nicht so schlimm, wenn mir der Antrieb fehlte. Ohnehin würde ich die langen und schwierigen Suren irgendwann lernen müssen, denn ich hatte mir die ganzen sechshundert Seiten vorgenommen, auch wenn die anderen mir immer wieder erklärten, das hätten schon ganz andere versucht. Ich wankte nie, meine Entscheidung stand fest, nicht weil ich so eine große Begabung gehabt hätte, wenn es darum ging, etwas auswendig vorzutragen, oder weil ich ein Faible für das klassische Arabisch gehabt hätte, ganz im Gegenteil. Ich hatte große Probleme mit der *Talawa,* der Rezitation, denn die Worte des Korans gehörten einfach nicht zu meinem gewohnten Wortschatz, und ich konnte ihre Bedeutung nicht so gut erfassen. Eine andere Schwierigkeit bestand darin, dass ich manche Konsonanten nicht richtig aussprach, weil ich so lange in Ägypten gelebt hatte und in den dortigen Schulen der

Schwerpunkt nicht auf arabischer Sprache und Islamkunde gelegen hatte. Aber die größten Schwierigkeiten hatte ich mit den Feinheiten der Grammatik.

Die Koranlehrerin hatte entsprechend ihre Mühe mit mir. Ich erwartete jeden Tag, dass sie mir nahelegen würde, ich solle aufhören, weil ich durch meine Aussprache die Heiligkeit des Buches beleidige oder dass ich erst einmal die Feinheiten der arabischen Sprache erlernen solle. Dazu kam noch, dass die anderen Mädchen mich auslachten, wenn ich vorlas. Aber als ich die Lehrerin damit überraschte, dass ich nach einer Woche schon zehn oder fünfzehn Seiten auswendig konnte, hatte sie nur noch wenig in der Hand, mir die Illusion zu rauben. Sie half mir nun vielmehr dabei, den Vortrag zu verbessern.

An diesem Tag aber, an dem ich Ulas Schicksal kennengelernt hatte, konnte ich mich nur ein paar Minuten konzentrieren und schloss Gottes Buch schnell wieder. Ich war zu erschöpft, um auch nur ein weiteres Wort zu lesen. Ich musste mit jemandem reden, den ich auch sehen konnte, und ging auf den Flur. Badriya saß dort mit einem Mädchen, das erst seit einer Woche hier war.

»Guten Abend. Besprecht ihr etwas Persönliches?«, fragte ich.

Badriya lächelte zurück. »Du bist uns willkommen. Setz dich zu uns.«

Sie nahm meine Hand und zog mich zu sich heran. Dann stellte sie mir die Neue vor: »Das hier ist Haziya. Kennst du sie schon?«

»Schön, dich kennenzulernen«, sagte ich. »Wir haben noch nicht miteinander gesprochen, aber deinen Namen habe ich schon gehört.«

Sie sah nicht älter als siebzehn aus, aber wenn sie sprach, glaubte man, sie müsse schon vierzig sein. Sie war dünn und klein und hatte eine perfekte lange beduinische Nase. Sie hatte lange Wimpern, und ihre Haut hatte einen bronzenen Schimmer. Sie sei aus Riad, berichtete sie, womit sich ihr starker Nadschd-Dialekt erklärte. Sie sei nur deswegen in der Anstalt von Mekka, weil sie nach Dschidda geflohen und dort festgenommen worden sei. Mekka sei nun einmal näher an Dschidda als Riad.

Badriya witzelte: »Warum bist du dann nicht einfach in Riad geblieben und hast dich dort festnehmen lassen? Die dortige Anstalt soll viel sauberer sein als diese hier.«

Badriya ließ nichts unkommentiert, weder Haziyas Dialekt noch irgendein Detail ihrer Geschichte. Während ich ihrem Gespräch amüsiert zuhörte, beobachtete ich aus den Augenwinkeln Ula beim Putzen. Plötzlich klopfte Khadidscha von innen an das Glas der Wachstation und rief Ula im Befehlston etwas zu. Da wir an der Gabelung zum Trakt saßen, merkten wir auf. Ich hatte zwar keine Lust, Khadidscha zu sehen oder zu hören, aber etwas in mir wollte wissen, was sie nun wieder von Ula wollte.

Ula stellte den Schrubber ab, ließ ihren zum Putzen hochgerafften Umhang herunter und ging zur Wachstation. »Ja bitte, Abla Khadidscha?«, sagte sie.

Die Wärterin fuchtelte mit der Hand herum und sagte: »Dreh dich doch mal um, ich möchte sehen, was du da auf dem Rücken hast!«

Ula gehorchte, weil sie genau wusste, worauf es die niederträchtige Vettel abgesehen hatte. Die Aufseherin erhob sich von ihrem Stuhl, kam heraus und schob das Kopftuch zur Seite, das Ula trug und das den Zettel auf ihrem Rücken halb verdeckte.

Dann rief sie ihren Kolleginnen zu: »Nun guckt euch das mal an, die hält sich wohl für besonders schlau!« Sie zeigte ihnen den Zettel, den Ula auf dem Rücken tragen musste.

»Du solltest die Kapuze so tragen, dass sie zwar deine Haare bedeckt, aber nicht den Zettel. Der soll nämlich den anderen eine Lehre sein, die Lust haben, sich genauso pervers zu verhalten wie du!«, belehrte sie Ula.

Die andere Aufseherin stellte ihren Tee ab und sagte: »Wenn dir der Zettel auf deinem Rücken so peinlich ist, warum lässt du's dann nicht gleich sein mit deinen Schweinereien? Möge Gott dich auf den rechten Weg zurückführen!«

Khadidscha verscheuchte Ula mit einer Handbewegung und konnte es nicht lassen, noch eins draufzusetzen: »Und jetzt mach, dass du mit deiner Arbeit fertig wirst! Ich will den Boden hier glänzen sehen wie einen Spiegel, ist das klar?« Sie hielt sich eine Hand ans Ohr und redete wie zu einer Taubstummen: »Hörst du mich? Wie einen Spiegel! Los jetzt, beweg dich!«

Als Ula sich entfernte, brachen Khadidscha und ihre jüngere Kollegin in lautes Lachen aus. Die Dritte im Bunde, eine alte Frau, lächelte nur, als verstünde sie nicht, worum es ging. Sie verzog immer nur den Mund, egal, wie ihre Kolleginnen gerade gackerten oder tobten, mal ging der Winkel rauf, mal runter.

21.
Wie soll es nur weitergehen?

Als ich vom Mittagsgebet zurückkam, hörte ich Aisha, die so laut rief, Maha sei entlassen worden, dass es auf allen Fluren widerhallte. Ich war verblüfft, und mir entfuhr ein »Gott sei Dank«. Es war ein wenig so, als hätte der Himmel seine Pforten geöffnet, um Maha aufzunehmen und sie aus der Hölle zu erretten. Persönlich war ich einerseits dankbar und andererseits tieftraurig. Ich musste mich natürlich für sie freuen; schließlich hatte ich von Herzen für ihre Begnadigung gebetet. Andererseits war es traurig, dass ich mich nicht von ihr hatte verabschieden können. Ich wusste nicht, ob ich sie jemals wiedersehen würde, dabei waren wir im Lauf der paar Monate echte Freundinnen geworden. Aber nach den Vorschriften der Anstalt durfte man sich nicht von den anderen verabschieden, wenn man entlassen wurde. Eine Wärterin blieb dann an der Seite der Glücklichen und passte auf, bis sie den Trakt verlassen hatte. Die Direktion wollte nicht, dass wir Adressen austauschten, um uns später wiederzutreffen. Bei der Entlassung wurde man daher genauso streng durchsucht wie bei der Überstellung. Das war natürlich unglaublich dumm von der Anstaltsleitung, denn wir warteten ja nicht mit dem Austausch von Adressen, bis wir unser Entlassungsdatum erfuhren. Aber obwohl die Direktion und die Aufseherinnen genau wussten, dass die meisten ihrer Vorschriften und Maßnahmen unsinnig waren und sie dumm aussehen ließen, setzten sie doch alles daran, dass man sie befolgte.

Ich wusste tatsächlich nicht, ob und wie ich mit ihr in Kontakt treten sollte, denn ihr Handy hatte vor der Verhaftung ihrem Mann gehört, und er habe die Nummer mittlerweile sicher stillgelegt, sagte sie mir. Eine Wohnung hatte sie nicht und somit auch keine Festnetznummer. Ich für meinen Teil traute mich nicht, ihr unsere Privatnummer von zu Hause zu geben, weil ich Angst vor der Reaktion meines Vaters hatte, wenn er erfuhr, dass ich im Gefängnis Kontakte geknüpft hatte. Meine Familie traute mir nach allem, was ich ihnen eingebrockt hatte, bestimmt nicht mehr über den Weg. Ich konnte mir vorstellen, dass sie bestimmt inzwischen meinen Freundinnen und Freunden von früher die Schuld an dem gaben, was passiert war. Wie wenig begeistert sie wären, wenn ich ihnen irgendwann Freundinnen aus dem Knast vorstellen würde, konnte ich mir lebhaft vorstellen. Ich hatte Maha daher einmal meine Mailadresse auf einen Schnipsel Papier geschrieben, damit sie mich so oder über Facebook erreichen könnte. »Ich habe aber keinen Facebook-Account und auch keine E-Mail«, hatte sie zu meiner Überraschung geantwortet. Sie würde sich aber eines von beiden zulegen, versprach sie. Ich hoffte inständig, dass sie den Zettel mit meiner Mailadresse bei Maha nicht gefunden hatten.

Traurig sein wollte ich nicht bei diesem Anlass, aber mein Gefühl war echt. Natürlich wurde mir von allen Seiten gesagt: »Freu dich doch, dass deine Freundin in Freiheit ist«, oder: »Bete, dass du auch bald entlassen wirst.« So als würde ich ihr ihre Freiheit neiden. Ich konnte mir ohnehin nicht vorstellen, jemanden um seine Freilassung zu beneiden oder eifersüchtig zu sein, nur weil Gott ihn aus seiner Not befreit hatte. Das wäre, als würde man mit Neid reagieren, wenn jemand von einer schweren Krankheit geheilt wird oder ein Totgeglaubter wieder lebt.

Es stimmt ja: Wir Menschen, und besonders wir jungen

Frauen, beneiden uns manchmal gegenseitig. Wenn eine heiratet, ihr Studium abschließt, ja selbst wenn sie sich nur ein schönes Kleid kauft. Aber hier, hinter den Mauern der Anstalt, waren Gefühle wie Neid oder Eifersucht nicht angebracht, zumal ich mich ständig fragte, wer Maha wohl abgeholt hatte. Ins Waisenhaus konnte sie ja nicht zurückgebracht worden sein, wenn sie verheiratet war. Ihr Adoptivvater galt nicht als ihr Verwandter und durfte sie deshalb auch nicht in Empfang nehmen. Aber es war für mich einfach undenkbar, dass man ihr das Tor geöffnet und zu ihr gesagt hatte: »Sie sind volljährig, also können Sie sich um sich selbst kümmern. Alles Gute!« In jedem anderen Land wäre das so, nicht aber in Saudi-Arabien.

Der Gedanke, ihr Mann könnte sie abgeholt haben, beruhigte mich nicht nach allem, was sie mir über seinen Charakter erzählt hatte. Es war nicht gerade der Typ von Mann, mit dem man in Frieden zusammenleben konnte. Nicht nur, weil er Maha gegenüber zuweilen gewalttätig wurde, sondern auch, weil man mit einem Drogenhändler, der selbst schon zweimal in Haft war, wohl kaum ein geordnetes, ruhiges Leben führen konnte.

Die Sozialarbeiterin hatte sicher nichts unternommen, Maha neu zu verheiraten. Dem hätte ihr Mann ohnehin nicht zugestimmt, nachdem er schon verkündet hatte, sie nicht abholen zu wollen. Er wollte sie offenbar zusätzlich bestrafen. Außerdem hätte ich es bestimmt mitbekommen, wenn sie vorgehabt hätte, erneut zu heiraten. Jedenfalls bat ich Gott, ihr zu helfen, denn Er wusste besser als wir, was gut für uns war. Maha war ein liebes Mädchen, und deshalb würde Er sie sicher vor allem Übel bewahren. Ich betete auch dafür, dass sie nie mehr zurück in die Anstalt müsste.

Einen Monat vor Maha war Zahra entlassen worden, und wir alle hatten uns für sie gefreut, aber noch bevor der erste

Monat um war, begrüßten wir sie wieder im Knast, wo sie allerdings als Erstes in Einzelhaft kam wie wir alle. Ich war so frustriert, als ich erfuhr, dass sie wieder da war. Aber andere, die sie besser kannten, sagten: »Wir hatten uns schon gefragt, wie lange ihr Urlaub draußen diesmal dauern würde.« Als ich erstaunt guckte, klärte mich eine Mitgefangene auf: »Sie ist schon zum fünften Mal hier. Kapierst du es jetzt?«

Zahra war die gute Seele der Anstalt. Immer wenn sie wieder einmal in Haft kam, zogen Lachen und Freude in den jeweiligen Trakt ein. Am Anfang mochte man sie nicht leiden und wünschte sich wegen ihrer lauten Stimme und ihres schiefen Gesangs und des Krachs, den sie überall machte, man würde in ein anderes Gefängnis verlegt. Aber je länger man mit ihr zu tun hatte, desto glücklicher schätzte man sich, sie um sich zu haben. Sie lachte, wann sie wollte, und machte sich über das Leiden und die Mutlosigkeit anderer so lustig, dass man unweigerlich davon angesteckt wurde. Sie schaffte es, aus uns allen den tief vergrabenen Frohsinn hervorzulocken, egal, wie deplatziert Fröhlichkeit an unserem Ort des Schreckens wirken mochte.

Sie war völlig anders als ich. Ich hatte zwar eine glänzende Bildung genossen, aber diese Zahra, die kaum schreiben konnte, lehrte mich etwas, das ich erst richtig schätzen konnte, als ich dieses Buch zu schreiben begann und mich wieder an alles erinnerte. Ich sehe Zahra heute mit anderen Augen als damals. Sie war neunzehn Jahre alt. Keiner von uns wollte sie zur Feindin haben, denn wenn man sie beleidigte, zahlte man früher oder später den Preis dafür, und das wussten sogar die Wärterinnen. Mit Lautstärke kam man ihr nicht bei, auch nicht, indem man gegen sie intrigierte. Aber wenn man trotz ihrer lauten und rebellischen Art eine Methode fand, mit ihr zurechtzukommen, dann hatte man in ihr die treueste Freundin.

Das alles begriff ich damals nicht, als ich noch mit ihr in der Anstalt war. Ich wunderte mich nur darüber, dass sie mich so schätzte, obwohl wir nichts gemein hatten. Sie war kein Kind von Traurigkeit, daher verlor ich oft wegen ihrer lärmigen Art die Geduld mit ihr und war erstaunt, dass sie mir nie böse war. Oft genug konnte ich wegen ihr nicht schlafen oder den Koran lernen. Und wenn ich von ihrem Gesang wach wurde, schrie ich manchmal unvermittelt: »Hör auf, Zahra, mir platzt der Kopf, mach nicht so einen Krach!« Mit anderen hätte sie da debattiert, aber bei mir beließ sie es bei einem betretenen Lächeln, so als hätte sie nur versehentlich gesungen. Dann schickte sie mir ein Küsschen durch die Luft und sagte: »Ab jetzt werde ich leiser singen.« Als ich sie einmal fragte, warum sie so nett zu mir sei, obwohl ich es nicht schaffte, zu ihr so freundlich zu sein wie die anderen, verblüffte sie mich mit dieser spontanen Antwort: »Weil du mich magst, und weil du eine gute Seele bist.«

Ich wusste gar nicht, dass ich Zahra mochte, und verstand nicht, warum sie mich nett fand. Andere nannten mich sogar überheblich, weil ich lieber allein im Zimmer saß als mit den anderen auf dem Flur. Aber Zahra hatte offenbar ein gutes Gefühl dafür, was wir für sie empfanden. Man musste ihr gar nicht mitteilen, ob man sie gern hatte oder hasste, das wusste sie von allein.

Sie war sehr stark, obwohl sie noch so jung war, und jede von uns bekam das früher oder später zu spüren. Bestimmt hat keine von uns je vergessen, wie Zahra einmal die alte Wärterin, die bei uns »die Hexe« hieß, an ihren weißen Haaren zu fassen bekam und ihre Haare um die Eisenstäbe ihrer Einzelzelle wickelte, in der sie wegen irgendeiner Verfehlung einsaß. Die Wärterin hatte sie provoziert, und Zahra ließ erst los, als alle anderen Aufseherinnen auf das Geschrei ihrer Kollegin aufmerksam geworden waren und herbeigeeilt kamen. Ein anderes Mal riss sie einen Wasserhahn aus der Wand und setzte damit nicht nur ihre Zelle unter Wasser, sondern den Flur davor, bis man sie in einer Zelle im ersten Stock unterbrachte, wo es keine Toiletten und keine Wasserhähne gab. Den Wärterinnen, die einen Klempnerdienst rufen mussten, hatte sie den Abend jedenfalls verdorben. Sie konnte aber eine Wärterin auch anlächeln, wenn die nett zu ihr war, ja selbst zur Direktorin konnte sie zuweilen nett sein, um einmal einer Prügelstrafe zu entgehen. Zahra ließ keine Gelegenheit zum Lachen oder zum Tanzen aus, und nur selten sah ich sie weinen.

Ihr Vater saß im Zusammenhang mit einem Anschlag auf den Muhayya-Tower in Riad im Gefängnis, nachdem man ihn mit einer in Dschidda ausgehobenen Dschihadistengruppe festgenommen hatte. Während Zahra zwischen ihrem Zuhause und der Anstalt von Mekka pendelte, blieb ihr Vater im Ruwais-Knast in Dschidda, einem der verrufensten Gefängnisse des Landes. Zu seinem Glück hatte er nur fünf Jahre abzusitzen. Andere Häftlinge dort wissen nicht, wann sie jemals das Sonnenlicht wieder zu sehen bekommen.

Mochte sein, dass ihr Vater tatsächlich unschuldig war, wie Zahra behauptete, und dass er nur zufällig etwas mit einem der Terroristen zu tun gehabt hatte. Bestimmt wurde er nicht verurteilt, weil er sehr fromm war und auch so aussah. In Saudi-Arabien gibt es nämlich nur zwei Arten der Frömmigkeit: Entweder schwenkt man mit der einen Hand die saudische Flagge, auf der das Wappen des Königshauses prangt, und hält in der anderen einen Stock, mit dem man das Volk vor sich hertreibt, damit alle sehen, dass man in unserem Land die Scharia praktiziert. Zu dieser Nummer gehört, sich einen schönen langen Bart wachsen zu lassen, dazu ein Langhemd zu tragen und in der Mitte der Stirn einen dunklen Gebetsfleck zu haben. So machen es die von der Tugendbehörde, die Richter und die hohen Geistlichen, die die heiligen Stätten von Mekka und Medina behüten, sowie die vom Staatsfernsehen, die das Volk religiös auf Linie bringen. Die Regierung gibt auch jeweils vor, was am Freitag gepredigt wird. Diese Leute sitzen an den Schaltstellen der Macht, und sie äußern sich am lautesten. Oder aber man ist lediglich ein Verfechter des strengen Wahhabismus und hat keine Beziehungen, durch die man im staatlichen Dienst etwas werden könnte. Dann bleibt einem nur übrig, sich radikalen, terroristischen Kreisen anzuschließen, wodurch man automatisch zum Staatsfeind wird und den Herrschenden noch lästiger ist als Liberale und Säkularisten.

Der Koran, das Buch der Muslime, ist nämlich so allumfassend, dass man darin alles findet, was man sucht. Wenn man für Toleranz ist und mit Anhängern anderer Religionen und Kulturen friedlich zusammenleben möchte, findet man im Koran Verse, die das gutheißen. Hasst man dagegen Andersgläubige und will sie bekämpfen, dann findet man auch dazu etwas im heiligen Buch. Es enthält Verse, die es rechtfertigen, Ungläubige zu töten und zu kreuzigen und ihnen ihre Frauen zu rauben. Wenn man als Mann jedoch Frauen respektiert und ihnen Rechte zugesteht, so wird man im Koran auch in diesem Sinne fündig. Wer hingegen Frauen verachtet und Freude daran findet, sie zu unterdrücken und herumzukommandieren, für den ist im Koran auch gesorgt, denn eine Vielzahl von Versen rechtfertigt das Ausleben genau solcher Minderwertigkeitskomplexe. Und wenn man seine Energie und Zeit darauf verwendet, all die Chiffren des Korans aufzuschlüsseln, dann findet man sich am Ende auf halber Strecke zwischen Osama bin Laden und einem netten Prediger, der zur Nächstenliebe aufruft. Rein aus dem Koran heraus muss man beiden zugestehen, dass sie recht haben. Man kann als Muslim mit demselben Recht freundlich und tolerant oder hasserfüllt und mordlüstern sein. Deshalb greift hier der saudische Staat steuernd ein. Er spielt einem nur die Suren von der Toleranz vor und bedient sich dabei seiner bezahlten Prediger, um die Widersprüche zu übertönen. Der saudische Staat lässt seine Bürger wahlweise vom edlen Zeitalter des Propheten träumen oder sie über Frauen, Alkohol, Säkularismus und Atheismus debattieren. Und während das Volk sich mit der Frage beschäftigt, ob Frauen Auto fahren dürfen oder nicht, macht das Königshaus Deals mit dem Ausland, um die Wirtschaft in Schwung und sich selbst an der Macht zu halten.

Zahra hasste es, ihren Vater im Ruwais-Gefängnis zu besuchen. Sie versuchte, uns zu beschreiben, wie schlimm es dort war. Wie sie mit ihrer Mutter mehrere Treppen in ein Verlies hinabsteigen musste, um ihren Vater zu sehen. Dass man ihm ansah, dass er gefoltert wurde, er dies aber nicht aussprach, um seine Frau und seine Tochter nicht zu ängstigen oder aus Furcht vor seinen Peinigern.

Und dann wechselte sie schnell zu einem anderen Thema, um keine Nachfragen von uns beantworten zu müssen.

22.
Meine Freundin – eine Mörderin?

Ich erwachte voller Energie, bereit, einen neuen Abschnitt des Korans auswendig zu lernen. Es war seltsam, diese Kraft zu spüren, die mir das Gefühl gab, an diesem Tag könne ich alles schaffen, was ich nie fertiggebracht hatte. »Ich schaffe das«, sagte ich vor mich hin und ließ keine anderen Worte in meinen Kopf. Ich wollte wirklich lernen. Diesen Schwung musste ich nutzen.

Als Ahlam am Nachmittag von ihrem Besuchsempfang zurückkam, glänzten ihre Augen hinter der silbernen Brille und ihre Nase war rot vom Weinen. Irgendetwas Schlimmes musste passiert sein. Aber was? Ihre Tochter sei zu Besuch da gewesen, sagte sie mir, und sobald sie ihren Namen aussprach, brach sie in Schluchzen aus, egal, ob alle um sie herumstanden, vor denen sie sonst nie ihre Tränen sehen ließ. Jetzt gab sie sich diese Blöße, und sie tat mir leid deswegen, denn Ahlam war immer da, um mich zu trösten, wenn es mir einmal schlecht ging und ich es war, die wie ein kleines Mädchen heulte. »Beherrsch dich«, sagte sie dann und strich mir zärtlich über den Kopf. »Lass dich nicht von denen auslachen. Sei stark!« Dabei deutete sie zur Wachstation, in der die Wärterinnen sich über mein Weinen amüsierten.

Ahlam war zu intelligent, gegen irgendwelche blöden Vorschriften der Anstalt zu verstoßen und den Aufseherinnen damit einen Anlass zu liefern, sie anzumeckern oder sie zu bestrafen. Dafür war ihre Selbstachtung zu ausgeprägt. Niemand, weder Mitgefangene noch Angestellte, wagte es, sich mit ihr anzulegen. Sie leitete unsere Gebete in der Anstaltsmoschee, weil sie es konnte und weil alle sie achteten. Niemand rezitierte Koranverse so schön wie sie, und mit ihren achtundzwanzig Jahren war sie älter als die meisten von uns. Dazu war sie mit ihren 1,80 Metern auch noch die Größte von uns allen, und ihre Augen hinter der silbernen Brille waren beeindruckend groß. Aber hinter diesem Äußeren verbarg sich ein Skandal, der einmal ganz Saudi-Arabien beschäftigt hatte. Ahlam sollte die Tochter ihres Mannes ermordet haben! Die Polizei hatte die Neunjährige gefesselt und zu Tode gequält in einem Badezimmer der Villa gefunden, in der Ahlam mit Mann und ihrer eigenen vierjährigen Tochter wohnte. Die Öffentlichkeit reagierte mit Wut und Abscheu, während die Presse sich über den reißenden Absatz der Zeitungen freute. Auch ich war damals erschüttert, und als ich erfuhr, dass sie mit mir in der Anstalt saß, hatte ich zunächst Angst vor ihr. Aber je mehr ich mit ihr zu tun hatte und mit ihr über Alltägliches sprach, desto mehr zweifelte ich daran, dass diese Frau wirklich ein Kind zu Tode gefoltert haben sollte. Und einmal fragte ich sie direkt danach.

Ich erfuhr, dass auch ihr Mann des Mordes an dem Mädchen beschuldigt worden war und im Zentralgefängnis von Mekka auf seinen Prozess wartete. Überhaupt hörte sich aus ihrem Mund alles viel logischer an als das, was andere berichteten.

Ahlam hatte ihre erste große Liebe durch Zufall kennengelernt. Er sah gut aus, war aber verheiratet und hatte eine Tochter. Allerdings stand er kurz vor der Scheidung von seiner Frau. Diese hatte das Haus wegen seines unberechenbaren Verhaltens bereits verlassen und wollte vor Gericht die Scheidung erwirken. Der Mann beharrte jedoch darauf, dass die Tochter bei ihm blieb, denn er könne es nicht hinnehmen, dass eines Tages ein Fremder seine Tochter erziehe. So zog Ahlam bei ihm und seiner Tochter ein.

»Erst jetzt bemerkte ich, dass etwas mit ihm nicht stimmte«, erzählte sie mir traurig. »Seine Familie hatte mir verheimlicht, dass er psychisch krank war, obwohl die Ärzte schon dazu geraten hatten, ihn in eine psychiatrische Klinik einliefern zu lassen. Seine Familie lehnte das ab, und seine Mutter beließ es dabei, die Einnahme seiner Tabletten zu überwachen. Aber man merkte ihm seine Krankheit nicht an, wenn man nicht mit ihm zusammenlebte. Jedenfalls war ich erst hoffnungslos in ihn verliebt und konnte mir ein Leben ohne ihn nicht mehr vorstellen. Ich ertrug es auch, dass er seine Ex-Frau noch immer liebte und im Schlaf ihren Namen rief. Aber wenn er seine Tabletten nicht nahm und seine Tochter sah, erinnerte er sich an ihre Mutter und wurde unerträglich. Er nannte das Mädchen mit dem Namen seiner Ex-Frau und misshandelte sie, so als würde er sich an der verlorenen Geliebten rächen. Aber ich liebte ihn immer noch wie verrückt, und um mein Gewissen zu beruhigen, nahm ich nun auch Tabletten und war wie hypnotisiert. Warum ich das Mädchen nicht irgendwann gerettet habe? Ich will die Schuld weder auf meine Verliebtheit noch auf die Pillen schieben. In meinem Inneren weiß ich, dass ich es verdient habe, hier in der Anstalt zu sitzen. Ich zahle den Preis für ein Verbrechen, das ich zwar nicht begangen, aber auch nicht verhindert habe.«

Was sie sagte, konnte nichts daran ändern, wie gern ich sie hatte. Sie war mir wie eine Schwester, und ich fühlte mich wohl, wenn sie in der Nähe war. Ich mochte sogar ihren Dialekt und ihre Art zu sprechen. Ihr Hang zur Sauberkeit erinnerte mich an zu Hause. Und immer war sie um mich besorgt und gab mir gute Ratschläge. Aber das mit dem Weinen konnte ich nicht einfach abstellen. Die Schadenfreude der Wärterinnen war mir egal, denn ich fühlte mich wie jemand, der von Kriminellen gefangen gehalten wird und dem es egal ist, was seine Entführer von ihm denken. Ich war mir sicher, dass ich sie alle nach meiner Freilassung nie mehr wiedersehen würde, nicht einmal in einem schlechten Traum. Sollten sie doch alle zur Hölle fahren! Außerdem war ich, seit ich hier in der Anstalt war, sehr emotional geworden. Aber trotz der unglaublichen Dinge, die ich erdulden musste, versuchte ich alles, um nie eine Reaktion zu zeigen, die mir als schlechtes Verhalten ausgelegt werden konnte. Denn ich hatte ein Ziel vor Augen, und das wollte ich erreichen: Ich wollte hier so bald wie möglich raus.

Aber Ahlam so bitter weinen zu sehen, ohne dass sie sich um ihren Ruf kümmerte, ging mir nah. Es musste sie sehr schmerzen, ihre Tochter nicht sehen zu können. Ich versuchte, sie zu trösten, und rannte los, um ihr Taschentücher aus meinem Zimmer zu holen. Sie nahm sie lächelnd entgegen und setzte die Brille ab. Ich wollte sie umarmen, so, wie sie das in so einem Fall machte, etwa wenn ich in der Moschee weinte, aber sie ließ mich nicht und blickte stattdessen warnend zu den Wärterinnen. Ein anderes Mädchen schalt mich im Scherz: »Gott verfluche dich, Kholoud! Hast du vergessen, was sie dir beigebracht haben? Du bringst uns alle noch in die Einzelzelle mit deinen Umarmungen!«

Ahlam musste mitlachen, während sie sich die Nase putzte. Dann lenkte sie vom Thema ab und sagte: »Ich habe übrigens die neue Gefangene gesehen, die die letzten Nächte über in der Einzelhaft herumgeschrien hat«, sagte sie. »Sie wird jetzt anscheinend zu uns verlegt. Ich habe ihre Sozialarbeiterin in der Direktion zu einer Wärterin sagen hören, sie solle ihr einen Platz im kleinen Trakt suchen.«

Es dauerte keine Stunde, bis eine Wärterin in unseren Trakt kam, hinter ihr ein Mädchen, das das Haar mit einem Gebetstuch bedeckt hatte und das einen blauen Plastikbeutel in der Hand hielt, wie jede von uns ihn am Anfang bekam. Sie hieß Taghrid, aber später nannten wir sie oft »Die aus dem Waisenhaus«. Ihr schien es egal zu sein, denn sie war schon oft umbenannt worden. Erst war sie von einem kinderlosen Ehepaar adoptiert worden, und als dann ihre Adoptivmutter starb, kam sie wieder in die Obhut des Staats, obwohl sie nun schon sechsundzwanzig Jahre alt war. Deswegen lautete ein weiterer Spitzname »Staatsmädchen«, worüber sie sich gern lustig machte. Sie pflegte zu sagen: »Wer den Staat zum Vater hat, kann sich wahrlich glücklich schätzen.«

Ihr Äußeres fiel auf, denn die Lippen, die Nase und das Haar waren afrikanisch, aber ihre Augen waren asiatisch schräg, und diese Mischung war sehr attraktiv. Sie war mittelgroß und stämmig, fast dick, dabei aber muskulös, ich würde das stark nennen. Sie trug die ausladenden Brüste beim Laufen vor sich her, den Rücken durchgedrückt, um größer zu wirken. Ihre Beine waren die einer Bodybuilderin, und wenn man sie fragte, mit welchem Sport und in welchem Fitnessclub sie zu diesem muskulösen Körper gekommen sei, sagte sie: »Trink- und Tanzsport auf geheimen Partys.«

Wenn sie vor einem herlief, glaubte man, sie sei ein Mann, aber wenn sie einen dann mit diesem unschuldigen Gesichtsausdruck und ihrer Kinderstimme ansprach, wunderte man sich unwillkürlich, was für Widersprüche Gott in einem Menschen vereinigt hatte.

Wir alle gewannen sie schnell lieb; man konnte nicht anders. Innerhalb von wenigen Tagen hatte sie sich in unsere Gemeinschaft eingefügt, als lebte sie schon Jahre hier oder als wären wir alle schon immer ihre besten Freundinnen gewesen. Sie fügte sich den Vorschriften der Anstalt ohne jeden Protest – obwohl sie zum ersten Mal in einem Gefängnis saß. Aber, so sagte sie uns, sie sei ja früher in einem Waisenhaus gewesen, und dort sei es ganz ähnlich zugegangen wie in der Anstalt. Der einzige Unterschied sei das Putzen, denn das hatten die

Kinder im Waisenhaus nicht selbst machen müssen – und das Essen, das dort angeblich immer sehr lecker gewesen war. Und dass sie keine Schokolade bekam, machte Taghrid am meisten zu schaffen.

Taghrids Geschichte war beeindruckend. Sie war nicht nur aus dem Waisenhaus heraus adoptiert worden von einem Ehepaar aus der Stadt Taif, sondern nach dem Tod der Adoptivmutter war sie ihrem Adoptivvater fortgenommen worden. Er war ja wieder ein fremder Mann, jedenfalls nach saudi-arabischem Recht, und durfte nicht allein mit ihr sein. Taghrid sah in ihm jedoch ihren Vater. Nach einigen Jahren im Waisenhaus hatte man einen Mann für sie gefunden. Entsprechend der Scharia durfte sie ihn nur einmal kurz sehen, doch sie stimmte der Heirat zu, denn sie wollte aus dem Waisenhaus weg.

Die beiden, Taghrid und ihr Mann, kamen gut miteinander aus, denn sie hatten viel gemeinsam, da sie beide »Staatskinder« waren. Und sie hatten dieselben verrückten Hobbys. Sie reisten gern, feierten viel – und machten bei Autorennen mit. Da Frauen in Saudi-Arabien nicht Auto fahren durften, musste Taghrid Männerkleidung anziehen, um teilnehmen zu können. Nachts trafen sie sich auf einer Straße bei Dschidda mit Freunden von Taghrids Mann – und ihre Fahrkünste beeindruckten bereits vor dem Start. Taghrid drückte auf das Gas, dass die Reifen durchdrehten und das Auto unruhig bockte. »Wunderfrau Taghrid« hieß sie bei den Rennfahrern, und ihr Mann war überhaupt nicht beleidigt, sondern gab mit ihr an. »Taghrid steckt euch alle in die Tasche«, ließ er sie wissen. Nun aber hatte das ein Ende: Taghrid war bei uns eingesperrt, weil sie eines Nachts beim Feiern mit Freunden erwischt worden waren. Ihr Mann war auch dabei, aber das verhinderte nicht, dass sie bestraft wurden. Sie hatten getrunken und getanzt, was die Tugendbehörde ihnen nicht durchgehen ließ. Taghrids Mann kam ins Briman-Gefängnis. Er wurde wegen Alkoholgenuss, Teilnahme an einer unsittlichen Feier und Schamlosigkeit belangt, weil er seine Ehefrau zu nicht verwandten Männern mitgenommen hatte. Müsste ich es heute beschreiben, so würde ich sagen, dass in Saudi-Arabien Männer als schamlos bezeichnet werden, die nicht eifersüchtig über ihre Frauen wachen, sondern sie als vernunftbegabte Wesen behandeln, als Menschen, die ein Recht auf Freiheit und ein eigenes Leben haben. Das ist in meinem Land tatsächlich strafbar.

Taghrid war echt »cool«, da waren wir uns alle in der Anstalt einig. Amani und Ashdjan verwöhnten sie, Manal wurde ihre Freundin, Zahra betrachtete sie als Schwester, und Ula, die sie an »Männlichkeit« locker übertraf, sah in ihr eine Geistesverwandte. Sogar mit den Wärterinnen wusste sie umzugehen. Wenn eine von ihnen nett zu ihr war, so war auch Taghrid nett zu ihr, lobte sie und grüßte sie freundlich. Sobald aber eine Aufseherin versuchte, gegen sie zu intrigieren und ihre Macht auszuspielen, hob Taghrid nur die rechte Augenbraue, warf ihr einen verächtlichen Blick zu, als habe sie es mit einer lästigen Fussel an ihrer Kleidung zu tun – und dann tat sie nur das Allernötigste. Taghrids Meinung nach waren unsere Aufseherinnen wie die Erzieherinnen im Waisenhaus nicht mehr als psychisch kranke Frauen, die ihre Komplexe damit kompensierten, dass sie anderen das Leben schwer machten.

23.

Mama, bitte komm nicht nach Mekka!

Es war wieder einmal Sonntag, ein bei uns verhasster Wochentag. Wir drängten uns widerwillig in der Moschee, und Abla Futeima übte den Koran mit denen, die ihn auswendig lernten. Ich musste aufs Klo, aber das konnte ich um zehn Uhr früh nicht laut sagen: Niemand durfte in die Wohntrakte, solange die Klempner da waren, und die kamen jeden Sonntag und Mittwoch von 8 bis 12, um irgendetwas zu reparieren, und deshalb wurden wir an diesen beiden Tagen quasi in die Moschee gesperrt. Erst der Ruf zum Mittagsgebet beendete unseren Zwangsaufenthalt dort, aber noch beim Gang zurück in unsere Zimmer waren wir angehalten, uns streng zu verhüllen, falls doch noch ein Handwerker da war und einen Blick auf uns werfen könnte. Es war wie ein Gefängnis im Gefängnis, und ich erstickte fast unter diesem Tuch vor dem Gesicht. Ich fühlte mich wie lebendig in ein Leichentuch gehüllt.

Ich verstand nicht, wozu diese Installateure zweimal in der Woche kamen und jedes Mal vier Stunden blieben, denn danach war alles genauso wie vorher. Die Wände waren noch immer ungeweißt, der Fußboden war abgewetzt, die Kloschüsseln waren alt, und in der Küche hausten noch immer die Ratten und vermehrten sich Tag für Tag. Es wurde allenfalls einmal eine Glühbirne ausgewechselt, die durchgebrannt war, was uns nicht passte: War eine kaputt, konnten wir wenigstens einmal eine oder zwei Nächte ungestört vom Dauerlicht schlafen. Aber die Direktion legte sehr viel Wert darauf, dass die Lampen brannten. Das war ihnen wichtiger, als dass wir Wasser hatten. Hauptsache, kein Mädchen kam nachts einem anderen zu nahe!

Trotzdem waren Sonntage für mich besonders, denn am Sonntag rief mich meine Mutter an. Die Sozialarbeiterin hatte mir pro Woche einen Besuch von meinem Vater und einen Anruf von meiner Mutter zugestanden. Und ich hatte mich damit abgefunden, die Stimme meiner Mama am Telefon zu hören, bis ich sie eines Tages wiedersehen würde. Ich betete also brav mit den anderen Mädchen Koranverse nach, versuchte meine Aussprache zu verbessern, und ich tröstete mich mit dem Gedanken, dass ja meine Mama bald anrufen würde.

Und tatsächlich, der Unterricht war noch nicht zu Ende, da kam die Wärterin Suha herein und verkündete, ich hätte einen Anruf in der Wachstation. Ich sprang auf und schleppte das wallende Gebetsgewand hinter mir her, mit dem ich kaum laufen konnte. Da auch meine Augen bedeckt waren, sah ich alles nur schemenhaft.

»Mama, wie geht's dir?«, rief ich in den Hörer.

»Gott sei Dank, es geht schon, und du? Geht es dir gut? Ich bete Tag und Nacht zu Gott, dass Er dich bald rausholt. Bestimmt wird Er meine Gebete erhören.«

»Mach dir keine Sorgen, Mama, das wird Er. Mach dir nicht zu viele Gedanken. Ich muss hier bestimmt keine vier Jahre absitzen.«

Die mithörenden Aufseherinnen Suha und Layali lachten frech. »Du bist deiner Sache ja ganz schön sicher, Kholoud!«, sagte die eine.

»Mama, ich lerne den Koran auswendig, und wenn ich das schaffe, komme ich raus. Das verspreche ich dir. Du weißt, dass ich meine Versprechen halte.«

»Ja, meine Kholoud, ich verlasse mich auf dich, und Gott wird uns helfen. Er will uns nur prüfen.«

»So, Kholoud, deine fünf Minuten sind um!«, keifte Suha.

»Mama, ich muss Schluss machen. Gibst du mir noch kurz meine Schwester?«

»Du kannst jetzt nicht mit deiner ganzen Familie quatschen«, fuhr Suha dazwischen. »Komm zum Schluss!«

»Kholoud, ich wollte dir noch sagen, dass ich dich besuchen komme«, sagte jetzt wieder meine Mama. »Nächsten Monat vielleicht.«

»Mich besuchen? Hier? Nein, Mama, das ist keine gute Idee.«

»Aber ich muss dich sehen, Liebes!«

»Mama, das ist nicht gut, glaub mir! Komm nicht nach Saudi-Arabien, bevor ich draußen bin!«

Unter Schluchzen sagte sie: »Meine Tochter, ich sterbe, wenn ich dich nicht sehen und mich mit eigenen Augen davon überzeugen kann, dass es dir gut geht. Wer weiß, was die da mit dir machen!«

»Jetzt reicht es, Kholoud, ich unterbreche die Verbindung«, mischte sich Layali ein.

»Mama, wenn du kommst, lassen sie dich vielleicht nicht wieder ausreisen, verstehst du?«

Die Wärterin unterbrach mitten in meinem Satz das Gespräch. Ich konnte nichts tun. Die Frau nahm sich wirklich einiges heraus!

Durch den Gesichtsschleier hindurch musterte ich sie voller Abscheu und sagte wütend: »Sie legen einfach auf, während ich mit meiner Mutter spreche?«

Sie setzte sich wieder auf ihren Stuhl und gab kühl zurück: »Sprich leise, es sind Handwerker im Haus.«

»Gut«, sagte ich. »Ich werde keinen Streit mit Ihnen anfangen. Aber nicht weil ich Angst vor Ihnen habe, sondern weil ich froh sein werde um jeden Monat, den ich früher herauskomme und nicht mehr in Ihrer Nähe verbringen muss.«

»Jetzt bleib mal schön höflich. Ich werde Abla Suad sagen, wie frech du bist!«

Ich hatte mich schon zum Gehen gewandt, aber auf diese Drohung musste ich reagieren und sagte: »Abla Layali, Sie vergessen, dass wir hier in einem Gefängnis sind, nicht in einer Schule. Wir sind die Gefangenen, und Sie sind die Aufseherin. Und auch wenn ich Sie mit ›Abla‹ ansprechen muss, heißt das nicht, dass Sie mir Manieren beibringen dürfen.«

Ihr Blick verriet Verblüffung und Hass. Ich ging, während sie noch vor sich hin murmelte, was sie alles tun werde. Suha pflichtete ihr bei und beschwerte sich, wie aufsässig ich doch sei.

Suha und Layali waren die schlimmsten Aufpasserinnen. Die eine war klein und füllig und hatte eine helle Haut, aber vor allem hatte sie einen schrecklichen Geschmack: Wie sie sich anzog und herrichtete! Ihre Augenbrauen waren dünn und rot gefärbt, und im Haar trug sie einen Haargummi mit kreischend bunten Federn dran, sodass sie wie ein Paradiesvogel durch die Anstalt stolzierte. Dabei sah sie uns immer mit einer Verachtung an, als hätte sie jemand dazu gezwungen, mit diesem Haufen Verdammter arbeiten zu müssen. Layali hingegen war riesig, sie hatte breite Schultern und eine schwarz glänzende Haut. Das Weiß ihrer Zähne sah man nur, wenn sie eine von uns anbrüllte, denn was Lächeln war und wozu es das gab, hatte ihr offenbar nie jemand beigebracht.

Wir versuchten, beiden so gut wie möglich aus dem Weg zu gehen.

Mir war egal, was sie über mich sagten oder was sie unternehmen wollten. Ich dachte nur an meine Mutter und ihren Plan, mich besuchen zu wollen. Wenn sie ohne eine Reiseerlaubnis ihres Mannes herkam, würde sie nicht mehr so leicht ausreisen können. Was wäre dann mit meiner Schwester und der Schule in Kairo? Aber meine Eltern lebten in Trennung, und meine Mutter wollte meinen Vater nicht darum bitten, ihr die Reisegenehmigung zu verlängern.

Mein Papa ist ein lieber Mensch, und er liebte meine Mama sehr. Dass sie getrennt waren, schmerzte ihn, aber meine Mutter bestand auf der Scheidung. Deswegen war sie mit meiner Schwester ins Ausland gegangen, als ihre Reiseerlaubnis noch gültig war. Mein Papa war nicht der Mann, der in einem solchen Fall über die saudische Botschaft die Reiseerlaubnis der eigenen Frau widerrufen hätte. Er hoffte noch immer, dass wir alle irgendwann wieder zusammenleben würden, und freute sich, wenn meine Mutter mich vorschickte, um ihn um irgendetwas zu bitten. Aber selbst anrufen würde ihn meine Mutter nicht, und wenn doch, dann würde es zwischen den beiden krachen, zumindest befürchtete ich das.

Mir blieb nichts übrig, als zu beten. Und so flehte ich den ganzen restlichen Tag über Gott an, dass meine Mutter nicht kommen möge. Es schnürte mir die Kehle zu, dabei hätte ich am liebsten laut geschrien. Ich konnte mein Heulen nicht mehr länger unterdrücken und versteckte mich deshalb im Duschraum. Ich blieb schrecklich lange dort. Das Einzige, was man sah, war ein winziges Fenster mit Stacheldraht und Gitterstäben davor, durch das nur ganz wenig Licht hereinfiel. Sonst erstickten einen ringsum dicke Wände. Ich weinte und wünschte mir, das Schicksal würde mich aus diesem Knast herausholen, und sei es nur kurz, damit ich denen helfen konnte, die ich liebte. Hoffentlich würde meine Mama nicht kommen und meine kleine Schwester auch nicht. Sie wussten nicht, wie gefährlich das für sie sein konnte.

Ich hatte mein Land jetzt gründlich kennengelernt. Ich kannte die Gesetze, die Gefängnisse und die Launen dieses Landes. Ich wusste Dinge, die mein Vater nie erwähnt hatte, wenn er uns erzählte, wie schön und zivilisiert unser Land doch sei. Wer es kritisierte, der sei nur neidisch auf das, was

Saudi-Arabien alles besaß! Er lief rot an, wenn jemand etwas gegen Saudi-Arabien sagte. Ich konnte es ihm nicht verübeln. Er wollte einfach, dass wir unser Land liebten. Und ich hatte ihm geglaubt, dass unser Land ein Reich der Engel wäre, das einzige Land auf diesem Planeten, das all die harten Strafen Gottes ohne Murren ertrug …

Aber jetzt wusste ich es besser. Es gab keine Engel, kein Recht und keine Gerechtigkeit. Es gab nur Menschen, die nichts dafürkonnten, dass man das Land für heilig erklärt hatte und die Bewohner deshalb dazu zwang, sich als Engel zu verkleiden. Dass sie alle Menschen waren, die Richtiges und Falsches taten und unter denen es Gute und Schlechte gab, störte mich weniger, denn so ist es überall auf der Welt. Ich aber hatte das Gericht und die Tugendbehörde kennengelernt, und nun wusste ich, wo die Teufel im Reich des Herrn lebten. In diesem Teil der Erde versteckt sich die Hölle sogar ganz in der Nähe der heiligen Moschee von Mekka. Es genügt, dumm zu tun und sich hinter die Wächter dieser Hölle zu stellen, damit alles, was man an Liebe im Herzen trägt, im hassenden Feuer der Religion aufgeht. Wie grausam war, was ich in diesem von mir ehemals so geliebten Land erleben musste. Und noch immer schmerzte es mich, wenn jemand schlecht über Saudi-Arabien sprach, denn mein Vater hatte mir beigebracht, mein Heimatland in Schutz zu nehmen – so, wie man die eigene Mutter ein Leben lang verehrt und sie vor anderen als Heilige preist, bis das Schicksal einen plötzlich damit konfrontiert, dass diese verehrte Mutter in Wirklichkeit hässlich ist und sie statt nach Weihrauch und Amber nach Niedertracht riecht.

Und wie jeder Betrogene schämte ich mich. Am liebsten hätte ich nicht mehr gelebt. Wie sollte ich weiter in diesem Land bleiben nach allem, was mir widerfahren war, nach all dem Horror, der mir angetan worden war? Mir war beigebracht worden, dass ich als saudische Bürgerin keine andere Nationalität annehmen durfte; wozu auch, wenn ich aus diesem erhabenen Land kam? Außerdem wusste ich, dass man von anderen Menschen immer einem Land zugeordnet wurde. Die eine ist eine Saudi-Araberin, ein anderer ist Palästinenser, und wieder eine andere ist Israelin. Zwar hatte ich lange im Ausland gelebt und beherrschte den saudischen Dialekt nicht so wie meine Cousins und Cousinen, aber nur in Dschidda, meiner geliebten Heimatstadt, hatte ich das Gefühl, zu Hause zu sein. Deshalb hatte ich mir schnell verziehen, dass ich nicht der Empfehlung meines Vaters gefolgt war, der mir während der Gerichtsverhandlung geraten hatte, das Land zu verlassen. Mein Gefühl hatte entschieden, dass dies der Ort war, an den ich gehörte.

Das aber war jetzt der Grund für meinen tiefgehenden Schock. Mir war einfach unbegreiflich: Wie konnte mein Land so grausam zu mir sein?

Ich stellte mir in meiner Angst vor, meine Mutter könne bei ihrem Besuch einem Tugendwächter über den Weg laufen und dieser ihr befehlen, das Gesicht zu bedecken, und ich stellte mir weiter vor, wie sie sich weigern würde und dass sie zusammen mit meiner Schwester eingesperrt werden würde und mein Vater sie beide abholen müsste, so, wie es anderen Mädchen ergangen war, die ich in der Anstalt kennengelernt hatte. Viele Mädchen waren der Tugendbehörde aus irgendwelchen Belanglosigkeiten in die Falle gegangen und in der Anstalt oder im Briman-Gefängnis gelandet. Dort war es wie bei uns, außer dass man dort Geld haben, rauchen, Essen von draußen bestellen und Jeans und Hemden tragen durfte. Außerdem musste man dort nicht arbeiten und beten und durfte singen und tanzen, wenn man wollte. Aber hier wie dort hing alles von Zufall und Glück ab. Entweder bekam man ein mildes Urteil, das einem die Zukunft nicht ganz verbaute, oder ein strenges, das einem alle Träume zerstörte – außer dem, irgendwann frei zu sein.

Was saudische Frauengefängnisse von denen in anderen Ländern in erster Linie unterscheidet, ist, dass alles vom eigenen Vormund abhängt. Ist dieser der Straffälligen wohlgesinnt und überwiegt sein väterliches Gefühl, dann darf die Gefangene noch Hoffnung haben. Wendet er sich aber von einem ab oder glaubt gar, man habe ihm Schande bereitet, dann sind die Gefängnismauern von dem Moment der Verurteilung an die Grenzen der Welt.

Ich war nicht in einem Regelgefängnis gelandet, sondern in einer Besserungsanstalt. Manche fanden, dass die reguläre Strafanstalt geradezu ein Traum war im Vergleich zu unserer Besserungsanstalt – doch auch dort konnte man eingesperrt werden, ohne ein Verbrechen begangen zu haben. In wie vielen Filmen sieht man nicht den Hauptdarsteller hinter Gittern rufen, er sei unschuldig und ihm werde Unrecht getan? Ich konnte nie wirklich nachempfinden, was es heißt, kein eigenes Leben mehr zu haben, weil man zu unrecht eingesperrt ist, bis ich jenen Mädchen begegnete, die noch nicht einmal auf ihrer Unschuld beharrten oder sich gegen ein Fehlurteil auflehnten, sondern die jahrelang grundlos eingesperrt blieben. Und selbst wenn eine von ihnen doch einmal weinend zusammenbrach, bat sie allenfalls um Vergebung. Die Mädchen und Frauen hatten kapituliert, und es war wie ein Eingeständnis von Schuld. Dabei war ihre einzige Schuld, dass ihr jeweiliger Vormund sie verstoßen hatte.

24.

Der Zorn der Direktorin

Ich wusste erst nicht, was das sollte, als die Direktorin uns im Anschluss an das Nachmittagsgebet im großen Saal der Anstalt antreten ließ. Doch die Aufseherinnen Layali und Zainab versuchten gar nicht erst, ihre Vorfreude auf das zu verbergen, was nun kam. Während die eine uns aus den Trakten trieb, stellte die andere uns lautstark in Aussicht, dass sich Direktorin Hakima hübsche Strafen für uns ausgedacht habe. Sie habe nämlich Einsicht genommen in die Aufzeichnungen der Aufseherinnen, die all unsere Verfehlungen dokumentiert hätten.

Ich hatte keine der Vorschriften missachtet, so abartig diese auch waren, und ich war sicher, dass die Direktorin uns nicht meinetwegen antanzen ließ, aber ich fragte mich schon, was diese Verrückte wohl vorhatte. Ob jemand einen Apfel aus dem Speisesaal in den Trakt mitgenommen hatte und dafür ausgepeitscht werden sollte? Irgendetwas fanden sie immer, befürchtete ich.

Ich setzte mich mit Ahlam und Manal in die oberste Sitzreihe des wie ein Amphitheater aufgebauten Raumes, um möglichst großen Abstand zu Direktorin Hakima, dem Schrecken der Anstalt, und den Aufseherinnen zu haben, die unten im Saal nur darauf lauerten, uns in flagranti bei einer verbotenen Tat zu beobachten.

Die Direktorin war fett, die schwarze Haut ihrer Kugelbacken glänzte, und ihr kurzes Haar war nach hinten gebunden. Sie stand in ihrer in Tarnfarben gehaltenen Militäruniform mit goldenen Knöpfen vor uns oder tigerte auf und ab, während sie uns nacheinander in den Blick nahm, ein Opfer nach dem anderen.

»Ich weiß über alles Bescheid, was in den Trakten vor sich geht«, begann sie ihre Ansprache. »Glaubt nicht, dass mir etwas entgeht. Meine Aufpasserinnen notieren Tag für Tag jeden Vorfall. Ich weiß, wer von euch mehr atmet als die andere. Lasst euch nicht davon täuschen, dass ich dazu meistens schweige. Aber sollte eine von euch so dumm sein, zu glauben, sie würde meiner Strafe entgehen, werde ich ihr heute beweisen, dass ich auch anders kann. Glaubt ihr wirklich, dass ihr mir leidtut, weil ihr hier einsitzt? ›Wer hier drin ist, ist verloren, wer hier rauskommt, neugeboren.‹ – Ich weiß, was ihr an die Wände schreibt. Ich bin allerdings nicht hier eingesperrt. Ich vertue nicht Jahre meines Lebens hinter Mauern mit dreckigen Tellern und Töpfen. Aber so schlimm scheint es ja gar nicht zu sein, sonst würden nicht so viele von euch immer wieder zurückkommen.« Sie blickte Widad an bei diesen Worten, dann fuhr sie fort: »Manche sind der Anstalt so treu, dass sie auch nach mehrfacher Entlassung wieder vorbeischauen. Leider ist das kein Pakt für die Ewigkeit, denn mit dreißig heißt es für alle Mädchen: Umzug in den normalen Knast. Dort kann jede die Drogen gleich in der Haft nehmen und braucht dafür nicht mehr jedes Mal raus und wieder rein.« Sie ließ den Blick schweifen. »Schaut euch doch nur einmal an! Was mich wirklich erstaunt, ist, dass ihr immer wieder dieselben Fehler macht, wenn ihr draußen seid. Mir kann es nur recht sein. Die braven Männer unseres Staates bringen euch jedes Mal wieder zurück unter meine Knute. Aber dafür, was hier drin geschieht, bin ich verantwortlich.«

Sie machte eine bedeutungsvolle Pause, dann zeigte sie auf eine Gefangene, die erst seit wenigen Wochen da war. »Komm mal nach vorn!«

Das dünne Mädchen erhob sich langsam und ging zitternd

die Stufen zur Direktorin hinunter. Ich wusste, dass sie sich einmal verbotenerweise außerhalb des ihr zugewiesenen Trakts aufgehalten hatte, um mit ihrer Freundin in deren Trakt zu sprechen. Die beiden waren zusammen verhaftet worden. Nun wusste sie, dass Mariam sie verraten hatte – und was ihr für dieses Verbrechen drohte.

Die Direktorin packte das Mädchen am Ellenbogen und zog sie grob zu sich heran. Sie brüllte sie an: »Berichte den Mädchen einmal, was vor ein paar Tagen passiert ist!«

Die Missetäterin zitterte jetzt, als herrschte eisige Kälte im Raum. Sie sagte mit brüchiger Stimme: »Ich war im anderen Trakt.«

Direktorin Hakima drehte sich zu ihr um und schlug ihr ins Gesicht. Ich hatte das Gefühl, ich selbst würde geschlagen. Man sah die Fingerabdrücke der Direktorin auf dem Gesicht des Mädchens.

Direktorin Hakima befahl: »Du sollst sagen, was dein Vergehen war und wie Gott dich dafür bestraft hat!«

Das Mädchen weinte nicht, sondern sprach ganz schnell, um das Ganze hinter sich zu bringen. Ich konnte förmlich spüren, wie sehr sie das alles ängstigte.

»Ich habe einen Meineid auf den Koran geschworen, und Gott hat mich dafür bestraft, indem ich an diesem Tag eingenässt habe.«

Die Direktorin fasste sie wieder am Ellenbogen und schubste sie in Richtung der Sitzreihen. »Du kannst dich wieder hinsetzen, du Oberschlaue!«, fuhr sie das arme Mädchen ein weiteres Mal an.

Ich war so entsetzt, dass ich Direktorin Hakima unverwandt anstarrte. Jemanden dazu zu zwingen, sich so zu entblößen! Ich war wie betäubt vor Schock. Ahlam stand der Mund offen und sie hielt die Hand davor, damit wir es nicht sahen. Manal schaute betreten zu Boden.

Aber schon war die Nächste dran: »Intisar, gib du uns doch bitte auch die Ehre!«, triumphierte die Direktorin.

Intisar stand von ihrem Sitz auf und versuchte gleich, sich zu verteidigen: »Abla Hakima, ich habe nicht …«

»Komm nach vorn, hab ich gesagt!«

Intisar lief die Stufen hinunter, bis sie vor der Direktorin stand. Sie ließ den Kopf hängen.

»Herzlich willkommen, verehrte Intisar«, begrüßte Direktorin Hakima sie spöttisch. »Glaubst du eigentlich, du kannst dich hier benehmen wie zu Hause?«

Die Arme versuchte es mit einer weiteren Rechtfertigung: »Abla Hakima, die anderen haben mich ausgelacht und provoziert. Auch die Aufseherinnen haben es auf mich abgesehen. Sie führten mich bei jeder Gelegenheit vor.«

»Sei still«, rief die Direktorin und wandte sich an Abla Zainab, die Wärterin. Sie solle doch einmal berichten, was Intisar sich alles erlaubt habe. Es folgte eine Liste von Verstößen, angefangen bei Verspätungen beim Gebet bis zur Beleidigung von Mitgefangenen und Wärterinnen.

Intisar lief rot an, als würde sie Zainab am liebsten ins Gesicht springen.

Aber die Direktorin warnte sie: »Willst du etwa sagen, dass die Aufseherinnen lügen? Und deine Mitgefangenen auch?«

»Wirklich, ich habe nichts getan!«, sagte Intisar und man konnte ihr ansehen, dass sie gleich in Tränen ausbrechen würde.

Die Direktorin holte aus und verprügelte Intisar vor unseren Augen. »Du meinst also, ich würde dich falsch beschuldigen? Ich tue nie jemandem unrecht! Alle beschweren sich über dich. Glaub mir, das nächste Mal schicke ich dich in die Psychiatrie!«, schrie die Direktorin.

»Gott steh mir bei, das ist Unrecht«, schluchzte Intisar.

»Haben sich nicht mehrere von euch über sie beklagt?«, wandte sich Hakima an uns und blickte plötzlich mich an.

Ich erwachte aus meiner Schockstarre.

»Kholoud, hast du dich nicht einmal bei deiner Sozialarbeiterin beschwert, dass Intisar dich beleidigt habe und du wegen ihr in den anderen Trakt verlegt werden wolltest?«

»Wie bitte?«, stammelte ich.

Sie hatte mich auf dem falschen Fuß erwischt. Ich war noch immer empört über ihre Behandlung der beiden Mädchen, und nun zog sie ausgerechnet mich als Zeugin zur Rechtfertigung heran. Ich versuchte, es Intisar zu erklären, und sagte an sie gewandt: »Ich habe lediglich gesagt, dass …«

Direktorin Hakima unterbrach mich: »Hast du dich über sie beschwert oder nicht?«

Ich wünschte im Erdboden zu versinken und sagte: »Ja.«

»Und es war nicht nur Kholoud«, setzte Hakima wieder an. »Ziemlich viele hier haben etwas gegen dich, Intisar! Wenn du dir noch einmal etwas zuschulden kommen lässt, sei es gegen eine Mitgefangene oder eine Wärterin, dann steck ich dich in Einzelhaft, bis du dreißig bist und mir endlich aus den Augen gehst!«

Für mich war es die erste Aufführung der Direktorin gewesen, aber solche Auftritte gab sie in der Anstalt alle paar Wochen. Es stimmte, alle klagten über Intisar, aber mich hatte die Direktorin wohl herausgegriffen, weil ich mich einmal in Gegenwart meines Vaters über Intisar geäußert hatte. Er hatte mich gefragt, ob es in der Anstalt etwas gebe, was mich besonders belaste. Ich hoffte in dem Moment, dass meine Sozialarbeiterin vielleicht zustimmen würde, mich zu verlegen, wenn ich die Sache mit Intisar in Gegenwart meines Vaters vorbrächte. Mein Vater war sehr aufgebracht, dass mich eine Mitgefangene beleidigte, aber ich erklärte ihm, es sei eigentlich nicht Intisars Schuld, denn sie sei psychisch krank. Daraufhin hatte mein Vater der Sozialarbeiterin vorgehalten, wie es denn angehe, dass man hier psychisch Kranke einsperre.

Abla Suad hatte nichts entgegnet. Aber nun hatte ich die Quittung für mein Verhalten bekommen.

Die Direktorin hatte es geschafft, die Wut der Mädchen auf mich zu lenken, damit ich mich nie wieder beschwerte. Aber das war mir im Moment nicht so wichtig. Mir tat Intisar leid. Ich hatte doch gar nichts gegen sie persönlich, denn ich wusste, dass sie sich meist aufführte wie ein vorlautes Schulkind. Ich empfand riesige Schuldgefühle ihr gegenüber, und sie nagten an mir.

Aber wie konnte sich diese Direktorin erlauben, Gefangene vor aller Augen zu demütigen und zu schlagen! Dann erinnerte ich mich an den Ermittler, der für die Mädchen zuständig war, die von zu Hause fortgelaufen waren. Er war dafür bekannt, dass er manchmal die Mädchen während der Ermittlung schlug. Dies geschah in Anwesenheit einer Sozialarbeiterin, die sich nicht einmischte und auch nichts dagegen unternahm. Bisher hatte ich aber nie gesehen oder gehört, dass sich auch hier die Sozialarbeiterinnen oder die Direktorin an Mädchen vergriffen, um die sich ihre Familien noch kümmerten. Bestraft wurden alle, das gehörte hier zur Hausordnung, und wer weiß, ob das Ministerium von diesen Anstaltsstrafen Kenntnis hatte: »Ausstopfen«, Einzelhaft, Putzen … Aber den Mädchen, die wie Intisar das Pech hatten, dass niemand nachfragte, und die niemand nach Haftverbüßung abholen würde, sondern die befürchten mussten, von der eigenen Familie danach misshandelt oder getötet zu werden, denen konnte es jederzeit so ergehen.

Hinterher sah ich Intisar auf dem Flur sitzen. Unsere Blicke begegneten sich unwillkürlich, und Intisar blickte mich vorwurfsvoll an und gleich wieder weg. Ob ich sie ansprechen sollte? Ich hatte keine Angst vor ihrer Reaktion oder ihrer bulligen Statur, die ihr manche als Stärke auslegten. Auch hielt ich sie nicht für verrückt. Ich hatte immer nur befürchtet, dass sie mich einmal so provozieren könnte, dass ich die Nerven verlor und mich zu etwas hinreißen ließ, was mich die vorzeitige Entlassung kosten könnte. Deshalb war ich allen Mädchen, die es auf Streit anlegten, immer aus dem Weg gegangen, obwohl gerade Intisar mich furchtbar in Rage bringen konnte. Doch als ich jetzt mit ansehen musste, wie die Direktorin sie einfach schlug, hätte ich sie gern in Schutz genommen, genau wie die Neue, die auch vor allen bloßgestellt worden war. Und was hatte ich stattdessen getan? Ich war reglos wie eine Mumie auf meinem Platz sitzen geblieben.

Tatsächlich war es mir sehr unangenehm, dass Intisar meinetwegen in Schwierigkeiten geraten war. Ich grübelte noch darüber nach, wie das hatte passieren können, als sie mir unvermittelt ins Gesicht schrie: »Warum glotzt du so? Es macht dir wohl Freude, dass du mich da reingeritten hast? Reicht dir nicht, was du mir angetan hast?« Ihr Gesicht war glutrot, und sie brach in Tränen aus. Jetzt wirkte sie wie ein kleines Kind. Ich versuchte, mir darüber klar zu werden, was ich für sie tun konnte, und war so in Gedanken versunken, dass ich gar nicht merkte, wie ich sie unverwandt anstarrte.

Ich lief ihr nach, als sie plötzlich aufsprang und Richtung Waschräume ging.

Manal versuchte, mich zurückzuhalten. »Lass sie«, warnte sie mich. »Haben wir dir nicht gesagt, dass sie verrückt ist und auf niemanden hört? Wenn sie dich schlägt, kann dir niemand helfen.«

Ich entwand meinen Arm ihrem Griff und ging Intisar nach. Sie kniete in einer Duschzelle und weinte hemmungslos. Ich musste einfach etwas für sie tun, um mein Gewissen zu beruhigen, sonst würde ich tagelang nicht schlafen können. Bestimmt war ich nicht der eigentliche Grund dafür gewesen, dass die Direktorin sie so behandelt hatte – Hakima verfuhr mit jeder so, mit der sie es sich erlauben konnte –, aber ich bedauerte, auch nur im Entferntesten dafür verantwortlich zu sein, und bereute, je mit anderen über Intisar gesprochen zu haben.

Ich ging zu ihr und sprach sie an, aber sie schrie nur: »Möge Gott dich auf ewig hier in der Anstalt vergammeln lassen!« Dann schlug sie die Tür vor mir zu und beschimpfte und verfluchte mich weiter.

»Es tut mir leid, was dir passiert ist«, versuchte ich es dennoch. »Ich wusste nicht, dass dieses Scheusal dich so behandeln würde. Ich wollte doch nur verlegt werden. Nicht du bist verrückt, sondern die Direktorin!«

Sie hörte mir kurz zu, dann wünschte sie mir wieder Gottes Rache an den Hals und verfluchte alle, die sich je über sie beklagt hatten. Ich kam nicht weiter. Es war wohl auch eine dumme Idee gewesen, sie noch am selben Abend anzusprechen.

Erst später sollte sie mir doch noch eine gute Freundin werden, weil sie merkte, dass ich mir Sorgen um sie machte. Sie war neun Jahre älter als ich und sprach immer von ihrer Angst, sie könnte bald in ein gewöhnliches Gefängnis verlegt werden, wo sie niemanden mehr fände, der sich um sie bemühte.

Einmal erzählte sie mir, dass ihre Familie – ihr Vater, dessen Frau und ihre Schwestern – in Medina lebte. Ihre leibliche Mutter war schon lange tot, und sie kannte sie fast nur von Fotos. Und sie sagte mir auch, warum sie mich anfangs nicht leiden konnte: Sie hatte andere Mädchen darüber sprechen hören, dass mich mein Vater jede Woche besuchte und wie schlimm er es fand, dass ich hier eingesperrt war. Sie erklärte mir ganz offen, dass sie alle Mädchen hasste, deren Väter sich für ihre Töchter interessierten, weil ihr eigener Vater ihr nur Abneigung entgegengebracht hatte. Er hatte sie immer als nutzlos, dumm und verrückt bezeichnet, bis Intisar selbst anfing, es zu glauben – und sich entsprechend verhielt.

Ich wollte nie wieder so naiv sein, mich zu fragen, wie ein Mann es fertigbrachte, die eigene Tochter so zu behandeln. Ich hatte zu oft erlebt, wie Intisar mich mit Fragen löcherte: »Warum hat mein Vater mich nie geliebt? Warum mag er nur meine Schwestern?« Sein Herz sei wohl blind, war die einzige Antwort, die mir einfiel. Vorher hatte ich mir eingeredet, dass Intisar ein böses Herz habe, und war ihr deshalb möglichst aus dem Weg gegangen. Aber seit sie meine Annäherung zugelassen hatte, wusste ich, dass ihre vermeintliche Boshaftigkeit nur ein Schmerz war, der sie innerlich auffraß und mit dem sich niemand befassen wollte.

Intisar war schon zum dritten Mal in der Anstalt. Immer wieder war sie von zu Hause ausgerissen und auf der Straße gelandet und hatte in Hauseingängen oder sogar unter Lkws geschlafen. Ich konnte sie gut verstehen.

»Ich war Gott jedes Mal dafür dankbar, wenn mich die Tugendbehörde oder die Polizei aufgabelt und in die Anstalt gebracht hat. Hier zu sein ist besser, als auf der Straße zu leben«, sagte sie. »Weißt du, warum ich so viel esse? Weil ich Hunger erlebt habe.«

Sie verbrachte mehr Lebenszeit in der Anstalt als bei ihrem Vater. Seit vier Jahren weigerte dieser sich nun schon, sie zurückzunehmen. Wenn die Sozialarbeiterin ihn darum bat, meinte er nur: »Schickt sie doch nach Taif in die Nervenheilanstalt!«

25.

Mutterliebe

Ich schnippelte einen riesigen Haufen Gemüse, aber ich bemerkte es kaum. In Gedanken war ich bei meiner Mutter und meiner kleinen Schwester. Seit unserem letzten Telefonat hatte ich nichts mehr von Mama gehört. Gegen ihre Gewohnheit hatte sie nicht mehr angerufen, Sonntag oder nicht. Seit sie gesagt hatte, sie wolle mich besuchen kommen, war ich angespannt. Und ich versuchte zu verstehen, was mir daran solche Angst machte. Wahrscheinlich war es ganz einfach der Gedanke, wie sie reagieren würde, wenn Sie mich hier sah. Wenn schon mein Papa, der viel vertrug und sich gut beherrschen konnte, kaum in der Lage war, seine Tränen zurückzuhalten, wenn er hier war – was er eigentlich als Schande ansah –, wie sollte es da erst meiner Mutter gelingen? Zusammenbrechen würde sie! Und meine Schwester wollte sie auch noch mitbringen!

Die Gedanken ließen mir keine Ruhe. Da kam plötzlich die Wärterin Layali in die Küche. Erst dachte ich, ihr sei langweilig und sie wolle uns wie üblich die Stimmung vermiesen. Deshalb schaute ich sie gar nicht erst an und rührte weiter in meinem Salat herum. Layali quatschte irgendetwas mit den anderen Mädchen, aber plötzlich rief sie: »Kholoud, was machst du da?«

Ich musterte sie und erwiderte: »Salat, das sehen Sie doch.«

»Dann geh mal schön und zieh dich um«, sagte sie. »Deine Mutter soll ja nicht denken, wir würden Euer Ehren bei der Küchenarbeit schinden.« Sprach's und verschwand aus der Küche.

In meinem Kopf drehte sich alles. Hatte sie tatsächlich gerade »deine Mutter« gesagt? Ich schaute Badriya an und fragte sie: »Was hat die gerade gesagt?«

Badriya lächelte mich begeistert an und meinte: »Deine Mutter ist da. Freu dich doch! Gott hat deine Gebete erhört.«

Ich konnte es nicht fassen. Laut vor mich hin überlegend, lief ich in meinen Trakt: »Von wegen meine Gebete erhört! Ich hatte dafür gebetet, sie in Freiheit wiederzusehen, nicht hier drin.« Und obwohl ich einen Riesenbammel davor hatte, ihr gegenüberzustehen, freute ich mich zugleich wie wahnsinnig. Ich würde tatsächlich Mama und meine Schwester sehen. Der Himmel meinte es gut mit mir. An einem Ort wie der Anstalt kann man egal welche frohe Nachricht erst einmal nicht glauben. Da heult man tagelang rum und stirbt fast vor Sorge, und dann teilt einem jemand mit, der eigene Vater sei zu Besuch da. Oder die Mutter habe angerufen. Und jetzt kam meine Mama mich wirklich besuchen! In der Einzelhaft hatte ich gedacht, ich würde meine Familie vielleicht nie wiedersehen. Nie mehr würde ich meine kleine Schwester mit meinen albernen Späßen ärgern können. Die Gedanken tanzten durch den Kopf.

»Los, Mädchen! Du kannst doch deine Mama nicht warten lassen«, mahnte mich Ahlam und scheuchte mich aus dem Trakt. Ich zögerte, weil ich natürlich meine Mutter gerne in den Arm genommen und geküsst hätte. Aber sie dann wieder gehen zu lassen und sie jahrelang nicht mehr zu sehen … Sie sollte nicht wie mein Vater das Gefühl bekommen, sie müsse mich retten und könne es doch nicht. Sie würde das nicht aushalten, sie nicht!

Ich hätte am liebsten noch geduscht, aber warten lassen wollte ich meine Mama auch nicht. Außerdem rief Layali vom Flur her alle zwei Minuten, ich solle mich beeilen. Ich zog mein tiefrotes Baumwollkleid an, mein bestes, und kämmte mir eilig die Haare. Dann ließ ich mir von Aisha ein wenig Weichspüler geben, wie man ihn der Wäsche in der Waschmaschine beigibt, und tupfte mir davon auf die Kleidung.

Die Aufseherin führte mich hinauf zur Direktion, während ich mir überlegte, was ich zu meiner Mutter sagen und was ich tun könnte, falls sie zusammenbrach.

Mama war ohne meine Schwester gekommen. Sie saß auf einer Bank gegenüber dem Büro der Direktorin. Sie trug einen mit Perlen bestickten schwarzen Überwurf, und ihr Gesicht war gerötet vom Weinen.

Sie blickte mich ein paar Sekunden lang an, so als erkenne sie mich nicht gleich wieder, dann sprang sie auf, packte mich am Arm und presste mich an sich. Mir war, als würde ich nach einer langen Reise durch eine lebensfeindliche Wüste in einen Fluss mit klarem Wasser springen. Ich krallte mich in ihren Überwurf und weinte wie ein Kind, das nach langer Suche seine Mutter wiedergefunden hatte. Eigentlich hatte ich mir vorgenommen, keine Träne zu vergießen, um ihr nicht alles noch schwerer zu machen, und nun schluchzte ich laut. Ich weinte, weil die Menschen, die mir am nächsten standen, mir nicht helfen konnten und weil mir dieser warme Schoß schon in wenigen Minuten wieder entzogen würde.

Meine Mutter hielt mich ein wenig von sich weg, um mir ins Gesicht zu sehen und mein Aussehen zu beurteilen. Sie begann mich abzutasten und fragte mich, warum ich so dünn und so blass sei. Dann wollte sie mir das Kleid wegziehen, um zu sehen, ob ich Wunden von den Stockschlägen hatte. Aber Sozialarbeiterin Suad ging dazwischen: »Das dürfen Sie nicht. Außerdem haben wir mit der Körperstrafe noch gar nicht begonnen. Das kommt erst, wenn das Berufungsgericht entschieden hat.«

Mama zog mich zu sich auf die Bank, als hätten Suads Worte ihr die Kraft geraubt.

»Warum wollen Sie meine Tochter überhaupt schlagen?«, klagte sie. »Was hat sie denn getan, dass man sie verprügeln muss? Es war meine Schuld, nicht ihre! Ich hätte sie gar nicht herkommen lassen dürfen. Warum habe ich ihr nur erlaubt, mit ihrem Vater nach Saudi-Arabien zu fahren?«

»Nun lassen Sie mal gut sein«, erwiderte Suad. »Das bringt doch jetzt alles nichts.«

»Weine nicht, Mama«, flüsterte ich. »Und außerdem«, jetzt fiel es mir wieder ein, »außerdem werde ich hier nicht die vollen vier Jahre absitzen. Und schlagen lasse ich mich auch nicht. Ich lerne gerade den Koran auswendig. Und wenn ich das geschafft habe, komme ich vorzeitig raus. Vertrau mir, Mama!«

Sie weinte weiter. Offenbar hatte ich es nicht geschafft, sie zu beruhigen. Früher war mir das immer gelungen.

Ich schaute zu Boden und sagte gekränkt: »Du glaubst mir nicht.«

Da streckte sie die Arme nach mir aus und sagte mit schwacher Stimme: »Natürlich glaube ich dir, meine Liebe. Gott wird unsere Gebete irgendwann erhören. Gott lässt kein Unrecht zu, und was dir geschieht, ist ein schlimmes Unrecht!«

Ich weiß nicht mehr, wie dieser Besuch zu Ende ging und wie wir uns verabschiedet haben. Es war, als hätte ich meine Mama nur kurz im Traum gesehen und sei dann erwacht.

Alle Mädchen im Trakt wollten von mir hören, wie es gewesen war und was meine Mutter gesagt hatte, aber ich erwiderte nichts. Ob ich mich gefreut hätte, sie zu sehen? Sie alle wussten, dass ich immer davon ausgegangen war, meine Mutter erst wiederzusehen, wenn ich in Freiheit wäre. Sie zeigten Verständnis dafür, dass ich nichts antwortete, und flehten sogar zu Gott, dass er mir meine Sorgen nehmen möge. Mein Schweigen war ihnen Antwort genug.

26.

Ramadan

»Ab morgen wird gefastet«, frohlockte Azza Rashid lautstark, so als würde sie sich wahnsinnig darauf freuen.

»Hat der Ramadan begonnen?«, fragte ich sie gleichmütig.

»Ja, es ist offiziell! Eine der Wärterinnen hat mir gerade
berichtet, man habe die Mondsichel gesehen, mit der der
Fastenmonat beginnt. Heute Abend beten wir zum Ramadan-
beginn, und morgen werden wir vor Sonnenaufgang noch
etwas essen, dann ist Fastenzeit.«

Azza wandte sich zu Amani, Widad und Manal, die hinter
uns standen, um auch ihnen die frohe Kunde zu bringen.
Dabei hätten sie lieber gehört, dass sie freigelassen würden.
Die drei gehörten nicht gerade zu denen, die sich stundenlang
die Haare zurechtmachten, um sich für einen Festtag zu
schmücken, oder die sich wie wahnsinnig auf Datteln und
Basbusa freuten, diese gesüßten Grießkuchen. Die drei waren
so selbstbewusst wie ich, und entsprechend traten wir auf.
Mir gab der Gedanke Kraft, dass draußen Menschen auf
mich warteten, und sie würden mich sehnsüchtig in Empfang
nehmen, ganz im Gegensatz zu den meisten anderen Mädchen in der Anstalt. Der Unterschied zwischen uns Freundinnen bestand unter anderem darin, dass ich die schwerste
Strafe bekommen hatte.

Amani hatte eineinhalb Jahre und zweihundert Stockschläge für Prostitution bekommen. Um ihre Strafe abzumildern,
hatte auch sie angefangen, den Koran auswendig zu lernen,
und beim letzten Teil begonnen, wo die leichteren Suren

stehen. Sie wusste, dass es für sie keine Ramadan-Amnestie und keinen königlichen Straferlass geben würde. Nicht bei ihrem Vergehen.

Widad ihrerseits bemühte sich erst gar nicht, auch nur eine Sure zu lernen oder sich lieb Kind bei den Wärterinnen zu machen, um ein Zeugnis über gute Führung zu bekommen. Sie war nur zu einem Jahr Haft verurteilt worden und wusste daher, dass sie in jedem Fall anlässlich des Ramadans die Strafe erlassen bekommen würde, denn diese Amnestie gab es bei Strafen wegen Drogenkonsums immer, wenn nichts anderes vorlag.

Manal wiederum hatte drei Jahre abzusitzen und sollte tausend Schläge erhalten, weil sie angeblich Drogen in Umlauf gebracht hatte, und dafür gab es keine Amnestie. Sie war nun schon ein Jahr und acht Monate hier, hatte einen Teil des Korans gelernt und sich eine Strafmilderung von einem Viertel der Haftzeit gesichert, indem sie sich bei ihrer Sozialarbeiterin eingeschmeichelt hatte und immer mal wieder eine Mitgefangene verpetzte. Dadurch war ihr ein gutes Führungszeugnis sicher, egal, was andere Mädchen über sie sagten. Sie wusste genau, wie sie vorgehen musste, und sie brauchte sich keine Sorgen zu machen, von der Direktion öffentlich gemaßregelt zu werden.

Manal schaute die glücklich lächelnde Azza mit großen Augen an, stemmte die rechte Hand in die Hüfte und gestikulierte ungehörig wild mit der linken.

»Gott verfluche dich und deine tollen Nachrichten, Azza!«, sagte sie. »Das ist schon mein zweiter Ramadan hier in der Anstalt.«

»Gott verzeihe dir, Manal! Du solltest dich freuen, denn der Ramadan ist ein gesegneter Monat. Möge Gott deine Gebete erhören und dich hier rausholen«, gab Azza pikiert zurück.

»Du dumme Kuh! Was soll denn das ändern, ob wir nun morgen fasten oder am Nimmerleinstag?«, ging Amani dazwischen.

»Wisst ihr was? Ob Ramadan oder nicht, ihr kommt hier nie mehr raus!«, beschied Azza. »Von solchen wie euch nimmt Gott nämlich keine Gebete an.«

So ging es eine Weile zwischen ihnen hin und her, dann rief Azza in den Trakt: »Los, Küchendienstmädchen, wo bleibt ihr, es gibt noch viel zu tun!« Und zu mir gewandt sagte sie: »Auch du, Kholoud. Laut dem neuen Plan bist du unserer Gruppe zugeteilt.«

Azza war es in Wirklichkeit genauso egal wie uns, ob gerade Ramadan war oder nicht. Sie zwang sich nur dazu, darüber zu jubeln, denn das half ihr die Jahre zu vergessen, die in der Anstalt noch vor ihr lagen. Selbst wenn sie es schaffen sollte, den Koran vollständig zu memorieren, würde ihre Haftzeit noch immer die Hälfte von fünfzehn Jahren betragen, die ihr kein Geringerer als der Gouverneur des Landeswestens Abdulmajid bin Abdulaziz aufgebrummt hatte – und eine Begnadigung gab es bei ihr nicht: Kindesentführung war der Vorwurf. Sie selbst behauptete, ein elternloses Mädchen in der Großen Moschee von Mekka gefunden zu haben. Sie habe das Kind mit nach Hause genommen und ihr Kleider und Spielsachen gekauft, und gerne hätte sie das Mädchen behalten und aufgezogen. Andere in der Anstalt allerdings meinten, sie habe für eine Bande von Menschenhändlern Kinder entführt. Das Verschwinden des Mädchens hatte in den Medien damals hohe Wellen geschlagen, was dazu führte, dass der Gouverneur persönlich diese harte Strafe gegen sie verhängte, um der Mutter des Kindes, die vor Schock eine Lähmung davongetragen hatte, vermeintliche Gerechtigkeit widerfahren zu lassen.

Es sollte ein fröhlicher Küchentag werden. Zumindest

begann er gut gelaunt: Taghrid sang und schlug den Rhythmus auf einem kleinen Topf, während Zahra dazu mitten in der Anstaltsküche wild tanzte. Widad klatschte den Rhythmus mit, und Amani wippte mit den Hüften am Waschbecken, während sie Hühnchen säuberte.

»Schön machst du das, Zahra!«, ermutigte Taghrid die Tänzerin und forderte auch mich auf, mitzumachen.

Ich kannte das Lied nicht. Es war angeblich ein paar Monate nach meinem Haftantritt herausgekommen und wurde landauf, landab im Radio gespielt. Je länger die Mädchen sangen und auf Töpfe und Tische dazu schlugen, desto besser gefiel es mir. »Sha'bana« hieß bei uns diese Art, den Ramadan auf volkstümliche Art zu begrüßen und dabei zugleich die bisherigen Sünden abzustreifen. Zahra kannte diese Sitte offenbar besonders gut und war begeistert bei der Sache, obwohl sie erst vor zwei Tagen aus der Einzelhaft in den Trakt gekommen war. Allerdings war sie nicht zum ersten Mal in der Anstalt.

Ich nahm einen Teller mit Tomaten und setzte mich neben Taghrid, die einen so zackigen Rhythmus klopfte, dass man unwillkürlich Lust bekam zu tanzen. Es war eine ungewöhnlich muntere Stimmung, und ich musste herzlich darüber lachen, wie Zahra ihren Tanz vorführte. Ein paar Augenblicke lang vergaß ich, wo ich war, und ich ließ mich von dem Lachen und dem Gesang der Mädchen anstecken. Ich lernte etwas, was einem in keiner Schule und von keinen Eltern beigebracht wird: für den Augenblick zu leben und ihn zu genießen, und sei es hinter dicken Mauern.

Alles wurde anders im Ramadan. Die Ruhe, die sonst nachts herrschte, verlagerte sich nun in den Tag, wo wir uns müde und schwerfällig dahinschleppten. Nur zu den Gebetszeiten erhoben wir uns, nahmen die rituelle Waschung vor und beteten. Dann legten wir uns wieder hin, wuschen uns wieder und beteten wieder, ohne Diskussion, ohne Gelächter und ohne Weinen. Wir vergaßen unseren Hunger, unseren Durst. Und zwischen den Gebeten vertrieben wir uns die Zeit und sagten Koranverse auf, denn wir wussten, dass das Aussprechen jedes Buchstabens darin einer guten Tat gleichkam, und so sammelten wir gute Taten, um sie unserem himmlischen Konto gutzuschreiben. Wir sicherten uns eine Zukunft im Jenseits und bauten uns dort in Gedanken Paläste mit Gärten und Flüssen.

Nur wenige von uns behielten dabei einen Blick für die Wirklichkeit – nämlich die, die zu langen Haftstrafen verurteilt waren und gleichzeitig noch jemanden hatten, der draußen auf sie wartete. Um die Zeit zu verkürzen, die uns von unseren Lieben noch trennte, prägten wir uns die magischen Worte des Korans ein, die einen erheben oder erniedrigen können. Seine Verse und Suren sind ein Wundermittel für alle Lebenslagen. Wer Schmerzen hat, dem wird auf diese Weise Lohn verheißen, und als Gläubiger ist man fest davon überzeugt, dass Gott die eigene schwache Stimme vernimmt. Man vertraut darauf, dass in jedem Kummer, jedem Unglück, jeder Krankheit, dem Tod eines lieben Menschen oder der Tatsache, dass man gefangen ist, eine Weisheit steckt. Mit den Worten des Korans vertreibt man böse Geister, kommt zu innerer Ruhe, bekämpft den Teufel und besiegt jeden Neider. Wer den Koran rezitiert, der ist geschützt und erhöht seinen Stand, selbst wenn er einen Mord oder eine Vergewaltigung begangen hat, und er heilt damit Wunden, die ihm andere zugefügt haben. Man wird zu einer angesehenen und verehrten Person, ja man kann zum respektierten Staatsdiener werden und ein gutes Gehalt beziehen. Alles als Lohn dafür, dass man jene geheiligten Worte im Kopf behält und wiedergeben kann.

Wer weiß, ob nicht die, die mich hier hinter Schloss und Riegel gebracht hatten, einst auch in Gefangenschaft den

Koran gebüffelt hatten? Sie reinigten ihre Zähne mit *Miswak*-Zweigen und ließen sich Bärte wachsen, was sie jeder Kritik und Schuld enthob. So ließen sie das Gefängnis hinter sich und landeten im weichen Schoß des Staates, wo sie ihr Geld damit verdienten, anderen ihren Glauben abzusprechen und sie in Haft zu bringen.

Ich weiß nicht, wie es mir ergangen wäre, hätte ich damals nicht selbst so sehr an die Worte Gottes geglaubt. Der Koran war besser als jede Droge, die ich in meinem Leben je hätte nehmen können. Er ließ die Haut nicht altern, tötete keine Gehirnzellen ab und schadete den Nerven nicht. Man wurde durch ihn zu einem anderen Menschen. Der Koran macht einen zum Diener dessen, von dem er stammt. Er hypnotisiert und wirkt wie ein magisches Amulett. Man glaubt mit ganzem Herzen, dass der Schmerz, der einem das Herz zerreißt, nichts anderes ist als eine göttliche Weisheit, sodass man ihn zufrieden und dankbar hinnimmt. Ja, wirklich: Man dankt dem Herrn dafür, dass Er einen auserwählt hat, um einen mit Unglück zu schlagen, denn das lässt Er nur jenen zuteilwerden, die Er liebt. Man selbst kann nichts dafür, es ist ja vorherbestimmt, und was Gott bestimmt, das ist Schicksal, auch wenn der eigene Verstand es nicht erfassen kann.

Ich kann nicht leugnen, dass es mir damals geholfen hat, so zu denken. Ich flüchtete mich regelrecht in diese Vorstellung, denn es war genau das, was ich brauchte.

Und zum ersten Mal mochte ich die Fastenstunden an den Tagen des Ramadans, statt wie früher nur darauf zu warten, abends endlich wieder essen und trinken zu dürfen. Denn indem ich fastend Andacht hielt, so glaubte ich, würden meine Gebete erhört und meine Sünden vergeben, auch wenn ich mir keiner Schuld bewusst war. Mein Mundgeruch vom Fasten war Gott lieber als aller Moschus und Amber. Also nutzte ich jede Stunde des Ramadans zum Gebet und lernte beim Vortrag immer längere Passagen des heiligen Buches auswendig. Langsam erreichte ich ein höheres Stadium, und andere Mädchen bekamen das mit. Sie baten mich schon, für sie mitzubeten, wenn sie mich in der Moschee am Fenster sitzen sahen. Ich sah zwar nicht ganz ein, warum Gott mein Gebet für andere erhören sollte, ohne erst einmal meine Bitten zu erfüllen, aber es gab da jene Überlieferung, dass der Prophet einmal gesagt haben soll, für andere zu beten bringe Segen. Daher flehte ich nur umso mehr zum Herrn, für mich wie für andere, was bedeutete, dass meine Fürbitten nun noch länger dauerten, und bald tat ich nichts mit mehr Inbrunst, als zu beten und meine Gedanken auf das zu richten, was zwischen den beiden Buchdeckeln des Korans stand.

Gleichzeitig wurden die meisten Wärterinnen und Sozialarbeiterinnen im Umgang mit mir immer respektvoller, je mehr sich herumsprach, dass ich in kürzester Zeit immer mehr Teile des Korans auswendig herbeten konnte. Nicht einmal meine Lehrerin Abla Futeima mochte es glauben. Alle schauten mich verwundert an, und ich verstand gar nicht, warum, denn ich hatte nicht das Gefühl, etwas Besonderes zu sein oder etwas Außergewöhnliches zu vollbringen. Wenn man den Koran wirklich auswendig lernen wollte, so glaubte ich, dann konnte man das auch, denn dann half Gott einem dabei. Und hätte die Bedingung gelautet, den Berg Uhud bei Medina zu versetzen, um freizukommen, so hätte ich nichts unversucht gelassen, genau das zu tun, selbst wenn es genauso lange gedauert hätte wie die eigentliche Haftstrafe. Alles war besser, als Tag für Tag herumzusitzen, den Aufseherinnen in ihre jämmerlichen Gesichter zu schauen und auf den nächsten Termin mit der Sozialarbeiterin zu warten, um sie anzubetteln, doch bitte einen Antrag zu unterstützen, mir meinen Aufenthalt in der Anstalt ein wenig erträglicher zu gestalten.

Ich wollte nicht eher ruhen, als bis die Pforten des Gefängnisses sich für mich öffneten. Lieber sterben als aufgeben war mein Motto. Ich konnte mir nicht vorstellen, wie andere es ertrugen, selbst ohne Gerichtsverfahren noch sehr viel länger als ich in diesem Knast zuzubringen, ohne dabei den Verstand zu verlieren.

Im Trakt standen vor uns Pappbecher mit jeweils fünf bis sechs Datteln und ein Becher mit Wasser sowie ein Fläschchen mit Trinkjoghurt bereit. Mit dem Einsetzen des Rufes zum Sonnenuntergangsgebet tranken wir das Wasser und nahmen eine erste Dattel. Dann wuschen wir uns zum Gebet, machten unsere Verneigungen und liefen anschließend zum Speisesaal. Dort war ein Getöse, als wären wir von den Toten auferstanden. Im Ramadan findet das Leben nur in der Nacht statt. Zu essen bekamen wir erst einmal je drei Stück frittiertes *Sambusa*-Gebäck, das übliche Stückchen Brot sowie eine kleine Portion Hafersuppe mit Huhn. Danach würde es, meinte Aisha, noch eine süße Nachspeise geben, aber sicher war sie sich nicht, denn auch für sie war es der erste Ramadan im Knast. Aber mir war es ohnehin egal. Ich dachte an meine Familie und wie schön der Ramadan zu Hause immer gewesen war.

Nach dem Nachtgebet gibt es im Ramadan noch das *Tarawih*-Gebet, bei dem man sich zwölfmal verneigt. Es gilt nicht als verbindlich vorgeschrieben, ist aber Tradition, und man glaubt, sich damit bei Gott besonderen Lohn zu verdienen. Bestraft wird man allerdings nicht, wenn man es nicht tut – außer in der Anstalt. Wer sich dem *Tarawih* dort entzog, dem drohte Einzelhaft.

Beten war alles, was ich tat, aber ich empfand keinen Überdruss dabei. Früher hätte mir das passieren können, aber nun hatte ich eine Abmachung mit Gott. Ich bin eher praktisch veranlagt. Aber zu Gottes Glück glaubte ich ganz fest an Ihn und daran, dass Er mich aus meiner Lage befreien würde.

Hätte ich nicht so ganz an den Wert des Betens geglaubt, wäre es mir nur eine zusätzliche Qual gewesen, so wie der Nähunterricht, der bald begann, oder das Wischen des heiligen Fußbodens der Anstalt oder das Eingesperrtsein in der Moschee, wenn die Klempner kamen. So aber betrachtete ich es als eine Art Pilgerreise. Ich war von weit her gekommen, um hier für meine Sünden zu büßen und mich von allem zu reinigen, was mich von Gott ferngehalten hatte.

Wie auch immer, nach dem Gebet roch es plötzlich ganz vorzüglich. Es war ein Duft, den ich aus den Wohnungen meiner Tanten kannte, wenn wir sie besucht hatten. Der Geruch nach arabischem Kaffee mit Kardamom. Er kam aus der Küche, und ich konnte es kaum glauben, denn Kaffee stand sonst auf der Liste verbotener Dinge in der Anstalt. Aber von Insassinnen, die schon länger hier waren, erfuhr ich, dass es im Ramadan Nachtisch und Kaffee für uns gab. Nicht nur das, nun durften wir sogar fernsehen! Eine Wärterin drehte das Gerät so, dass wir im ersten Programm die täglich ausgestrahlte Serie zum Ramadan mitgucken konnten. Es war zwar nur ein kleiner Bildschirm und er hing ziemlich hoch, aber ich freute mich sehr darüber, weil ich sie auch mit meinen Eltern geguckt hätte.

Irgendwie war ich nicht mehr die Kholoud von zuvor. Es erschreckte mich, dass ich mich so über einen Kaffee, ein Stückchen Kuchen oder eine saudische Fernsehserie freute. Sogar die schlecht gerupften Hühnchen, vor denen ich mich anfangs so geekelt hatte, schmeckten mir inzwischen. Aber was mich wirklich an mir selbst erstaunte, war, dass ich nun auch noch den Richter in meine Gebete einschloss, der mich verknackt hatte! Und den Scheich von der Tugendbehörde, der falsch gegen mich ausgesagt hatte! Ich betete für sie, weil sie der Grund dafür waren, dass ich hier Gott näherkam ...

Ich erkannte mich kaum wieder. Jemand musste die alte Kholoud umgebracht haben. Da war kein Gedanke mehr an mein Studium, die tollen Diplome, von denen ich geträumt hatte, ich wollte keinen gut bezahlten Job mehr, und Liebe und Hochzeit in Weiß gab es in meinen Gedanken auch nicht mehr. Ich wollte einfach nur aus diesem Gefängnis heraus.

27.

Als hätte ich Gott geschaut!

Ich hatte wie üblich gebetet und las nun noch ein paar *Dhikr*-Gebete aus einem Büchlein, das mir meine Mutter mitgebracht hatte. Diese Art meditativer Übungen war eine Art Sufi-Ritus. Mama hatte den Band mit den Übungen vor ein paar Jahren in einer alten Buchhandlung erstanden und mir aufgetragen, jeden Abend darin zu lesen. Jetzt, nach Monaten des Betens und Koranpaukens, fand ich sogar Genuss dabei, ritualisierte Gebetsformeln so oft zu wiederholen, bis ich zu schweben meinte. Ich hatte mir eine eigene Formel zurechtgelegt. Bis zu 786 Mal sollte man so eine Gebetsformel aufsagen, und nach jedem Mal war ein bestimmtes Wort hinzuzufügen.

In meinem Fall lautete das Gebet wie folgt: »Lieber Gott, ich bitte Dich beim Propheten, dass Du mich von hier befreist, so schnell es geht. Du sagst selbst, dass Du niemandem etwas aufbürdest, das über seine Kräfte geht. Mein Herr und Gebieter, dies hier geht über meine Kräfte. Ich möchte zurück zu meiner Familie und zurück in unsere Wohnung. Sagst Du nicht, dass Du alle Sünden vergibst, außer der, dass man Dir andere Götter beigesellt? Diese Sünde habe ich nicht begangen. Ich hatte nie einen anderen Herrn als Dich und habe nie einen anderen Propheten verehrt als Muhammad. Vergib mir daher meine großen wie kleinen Sünden und lass Deine Gnade an mir walten, denn Deine Gnade ist grenzenlos und Du bist allmächtig.«

Ein seltsames Gefühl durchflutete mich, wenn ich das betete. Ich fühlte mich leicht, ruhig und zuversichtlich.

Ein blinder Glaube, der Berge hätte versetzen können, erfasste mich.

Ich war wie eine Ertrinkende im Meer, die sich an ein Stück Holz klammerte, das hoffentlich nicht unterging, und bis zur Rettung musste ich all das tun, was die vergilbten Seiten dieses alten kleinen Buches vorschrieben. Ich rezitierte also Gebete, rief Gott Hunderte Male an und fühlte einen Glauben und ein Gottvertrauen wie nie zuvor in meinem Leben. Ganz sicher, so dachte ich, würde Er meine Bitten erhören und mich hier herausholen, und plötzlich waren all die Jahre, die mir hier noch bevorstanden, nicht mehr von Belang. Gott war allmächtig, ich spürte es, und Er war imstande, die Wand der Gefängnismoschee einzureißen und mich zu befreien.

28.

Die Tochter des Ermittlers

Ohne einen Grund genannt zu bekommen, wurde ich in das Nachbarzimmer verlegt. Die Wärterinnen Ghusun und Futun kamen eines Nachmittags in meinen Raum und forderten mich auf, meine Sachen zusammenzupacken. Ich solle zu Zahra umziehen, die Direktion habe es so beschlossen. Ich verstand den Grund, als ich sah, dass Taghrid hinter ihnen stand und darauf wartete, meinen Platz zu übernehmen. Zahra und Taghrid waren befreundet, und das hatten sie wohl bemerkt und wollten die beiden voneinander trennen. Es sollten auf keinen Fall übertriebene Gefühle zwischen den Gefangenen entstehen.

Wir konnten die Homophobie der Gefängnisleitung zwar nicht verstehen, aber mich störte dieser Beschluss auch nicht sonderlich. Ich hatte mich an Aishas Geplapper gewöhnt, und sie war sehr traurig darüber, dass ich wegging, aber ich lächelte und sagte ihr, das Nachbarzimmer sei ja nicht weit, und sie solle nicht so traurig sein, schließlich würde ich ja nicht entlassen! Aber Aisha hatte nun niemanden mehr, den sie die ganze Nacht lang vollquatschen konnte.

Saliha begrüßte mich mit einem Lächeln. Ich mochte ihr engelhaftes Gesicht und ihre Ruhe. Zahra aber jubelte scherzhaft: »Willkommen! Scheicha Kholoud persönlich beehrt uns!«

Ich wusste, was mir bevorstand. Zahra würde mir ungleich mehr Kopfschmerzen bereiten als Aisha. Aber trotz ihres rebellischen Auftretens gegenüber den Wärterinnen und den meisten Mitgefangenen gab es auch Mädchen, die sie mochte und auf die sie hörte. Zu meinem Glück war ich eine davon.

Eine der Bewohnerinnen in meinem neuen Raum war schwanger, und ich fragte sie, wann sie entbinden würde. In zwei Monaten, meinte sie, und sie werde das Kind sofort zur Adoption freigeben. Überhaupt müsse sie vor ihrem Vater und ihren Brüdern fliehen, denn diese würden sie umbringen, sobald sie freikäme.

Als ich ihr naiverweise vorschlug, sie solle die Direktion informieren, dass ihre Familie vorhabe, ihr etwas anzutun, sah sie mich mit einem bohrenden Blick an und sagte: »Glaubst du, ich bin die Erste, die hier wegen einer außerehelichen Schwangerschaft einsitzt? Die wissen genau, was das heißt. Und falls du es nicht weißt, ich bin auch nicht die Erste, deren Angehörige ihr nach dem Leben trachten, weil sie Schande über die Familie gebracht hat. Viele andere wurden bereits ermordet, und trotzdem zögern sie nicht, eine wie mich freizulassen, wenn ein männlicher Verwandter sie abzuholen wünscht, selbst wenn er offen sagt, dass er vorhat, sie zu töten! Schließlich ist das seine Sache. Soll er sie doch töten und dann in Ruhe seine Strafe absitzen!«

»Wird denn einer, der eine Angehörige tötet, nicht zum Tod verurteilt?«, fragte ich überrascht.

Die Schwangere schwieg entnervt.

Saliha schaltete sich ein: »Kein Mann wird hingerichtet, wenn er seine Tochter um der Ehre willen tötet. Fünf Jahre Gefängnis ohne Amnestie bekommt er, das ist alles. Gewohnheitsrecht heißt das, und Blutgeld muss er auch nicht entrichten, denn er würde es ja an sich selber zahlen. Der Staat sieht ihn sozusagen als Eigentümer der Getöteten.«

Saliha hatte so eine sanfte Art an sich, dass selbst solche Worte sie nicht aufbrachten. Sie war achtzehn, aber sie war so klein, dass man sie für ein Kind halten konnte mit ihren großen Augen, der hohen Stirn und dem hochgesteckten Haar. Sie redete immer leise und ganz gezielt mit nur einer Person. Nur wenn sie wollte, dass es alle hörten, hob sie die Stimme. Ich fand, sie sah und sprach wie ein Engel.

Ihr Vater, ein Geheimdienstkommissar, war der Grund dafür, dass sie immer wieder mit ihrer Schwester von zu Hause weglief. Sie war schon zum zweiten Mal in der Anstalt und sagte, sie bete dafür, dass die Polizei ihre Schwester auch bald finde und sie hierherbringe. Sie vermisste sie so.

Saliha war bei allen beliebt – außer bei den Wärterinnen, die sich möglichst von ihr fernhielten. Sie suchte sich unter den Mädchen immer diejenigen aus, die das Sagen hatten, und wurde schnell deren Ratgeberin. Saliha hatte für jede den perfekten Tipp, wenn eine in Schwierigkeiten war, und sie bekam dafür dankbare Küsschen auf den Kopf.

Saliha hatte das Gehirn eines Genies in einem Kinderkörper, ganz die Tochter des großen Inspektors. Sie war ewig gut gelaunt, und ich habe sie nie weinen sehen. Nur wenn wir zum Beten gehen mussten, sah sie aus, als täte sie etwas gegen ihren Willen. Sie stellte sich dann möglichst in die letzte Reihe und verließ nach dem Gebetsende als Erste die Moschee. Wie gern sie die Anstalt verlassen hätte, aber die Vorstellung, wieder zu ihrem Vater zu müssen, war ihr gleichermaßen verhasst: Denn auf der Arbeit folterte er Verdächtige, und zu Hause quälte er seine Töchter.

Abla Futeima brachte uns ein großes Tablett mit süßer *Kanafa,* einem Honiggebäck mit Rahm, nachdem wir mit ihr das Ramadangebet verrichtet hatten. Wir aßen und tranken Kaffee dazu und setzten uns um sie herum, um ihren religiösen Unterweisungen zu lauschen, die sie nach jedem Gebet erteilte. Ihre ruhigen, warmen Worte gingen zu Herzen, und ich konnte mich kaum daran satthören. Ehrfürchtig und aufmerksam lauschte ich ihrer Stimme und ließ mich von ihr in eine andere, grenzenlose Welt entführen. Futeima sprach vom Paradies und seinen Annehmlichkeiten und davon, dass es auch dort, wie hier, unterschiedliche Stufen gab, und dass man die oberste nur erreichen könne, wenn Gott es gut mit einem meinte.

Ich konnte nicht umhin, mir das Paradies vorzustellen und verbotenerweise auch das Antlitz Gottes. Ich wusste, dass es Sünde war, sich Gott in Seiner Heiligkeit bildlich vorzustellen, aber mein Geist malte sich Seine Gestalt in den anmutigsten Farben aus.

Vor dem Schlafengehen las ich die gesamte zweite Sure, die längste des Korans, und es dauerte drei volle Stunden. Danach fühlte ich mich gut, und mein Geist hatte Ruhe, weil er nicht mehr grübelte. Es war, als hätte ich Wein getrunken, der nicht berauscht, so, wie er im Koran vorkommt. Dann schlief ich wie ein Kind. Ohne Gedanken, ohne Schmerzen und ohne Träume.

Ich fragte Saliha, wie sie es ihrer Schwester wünschen könne, in die Anstalt zu kommen. Doch Saliha meinte ungerührt, es sei hier besser für sie, und sie erzählte mir von ihrem Vater, der ein unausstehlicher Mensch sein musste. Sie verstand nicht, wie ihre Mutter es jahrelang bei ihm aushielt. Immerhin, sagte sie schmerzlich lächelnd, habe Gott ihn, der vermeintliche Terroristen folterte, mit Töchtern gestraft, die es nicht bei ihm aushielten.

Zahra schaltete sich ein. »Solche wie dein Vater dienen in der Hölle als Feuerholz!«, sagte sie aufgebracht. »Gott hat keine Gnade mit solchen Hunden!«

Es schockierte mich, dass sie es wagte, in Salihas Anwesenheit ihren Vater so zu beleidigen, und ich wollte einschreiten und sie daran erinnern, aber Saliha hatte meinen Versuch bereits bemerkt und sagte lächelnd: »Lass nur, Kholoud. Sie sagt ja die Wahrheit. Und niemand hasst meinen Vater so sehr wie ich.« Sie ließ den Kopf kurz hängen, dann sagte sie: »Seine Lieblingsbeschäftigung ist es, den Festgenommenen ins Gesicht zu treten, und jeden Abend erzählt er uns davon. Natürlich kommt der in die Hölle!« Und zu Zahra, die hinter ihr auf der Bettkante saß, sagte sie: »Ich bitte dich von ganzem Herzen, dass du zu Gott betest, Er möge ihn in die Hölle schicken.«

29.

Weil Gott mich sieht

Es war eine Woche vor Ende des Ramadans. Die Nächte im Gefängnis zogen so langsam dahin wie eine Karawane tief in der Wüste, aber der Fastenmonat war auch hier etwas Besonderes. Es war schade, dass er bald vorbei sein würde. Jede Nacht leitete Abla Futeima das Fastengebet und trug mit ihrer zarten Stimme aus dem Koran vor, bevor sie uns mit guten Worten verabschiedete. Vorbei wäre es auch mit der Ruhe und der Zuversicht, die uns die Engel des Ramadans zu bringen schienen, und die Teufel brächen wieder aus, Zank und Streit und Strafe …

Ich roch etwas Vertrautes. Das war doch gerösteter Kaffee! Ich ging in die Küche, wo Widad und Samahir neben dem Herd standen und sich unterhielten. Amani wendete derweil irgendetwas auf dem Feuer hin und her, und der Qualm war gewaltig. Alle erschraken, als sie mich sahen.

»Was macht ihr denn hier? Röstet ihr türkischen Kaffee?«, fragte ich.

Samahir lächelte, fasste mich am Arm und drohte mir scherzend: »Ich schwöre bei Gott, dass ich dich töten werde, wenn du es jemandem erzählst!«

Ich schaute in Amanis Topf und sah gemahlenen Kaffee, der immer dunkler wurde. Der Rauch, der beim Rösten aufstieg, roch verführerisch und kitzelte mir in der Nase. Monatelang hatte ich diesen Duft nicht mehr genossen.

Erstaunt fragte ich: »Wie macht ihr das? Das riecht und sieht aus wie türkischer Kaffee!«

»Wenn man arabischen Kaffee zusätzlich röstet, wird türkischer daraus«, erklärte Amani. »Aber wenn die Aufseherinnen das spitzkriegen, was wir hier machen, gibt es einen Riesenkrach. Sag das ja niemandem weiter!«

Was sollte das eigentlich mit türkisch und arabisch? Kaffee bleibt Kaffee, ob hell oder dunkel. Und wir alle liebten den dunklen Kaffee, aber die Anstaltsgesetze hatten offenbar nur einen einzigen Zweck, nämlich uns zu strafen, und sei es mit hellem Kaffee.

»Ihr seid genial, Mädchen«, sagte ich, lachend über ihren Erfindergeist.

In dieser Nacht kam ich in den Genuss von falschem türkischen Kaffee. Es war herrlich. Solchen Kaffee hatte ich früher jeden Morgen getrunken, und ich hätte nicht erwartet, noch einmal davon zu kosten, solange ich in der Anstalt war.

Am nächsten Tag war ich mit Küchendienst dran. Ich nahm ein wenig arabischen Kaffee von Samahir, röstete ihn so, wie Amani es mir gezeigt hatte, und tat etwas Zucker dazu. Und so tranken wir wieder unseren Lieblingskaffee. Für den folgenden Tag zweigte ich wieder eine kleine Menge Kaffee ab, die ich mir zur Nacht heimlich nach dem letzten Gebet zubereiten wollte. Dann wäre die nächste Küchenschicht, und das war wichtig, denn erstens durften wir den Herd nicht einschalten, wenn die Schichtköchin nicht anwesend war, und zweitens hatte ich Angst vor den Ratten und wollte mich auch deswegen nicht allein am Herd zu schaffen machen.

Aber in der dritten Nacht hatte ich Pech. Aber auch Glück im Unglück, denn Ghusun und Futun führten die Aufsicht. Als mich die eine von ihnen sah, wie ich mit einem Pappbecher Kaffee in mein Zimmer gehen wollte, rief sie mich zu sich. Ich kam zur Wachstation und glaubte, gleich aufzufliegen.

»Wo warst du denn?«, fragte mich Futun und fixierte mich lächelnd.

»Ich war in der Küche und habe mich mit Samahir unterhalten.«

»Und was hast du in dem Becher?«

»Kaffee.«

»Arabischen Kaffee?«

Diese Frage hatte ich nicht erwartet, denn anderen als arabischen Kaffee bekamen wir ohnehin nie.

Ich schwindelte spontan: »Ja, arabischen Kaffee.«

Die Wärterin ließ mich gehen, ohne nachzusehen, was ich in der Tasse hatte, denn sie rechnete gar nicht damit, dass ich sie anlog, schließlich gab es in der Küche offiziell ja auch nur arabischen.

Ganz durcheinander kam ich in mein Zimmer. Wenn die beiden Aufseherinnen die Wahrheit wüssten, würden sie mir Probleme machen und auch Samahir und die anderen Mädchen von der Küchenschicht mit hineinziehen. So nett sie zu mir auch waren, sie konnten über solche Verstöße nicht hinwegsehen, schon gar nicht, wenn noch andere daran beteiligt waren. Hitze stieg mir ins Gesicht, nicht aus Angst vor ihnen, sondern weil ich ein schlechtes Gewissen hatte.

Gleichzeitig dachte ich: »Wie kann ich nur Angst vor Ghusun und Futun haben statt vor Gott?« Ich war plötzlich hellwach. Wie dumm, dass ich den Kaffee, den ich in der Tasse hatte, nicht mehr trinken mochte. Wegen dieses Kaffees hatte ich gelogen, und noch dazu in einer der heiligsten Nächte des Ramadan! Die Aufseherinnen fürchtete ich also, weil sie mich gesehen hatten bei etwas Verbotenem, und fürchtete ich Gott etwa nicht? Glaubte ich nicht, Er könne mich nicht auch sehen?

Wenige Minuten später stand ich wieder bei der Aufsicht. Ich hatte den Kaffee noch immer in der Hand und sagte zu den diensthabenden Wärterinnen, dass ich sie angelogen hätte. Sie fragten, wer außer mir am verbotenen Kaffeerösten außerdem noch beteiligt gewesen sei. Ich sagte, ich wolle nicht noch einmal lügen, aber verraten wolle ich auch niemanden. Ich nahm alle Schuld auf mich und hoffte, dass sie mich gleich bestraften, ohne die Sache erst vor die Direktion zu bringen, damit nicht alle leiden mussten, die mit mir gemeinsam Küchendienst hatten.

Ghusun und Futun staunten nicht schlecht über meine Beichte. Mit Sicherheit dachten sie, ich hätte den Verstand verloren: Wie sollten sie auch verstehen, was in mir vorging? »Warum kommt dieses dumme Mädchen her und erzählt uns, was sie Verbotenes getan hat, obwohl sie genau weiß, dass wir sie dafür bestrafen werden?«, sagte Ghusuns Blick. Mein Blick erwiderte: »Ich fürchte Gott mehr als euer Wärterinnenhäuschen, die Direktorin, die Einzelhaft und die Ratten in der Küche!«

So starrten wir uns gegenseitig an, und die beiden Wachhabenden wussten nicht, was sie mit mir anfangen sollten. Sie mussten mich bestrafen.

Schließlich beschlossen die beiden Wärterinnen, mich »auszustopfen«. Ich sollte die letzten drei Nächte des Ramadan jeweils drei Stunden lang als Mumie an der berüchtigten Wand stehen. Die Strafe würde auch ins Führungsheft eingetragen, allerdings ohne Nennung des Grundes, damit die Direktion nichts von dem mitbekam, was passiert war. Es war eine harte Strafe, aber für mich war sie wie eine Erlösung, zumal ich dabei Gelegenheit hätte, den Koran im Kopf auswendig zu wiederholen. So dachte ich tatsächlich noch immer: Wie kann ich für mich aus einer Strafe noch Nutzen ziehen?

Das alles klingt albern, werden Sie nun denken, wie vielleicht alles, was Sie bisher gelesen haben, Ihnen nicht in den Kopf will. Auch mir kommt das jetzt, wo ich das in meinem Lieblingsrestaurant in Deutschland niederschreibe, albern vor. Aber vor wenigen Jahren, als ich den Anstaltswärterinnen noch ausgeliefert war, da war die Tatsache, mit geröstetem Kaffee erwischt zu werden, ein ernstes Vergehen. Es war in etwa so, als würde man beim Drogenkonsum ausgerechnet der Polizei in die Hände fallen. In der Anstalt von Mekka ging es nicht um die Farbe des Kaffees, sondern darum, dass man sich den Regeln zu unterwerfen hatte. Je strenger das Befolgen der Regeln eingefordert wurde, umso stärker war das Gefühl, dass man Eigentum der Anstalt war, solange man einsaß.

Und so verbrachte ich die letzten Nächte des Ramadan mit Strafestehen, während die anderen Mädchen sich auf das Fest zum Monatsende vorbereiteten. Nach dem Ende der drei Stunden kam ich jedes Mal mit schmerzenden Füßen zurück in mein Zimmer. Aber immerhin: Nun konnte ich die zweite Sure auswendig, und das war immerhin die längste des ganzen Koran! Der ganze Ramadan war dafür draufgegangen. Von da an bezeichneten mich einige Mitgefangene als unglaublich dumm, und andere nahmen an, ich hätte den Verstand verloren. Aber eines war merkwürdig: Die Mädchen, die mich immer schikaniert hatten, hörten plötzlich damit auf. Sie glaubten, wenn sie mich ärgerten, könne ich ihnen schaden, indem ich ihnen im Gebet Übles wünschte, denn sie waren überzeugt, ich hätte einen besonderen Draht zum Herrn. Nur noch wenige Wärterinnen ließen noch ihre Launen an mir aus, und mir ging es jetzt viel besser als an den ersten Tagen in der Anstalt.

30.
Ende des Ramadan:
Droht mir Strafverschärfung?

Mit dem bevorstehenden Ende des Ramadan änderte sich alles. Erneut wuselten die Mädchen durcheinander, als könnten sie etwas verpassen. Man stritt sich um das Bügeleisen, das von den Aufseherinnen geliehen war, um hübsche Kleider zu plätten, ja sogar um sich die Haare zu straffen (wovon ich noch nie zuvor gehört hatte). Dann wieder fielen ihnen andere Dinge ein, die sie unbedingt noch zu erledigen hatten.

Alle putzten mit Hingabe die Zimmer, breiteten ordentlich Decken über ihre Betten und schmückten die Wände mit irgendwelchen einfachen Dingen, die dem Raum einen ganz neuen Charakter gaben. Aus Waschmittel wurde mit etwas Wasser Parfüm angerührt, und mit Zahnpasta wurde Gesichtshaut gereinigt. Wieder andere versteckten sich in einer Zimmerecke vor Wärterinnen und Denunziantinnen, um sich einem schlimmen Verbrechen zu widmen: der Entfernung von Körper- und Gesichtsbehaarung mit Fäden und dem Zupfen der Augenbrauen. Es gab aber auch einige, die sich das alles ansahen und sich fragten, wie an einem solchen Ort Freude Einzug halten sollte. Und die sich vornahmen, sich überhaupt erst wieder zu freuen, wenn sie eines Tages hier heraus wären.

Bei mir überwog das Erstaunen darüber, dass Mädchen, deren Augen vom jahrelangen Weinen gezeichnet waren, plötzlich einen solchen Eifer an den Tag legen konnten.

Ahlam hatte dafür gar kein Verständnis. Sie schwor, dass sie erst dann wieder ein Fest feiern wollte, wenn sie bei ihrer

Familie wäre und ihre Tochter im Arm hielte. Eher wolle sie sterben, meinte sie, als falsche Freude an den Tag zu legen. Sie erzählte mir von Festtagsritualen, die sie in ihrem Haus, einer der größten Villen von Mekka, immer abgehalten hatten, denn sie stammte aus einer der wohlhabendsten Familien der Stadt. Ihre Angehörigen hatten einem Anwalt bereits eine halbe Million Rial bezahlt, um ihre Tochter zu retten.

Ich hörte ihr gerne zu, denn sie kam offenbar aus einer Familie mit ähnlichen Traditionen. Deshalb ließ ich mich durch ihre Worte gerne in die Freiheit entführen, und das machte mir mindestens so viel Freude wie die Verkündung des Ramadan-Endes durch die Religionsbehörde den anderen.

Was ich Ahlam nicht verriet, war, dass ich mich ein wenig für die anderen freuen konnte. Wenn diese wenigen festlichen Stunden traurige Herzen einen Moment lang höherschlagen lassen konnten, dann war es gut, dass sie feierten, ganz egal wo und warum.

Niemand schlief in der letzten Nacht des Ramadan, und Kaffee wurde bis in die frühen Morgenstunden herumgereicht. Alle trugen ihre schönsten und neuesten Kleider und entließen die Haare aus dem Zwang von Spangen und Klammern. Alle waren so schön, wie ich sie nie zuvor gesehen hatte. Dann erschallte der Ruf zum Morgengebet, und es ertönte ein Jubel, der Licht in unser dunkles Gefängnis brachte. Zum ersten Mal sah ich meine Mitgefangenen freudig zum Gebet eilen. Sie sahen so schön dabei aus und rochen so fein.

Bald darauf war mein Vater wieder zu Besuch. Und da ich zum Ramadan nicht hatte begnadigt werden können, fragte er die Sozialarbeiterin, ob es in meinem Verfahren etwas Neues gebe. Ob das Berufungsgericht das Urteil bestätigt habe? Oder solle er sich anderweitig darum bemühen, Amnestie für mich zu erreichen?

Abla Suad senkte den Kopf und sagte ganz leise: »Ach, Herr Bariedah. Ich weiß nicht, was ich sagen soll.«

Mein Herz begann zu pochen. Abla Suad hatte offenbar schlechte Nachrichten, die sie sich nicht traute auszusprechen.

»Es gibt keine Macht und keine Stärke außer bei Gott allein«, orakelte sie. »Die Wahrheit ist, dass die Staatsanwaltschaft eine Strafverschärfung fordert.«

Ein schrecklicher Albtraum drohte mich zu verschlingen, aus dem ich zu gern wieder erwacht wäre, aber ich konnte nicht. Die Worte der Sozialarbeiterin hatten mir einen Schock versetzt.

Meinem Vater auch. Empört sagte er: »Was sagen Sie da? Strafverschärfung? Soll das ein Scherz sein? Haben Sie nicht selbst meine Tochter zum Gericht geschickt, damit sie ihr Urteil von diesem Schreckensscheich annimmt?«

»Das ist richtig«, sagte Abla. »Aber letzte Woche kam dieser Brief vom Berufungsgericht. Es gebe noch keine endgültige Entscheidung, da die Staatsanwaltschaft eine Strafverschärfung fordert. Das Vergehen erfordere eine schärfere Strafe, meinen sie.« Es war ihr peinlich, das auszusprechen.

»Vergehen? Welches Vergehen? Hat meine Tochter einen Scheich umgebracht? Ist sie eine Terroristin?« Mein Vater schlug die Hände über dem Kopf zusammen.

Mittlerweile weinte ich. »Was wollen die von mir, Papa? Reichen ihnen die vier Jahre nicht? Wie viel wollen sie mir geben? Zehn Jahre?«, schluchzte ich.

Mir war, als wäre ich von allen guten Geistern verlassen. Jetzt würde es noch schwerer für mich sein, auf meine vorzeitige Entlassung hinzuarbeiten. Zumal ich mittlerweile wusste, dass man hier auch ganz ohne Grund dahinvegetieren konnte, ohne dass es irgendjemanden interessierte.

Ich kann mich nicht erinnern, wie ich meinen Vater an

jenem Tag verabschiedet habe oder ob er mich getröstet hat oder ich ihn. Wir beide empfanden denselben Schmerz. Er sah, wie meine Gesichtszüge eingefallen waren, und ich sah, wie er bei jedem Besuch kränker wirkte. Ich glaube, ich schlief danach mehrere Nächte lang nicht. Ich starrte nur in dieses tiefe Loch, in das ich gestoßen werden sollte. Wie würde es danach weitergehen? Würde ich je wieder die Sonne sehen, oder würde ich hier mein Leben verbringen müssen? Ich stellte mir das Paradies mit seinen Flüssen und Bäumen vor. Wenn ich in der Anstalt sterben müsste, dachte ich, würde ich danach zumindest in einer Welt ohne Leiden und Sorgen erwachen. Oder ich würde hier drinbleiben, bis ich dreißig wäre. Dann könnte ich wieder meine Stadt Dschidda sehen. Zumindest würde ich nie mehr in die Anstalt zurückkehren müssen.

31.

Das Opferfest

Nach dem Ramadan kommt das große Opferfest. Im Fernsehen konnten wir verfolgen, wie alles auf diesen Höhepunkt zusteuerte. In der Großen Moschee von Mekka, nur ein paar Straßen von der Anstalt entfernt, war ein Gedränge, das mich innerlich berührte. Ich konnte schon ein Drittel des Korans auswendig, und meine Rezitation wurde immer flüssiger. Von Abschnitt zu Abschnitt wurde ich besser. Abla Futeima bescheinigte mir, ich könne das ganze Buch innerhalb eines Jahres memorieren, wenn ich so weitermachte. Die Abfrage des ersten Teils bestand ich mit Auszeichnung, und einen halben Tag lang war ich froh, dann ging es ans Lernen des Restes, und mein Gehirn schrie erschöpft: »Es reicht! Selbst wenn du den ganzen Koran bis morgen schaffst, musst du noch ewig hier einsitzen.«

Fünf Tage lang, während sich die Pilger in der Stadt drängten, kam nun kein Trinkwasser mehr aus dem Hahn. Täglich erhielten wir drei Becher mit abgepacktem Wasser zugeteilt. Ohne Wasser konnten wir auch das Bad nicht mehr putzen, und der Gestank von den Toiletten hüllte mich sogar auf dem Bett ein. In der Küche stapelten sich die dreckigen Teller, und ich dachte nur noch ans Duschen. Ich träumte davon, mir Wasser über den Kopf zu schütten, und ertrug meinen dreckigen Körper nicht mehr. Aber es war die Zeit der Pilgerfahrt nach Mekka, und da wurde das Wasser eben knapp. In Dschidda hatte ich immer nur erlebt, dass der Flughafen und die Straßen zur Pilgerzeit überfüllt waren. Aber in Mekka waren die Straßen noch enger, jedes Jahr drängten sich hier Millionen von Gläubigen aus aller Welt, und nie zuvor hatte ich mir vorgestellt, was das für die Stadt bedeutete.

Tagelang war auf den Hauptstraßen Mekkas kein Durchkommen, die Haushalte blieben ohne Wasser, es war unerträglich heiß und überall brachen weiß gekleidete Pilger in der Sonne zusammen, erzählten mir die Mädchen, die aus der Stadt kamen. Am liebsten hätte ich mein Bedürfnis, zur Toilette zu gehen, abgestellt, bis wir wieder Wasser hätten. Wir bekamen noch einmal drei Becher Wasser, aber nur für die Gebetswaschung, die entsprechend sparsam ausfiel. Alle waren gereizt, keine ertrug auch nur noch ein Wort von einer anderen. Erst kurz vor dem Fastenbrechen am Abend wurden wir wieder zu Engeln. Denn wir fasteten fast alle, und dafür erhofften wir uns Segen, denn bald begann die Zeit der großen Pilgerfahrt, und an dem Tag, an dem alle Gläubigen die Kaaba umkreisten, würden alle Gebete erhört.

Wer den Zauber der Kaaba von Mekka einmal erfahren hat, wenn die eigenen nackten Füße an einem Tag mit vierzig Grad den kühlen Boden der Heiligen Moschee berührt haben, der versteht, was für ein besonderer Ort sie ist und dass sie die Mühen der Pilgerfahrt wert ist. Nur dort erfährt man jene segensreiche Energie, die einem Herz und Körper reinigt und den Geist beglückt. Ein jeder ergibt sich dem Moment, in dem er die schwarze Kaaba erblickt. Selbst heute noch, nachdem ich mich vom Islam abgewandt habe, spüre ich die Kraft, die von diesem Bauwerk ausgeht. Als ich die Kaaba in der Anstalt nur auf dem Bildschirm sah, flehte ich Gott darum an, es mir zu ermöglichen, sein Bauwerk bald wieder in Wirklichkeit in Augenschein nehmen zu können. Ich sehnte mich danach, vom heiligen Wasser der Zamzam-Quelle zu trinken, den Vorhang, der die Kaaba umhüllt, zu berühren und weinend den Schwarzen Stein an einer ihrer Außenwände zu küssen.

Ich stand in der Moschee am Fenster und beobachtete die Tauben. Die Sonne nahm bereits Abschied vom Himmel, hüllte ihn in ein tiefes Rot ein, als wollte sie mit der Kraft ihrer Strahlen die Wolken am Horizont wegfegen. Ich hätte mir nicht vorstellen können, dass ich diese großartige Schönheit des Himmels ausgerechnet an diesem düsteren Ort in der dunkelsten Zeit meines Lebens und durch ein Gitter hindurch entdecken würde. Ich stöhnte innerlich auf und wünschte mir, ich könnte den nächtlichen Sternenhimmel und das ganze Universum sehen, ohne dass etwas meinen Blick verstellte. Ich bereute, dass ich in Freiheit die Tage hatte verstreichen lassen, ohne je zum Firmament aufzusehen, weil ich immer mit Alltagsdingen beschäftigt war.

Im Gefängnis hat man Zeit, alles zu entdecken und zu erforschen. Am Anfang betrachtet man die dreckigen Wände und die wenigen Quadratmeter Boden, die man hat. Dann studiert man die grimmigen Mienen der Aufseherinnen und ihre Launen, ihre Frisuren und den billigen Farbton ihres Lippenstifts. Man lernt seine Umgebung besser kennen, als es jeder in Freiheit Lebende vermag. Man beobachtet, wie ein unschuldiger Gesichtsausdruck zu einem hasserfüllten wird, und wird Zeuge, wie die Haft die Mitgefangenen verändert.

Man hat Zeit für alles. Man lernt, dass der Sonnenaufgang und ihr Untergang es wert sind zu staunen. Man wünscht sich, die Sterne leuchten zu sehen, und meldet sich freiwillig dafür, den Müll der anderen in den Hof zu tragen, nur um kurz einen Blick auf den Mond werfen zu können, egal, ob die Wärterin deswegen keift, als hätte man sich eine unerhörte Wohltat erlaubt. Aber am meisten faszinierten mich die Tauben, wie sie sich auf der Mauer aufreihten wie Soldaten, immer morgens und dann wieder abends, scheinbar pünktlich zum Gebet, und ihr Gurren sollte heißen: *Subhan Allah*, gepriesen sei Gott!

Allahu akbar, Allahu akbar!
Der Ruf zum Sonnenuntergangsgebet erschallte. Ich verließ das Fenster und stellte mich vor die Gebetsnische in der Moschee, um noch schnell ein Bittgebet zu verrichten, bevor der Saal sich füllte. Ich kniete nieder und blickte auf den golden eingerahmten Schriftzug, der lautete: »Ihr meine Diener, die ihr verschwenderisch gegen euch selbst wart, verzagt nicht an der Barmherzigkeit Gottes, denn Gott verzeiht jede Sünde außer der, dass ihr einen anderen Herrn anbetet.«

Ich war nie eine große Beterin gewesen und konnte mit Mystik nicht viel anfangen, aber wenn ich die Kaaba in Mekka sah, war ich tief bewegt. Hieß es nicht, dass Gott alle Sünden vergibt, die großen wie die kleinen? Warum vergab Er dann nicht mir?

Ich hob die Arme und musste schon wieder weinen. »Mach's dir nicht so schwer«, pflegten mir die anderen zu sagen, wenn sie mich so sahen. Sie verstanden nicht, dass mir das Weinen Kraft schenkte, meinen Körper weiter durch die Anstalt zu schleppen und meine Mitgefangenen anzulächeln.

Ich pries Gott mit Sätzen, die ich mittlerweile gut konnte. Jenen Gott, der nur sagen musste: »Sei«, und es war. Er wollte mich nur noch nicht freilassen, aber ich nahm es Ihm nicht übel, dass Er mich warten ließ.

»Die Geduldigen werden grenzenlosen Lohn erhalten«, hieß es im Koran, und ich sagte mir: »Ja, ganz sicher wird Er mich für meine Geduld und Frömmigkeit belohnen und mich schon bald aus diesem Gefängnis entlassen und mich wieder mit meiner Familie vereinen«, zumindest redete ich mir das ein. »Und später wird Er mich in Seinem Paradies wohnen lassen und mich reich entschädigen, indem Er mich Ihn schauen lässt.« Wohnte nicht jedem Unglück etwas Gutes inne? Wäre ich nicht hier, so hätte ich den wahren Islam gar nicht kennengelernt und den Koran nicht gelesen. Und nun memorierte ich ihn auch noch, und jede Sure, die ich auswendig lernte, brachte mich dem Paradies näher. Das Höllenfeuer konnte mir nichts anhaben. »Aber ich habe viel gelitten, Herr. Hol mich hier heraus, lieber Gott, so, wie Du Jonas aus dem Bauch des Wals befreit hast.«

Ja, mein kleiner Verstand war von Kindesbeinen an auf so etwas programmiert worden, und nun glaubte ich diese Geschichten.

Ich warf mich nieder und krallte mich in den grünen Teppich. Ich weinte, bis ich kaum noch atmen und sprechen konnte, bis mir eine Hand auf die Schulter klopfte. Ahlam schaute mich durch ihre Brille traurig und mitfühlend an. Sie umarmte mich und sagte: »Wenn Gott will, kommst du bald hier raus. Es bricht mir das Herz, dich so zu sehen.«

Sie trug ihren tiefroten Überwurf mit den kleinen roten Rosen darauf. Nie werde ich diesen Stoff und dieses Muster vergessen. Nie werde ich Ahlam vergessen.

32.

Die ersten Hiebe

Das Berufungsgericht bestätigte mein Urteil von vier Jahren Haft und zweitausend Stockhieben. Offenbar hatte Gott meine Gebete erhört und meine Strafe nicht noch verschärft. Nun war also auch ich dran, die verordneten Schläge zu bekommen. Ich stand gerade mit Manal und Ahlam am Ende des Gefängniskorridors, als eine Wärterin hereinkam und ein paar Gefangene zur Körperstrafe mitnehmen wollte, die immer freitags stattfand. Sie stritt mit Azza Rashid wegen der Dicke des Stoffes ihres Gewandes und verlangte, sie möge sich gefälligst etwas Dünneres anziehen, sonst würde es der Prügelsoldat bemerken, wenn er ihr mit seinem Bambusstock auf den Rücken schlug, und sie dann zurückschicken.

»Mach uns keine Kopfschmerzen«, war die wichtigste Mahnung der Aufseherin.

Dann wandte sich die Wärterin an mich: »Und du, Kholoud, stehst heute auch auf der Liste. Zieh dir schnell was Dünnes an, ohne Unterhemd.«

Ich sollte mich zu meiner eigenen Prügelstrafe bereit machen! Wut stieg in mir hoch, und eine große Panik erfasste mich. Ich hatte keine Kraft für Diskussionen und Protest, nur Angst, und so tat ich, was sie mir befahl. Ich hatte schon viel vom Auspeitschen gehört, wie wir die Stockhiebe nannten. Die einen sagten, wir Mädchen hätten es noch gut, weil wir dabei, anders als verurteilte Männer, überhaupt etwas auf der Haut tragen durften. Zudem seien es nur schnell ausgeführte Hiebe mit einem Bambusrohr, und alles sei nach wenigen Minuten vorüber. Andere verfluchten den Freitag, weil es der Prügeltag der Woche war.

Wir saßen vor einem der Verwaltungsbüros und warteten, dass sie Aisha aus dem Prügelraum führten. Azza presste die Hände an den Mund und stammelte ein paar Koranverse, dabei wankte ihr Körper vor und zurück. Auch Manal ließ Stoßgebete hören, blies sich in die Hände und streichelte sich damit am ganzen Körper. Ashdjan spielte mit einer Haarsträhne und ließ ihr linkes Bein ungeduldig auf und ab hüpfen. Am seltsamsten fand ich, wie ruhig Amani dasaß, als ob Sanftmut und Unschuld über sie gekommen seien.

Plötzlich flog die Tür auf, und Aisha stürmte heraus. Sie riss sich das Kopftuch und den Gesichtsschleier herunter und warf alles auf einen Stuhl. Ihre Nase war rot, und sie hatte Tränen in den Augen. Sie lief sichtlich wütend in Richtung Flur, aber eine Wärterin hielt sie zurück. Wir mussten warten, bis alle von uns dran waren, erst dann würde sie uns zurück in unseren jeweiligen Trakt führen.

Nun legte Azza den Überwurf an, ohne ein Wort zu sagen, und verschwand hinter der Tür des Raumes. Ich versuchte vergeblich, einen Blick hineinzuwerfen.

Manal beugte sich zu mir herüber und flüsterte: »Sag nichts, und heul nicht, sonst fängt der Soldat mit dem Prügeln von vorne an.«

Ich sah sie an, ohne zu antworten. Sie begann wieder Gebete zu murmeln. Nach ein paar Minuten kam Azza heraus und streifte den Überwurf ab. Sie sah nicht gut aus und grummelte vor sich hin: »O Gott, mein Einziger, erbarme Dich meiner.«

»Kholoud!« Die Wärterin blickte mich an und reichte mir den Umhang. »Egal wie weh es dir tut, lass den Soldat keinen Ton hören! Sonst fängt er wieder von vorne an. Es sehen

Scheichs bei deiner Bestrafung zu, und sie dulden es nicht, die Stimme einer Frau zu hören. Du hast es selbst in der Hand.«

Die Tür ging auf, und hinter einem schwarzen Vorhang standen vier Religionswächter und ein Wachmann mit einem langen Bambusstock in der Hand. Die Wärterin flüsterte mir fast unhörbar zu, ich solle auf die Erde knien und mich dabei an dem vor mir stehenden Stuhl festhalten.

Ich befolgte ihre Anweisung wie in Trance, dann hörte ich den Stock durch die Luft sausen. Als er meinen Rücken traf, hätte ich am liebsten laut aufgeschrien. Ich hatte nicht erwartet, dass es so wehtat, aber ich riss mich zusammen und versuchte, den Thronvers aus dem Koran zu zitieren, mich irgendwie von diesem Horror abzulenken. Doch es gelang mir nicht. Zu schnell war der Rhythmus der Schläge und zu groß der Schmerz. Das Blut stieg mir zu Kopf und ich spürte, wie mir Tränen über die Wangen liefen. So hatte ich mir das nicht vorgestellt. Dabei war es nicht so, dass ich es nicht hätte ertragen können: Die Schmerzen hielten sich in Grenzen. Aber ich fühlte mich dabei unendlich erniedrigt. Und wieder und wieder musste ich Woche für Woche auf eigenen Füßen dorthin gehen, musste im Gang warten, mich vor ihnen hinknien und ihren Schlägen ausliefern. Was ich nicht ertragen konnte und was mir bis heute schlaflose Nächte bereitet, ist die Tatsache, dass sie glaubten, mich bestrafen zu müssen. Dass sie glaubten, mich in dieser Weise bestrafen zu dürfen. Die ganze Situation würde ich im Leben nicht mehr vergessen können. Ich wusste vom ersten Tag an, dass ich traumatisiert war für den Rest meines Lebens. Was für eine perfide Strafe diese Zwangserniedrigung doch war. Und was sie in mir auslöste, kann ich bis heute kaum beschreiben, so quält mich die Erinnerung.

33.

Wenn man nicht weiß,
was schlimmer ist

Ein neues Mädchen kam aus der Einzelhaft in den kleinen Trakt. Sie war noch ein Kind. Wer ein so unschuldiges Gesicht und solch ängstliche und zugleich forschende Blicke sieht, muss glauben, dass ein Mädchen wie dieses noch nichts erlebt haben kann. Aber wenn man die Brandmale und Narben an ihrem dünnen Körper sah, an dem noch kaum Brüste knospten, änderte sich dieser Eindruck.

Obwohl sie drei Wochen lang in Einzelhaft verbracht hatte, wechselte sie mit niemandem ein Wort. Jemand wie ich hätte nach einer solchen Frist in tiefer Einsamkeit selbst mit dem Teufel gequatscht. Sie aber antwortete nur knapp auf die Fragen der Mitgefangenen, die sich wie üblich um die Neue geschart hatten, um sich nach ihrem Namen, ihrem Herkunftsort, ihrem Alter und ihrer Geschichte zu erkundigen.

»Ich heiße Wafa«, sagte sie. »Ich bin dreizehn. Ich bin aus Dschidda.«

Dann zog sie sich in eine Ecke zurück, wo sie zwei Tage lang blieb. Beim Beten stellte sie sich in die hinterste Reihe, und beim Essen blieb sie am Tisch jener Mädchen, mit denen sie sich denselben Raum teilte. Sie war wie ein Schatten. Sie sprach nicht, verlangte nichts und lachte nicht. Aber das Seltsamste war, dass sie seit ihrer Ankunft bei uns nie geweint hatte.

Ich war nicht unbedingt neugierig auf ihre Geschichte, schließlich kamen alle paar Tage Mädchen aus der Einzelzelle zu uns herunter. Ich begnügte mich mit dem, was ich sah und hörte, ohne mich zu bemühen, zu viel zu sehen und zu hören. Ich hätte nicht zu sagen gewusst, ob mich der Anblick dieser armen Wesen überhaupt noch berührte – oder ob meine Gefühle schon abgestumpft waren. Wahrscheinlich wollte ich vermeiden, mich noch ohnmächtiger zu fühlen als ohnehin schon. Die Geschichten wiederholten sich, nur die Protagonistinnen wechselten, die Dialekte waren unterschiedlich, und die Verbrecher, die sie hierhergebracht hatten, wandten unterschiedliche Methoden an. Immer wieder erlebte ich, dass eine wegen des Urteils eines Richters oder aus Angst vor der Rache eines männlichen Angehörigen weinend zusammenbrach. Und manche flehten Gott an, Er möge sie für immer in der Anstalt lassen, so schlimm war das, was sie draußen erwartete. Was sollte ich solchen Mädchen antworten, womit konnte ich sie trösten? Es mangelte mir an passenden Worten und Ideen gleichermaßen.

Wieder andere wussten, dass sie nie mehr in Freiheit leben würden, selbst wenn sie freikämen, denn entweder kämen sie zurück zu jenem Mann, vor dem sie geflohen waren, oder sie müssten jemanden heiraten, den die Anstalt für sie wählte. Am Anfang hatte mich das alles sehr erschüttert und großes Mitgefühl ausgelöst. Doch dann verwandelte sich zuweilen bei den Betroffenen selbst das Leid in Gleichmut. Sie gewöhnten sich ein, knüpften Freundschaften, begannen gut zu essen und lachten und scherzten, als hätten sie hier ein besseres Leben gefunden als zuvor. Wie schlimm mussten sie es zu Hause gehabt haben, wenn sie die Hölle der Anstalt dem Leben bei ihren Familien vorzogen! Wie konnte sich hier jemand einleben, zumal nach dem Schock der Einzelhaft?

Ich konnte mich an gar nichts gewöhnen, aber ich entfloh der Realität auf meine Art. Ich wollte die Zauberverse des Korans dafür nutzen, dass sie mir die Tore dieses Gefängnisses öffneten und ich mich erneut in die Arme meiner Familie werfen konnte, die mindestens so sehr wie ich selbst auf meine Entlassung hoffte. Gott meinte es gut mit mir. Er gab mir eine Chance, und ich wollte sie nutzen. Ich musste diesem Elend, das ich um mich herum sah, unbedingt entfliehen!

Aber es dauerte nicht lange, da sprach sie sich bei mir aus. Wafa war gerade von der Sozialarbeiterin Batul zurückgekommen, die ihr offenbart hatte, dass ihr Vater sie am kommenden Samstag abzuholen gedenke. Sie solle sich dann, so Batul, zu Hause doch bitte anständig benehmen, denn wenn sie noch einmal in die Anstalt käme, erwarte sie eine besonders harte Strafe. Und wenn sie wieder von zu Hause wegliefe, käme sie ganz sicher wieder hierher.

Wafa redete und redete, Tränen liefen ihr übers Gesicht und ihr schmächtiger Körper zitterte vor Furcht. Sie schien uns fast anzubetteln, dass wir irgendetwas für sie tun sollten. Als wären wir dazu in der Lage! Ihre eigenen Eltern hatten ihr die Brandwunden und Narben zugefügt, deshalb war sie weggelaufen. Wie sollte sie diese Schmerzen erneut ertragen?

Da sie von ihren Eltern sprach, hieß das, dass ihre Mutter auch zum Täterkreis gehörte, und unwillkürlich fragte ich sie: »Deine Stiefmutter hat dich auch geschlagen?«

Wafa versuchte, beim Schluchzen Luft zu holen, und berichtigte mich: »Nein, meine leibliche Mutter!« Sie habe vergeblich versucht, Batul dazu zu überreden, sie lieber hierzubehalten, statt sie ihren Peinigern auszuliefern. Wenn ihr Vater sie abhole, müsse sie mit ihm mitgehen, da habe die Anstalt keine Handhabe, hieß es. Außerdem sei das hier eine Strafanstalt und kein Wohnheim. Sie solle bitte schön die Zähne zusammenbeißen und die Nähe zu Gott suchen, statt wie eine Schlampe von zu Hause auszureißen.

Nawal konnte nicht mehr an sich halten. Sie sagte: »Warum fällt ihnen das immer dann ein, wenn eine abgeholt werden soll, aber nicht bei uns, die wir in diesem Friedhof ohne jedes Verfahren unsere Lebensjahre vergeuden? Warum sagen sie nicht auch der Regierung, dass das kein Wohnheim ist und dass viele hier ohne jede Schuld einsitzen, nur weil ihre Väter sie nicht abholen kommen?«

Nawal war zu einem Jahr Haft und dreihundert Stockhieben verurteilt, weil sie ohne Wissen ihres Vaters einen Ausländer geheiratet hatte und von zu Hause weggelaufen war. Als die zwei bereits ein Kind hatten, wurden sie festgenommen. Das kleine Mädchen lebte seitdem in einem Kinderheim und wurde manchmal zu Besuch zu ihrer Mutter in die Anstalt gebracht. Dann spielte auch ich gerne mit ihr. Das Kind musste wie eine Waise im Heim aufwachsen, nur weil der Eigentümer ihrer Mutter den Heiratsvertrag nicht unterzeichnet und die Regierung ihn deshalb nicht abgestempelt hatte. Nawals Vater wollte seine Tochter aber auch keinesfalls zurücknehmen, und ihr Mann war wegen desselben Vergehens ebenfalls in Haft. Aber das Sorgerecht für das Mädchen aufzugeben, kam für Nawal nicht infrage. Eher wolle sie tausend Jahre in der Anstalt zubringen, meinte sie.

Wafas Narben und ihre Geschichte machten mich betroffen. Ich konnte nicht glauben, dass eine Frau die eigene Tochter auf eine solche Weise misshandeln kann. Deswegen sparte ich mir jedes weitere Wort, was hätte ich denn auch tun sollen? Ich strich ihr übers Haar und sagte nur: »Gott wird dich von deinem Leid befreien. Vertraue darauf, dass Sein Licht stärker ist als alles Unrecht Seiner Diener.«

So vergingen zwei Tage, Wafa weinte Tag und Nacht, und wir gingen uns waschen und beten und wieder waschen und beten und essen … Hatten die netteren Wächterinnen Dienst, stritten wir manchmal lautstark, und waren wieder still, wenn sie das Dienstbuch und die Schlüssel an die weniger freundlichen übergaben.

Der nächste Besuch meines Vaters war ungewöhnlich schnell vorüber. Die Sozialarbeiterin signalisierte uns, es warte noch ein anderer Mann draußen, und der wolle seine Tochter abholen. Es gab nämlich nur ein Zimmer in der Anstalt, zu dem Männer Zutritt hatten, denn es kamen nur wenige Männer hierher. Die meisten Väter, Brüder oder Ehemänner wollten ihre eingesperrten Töchter, Schwestern und Frauen entweder nicht besuchen oder hatten sie verstoßen.

Ich bat meinen Papa noch, mir beim nächsten Besuch eine Gebetskette mitzubringen, und er versprach es mir gerne. Aber als ich wieder in den Trakt wollte, hörte ich Lärm aus Richtung des Direktionsbüros. Es musste ein Unglück geschehen sein. Suha befahl mir, schnellstens zu verschwinden. Aber ich bekam doch noch mit, wie die Ärztin und die Krankenschwester den unter einem schwarzen Tuch verborgenen Körper eines kleinen Mädchens aus der Krankenstation heraustrugen.

Es war Wafa.

Sie war, so erfuhr ich später, in die Küche in der Direktion eingedrungen, hatte den Putzschrank geöffnet und große Mengen Desinfektionsmittel und Waschpulver verschluckt, um sich umzubringen. Man hatte sie gerettet und ins Krankenhaus gebracht, wo sie zur Beobachtung bleiben musste.

Drei Tage später war sie wieder in der Anstalt. Sie war nun zwar erst einmal vor ihren Eltern geschützt, aber für ihr schweres Vergehen, mit dem sie die Karriere der diensthabenden Wärterinnen, ja der Direktorin persönlich gefährdet hatte, wurde sie in Einzelhaft gesteckt. Und uns wurde eingeschärft, wir würden ebenfalls in der Einzelhaft landen, sollte noch einmal jemand von uns so etwas versuchen. Die Direktorin hatte sogar versucht, Wafa aus dem Krankenhaus heraus an ihre Eltern zu überstellen, aber ihr Vater hatte gekniffen.

Als ich das Essen verteilte, sah ich Wafa in der Einzelzelle hocken. Es ging ihr offensichtlich sehr schlecht. So war das hier bei uns in der Anstalt: Sogar ein Selbstmordversuch wurde als Akt des Ungehorsams aufgefasst und entsprechend bestraft.

34.

Der Himmel über der Anstalt

An die frische Luft zu gehen, das war nicht vorgesehen. Selbst in Hochsicherheitstrakten ausländischer Gefängnisse durften die Gefangenen Runden im Hof drehen. Aber wir blieben immer im Haus. So war es vorgesehen.

So gewöhnte ich mir an, aus dem Fenster zu starren, wann immer ich Gelegenheit dazu hatte, und im besten Falle vergaß ich darüber die Zeit. Da tauchte der alte dünne Kater mit dem roten Fell auf. Niemand wusste, wann und wie er hergekommen war, aber er wohnte schon ewig in der Anstalt. Er strich Tag und Nacht durch die Gänge und kletterte auf den Mauern herum, aber er lief nie weg, hinaus in die Freiheit. Bestimmt hatte er sich an das Leben hier gewöhnt, und er hatte Angst vor der Hitze, vor Hunger und Durst – und dem Tod in der Gosse.

Er lief zwischen den Resten vertrockneter Pflanzen umher, und ich dachte darüber nach, wie dumm dieser Kater war. Er konnte durch alle Gitterstäbe schlüpfen, und so beweglich, wie er war, hätte er jedes Hindernis überspringen können. Wie ich ihn beneidete! Er hätte überall leben können, und aus meiner Sicht war es überall besser als hier in der Anstalt. Aber sah er die Dinge so wie ich? Dachte er überhaupt nach? Oder war er vorher durch die Straßen geirrt und hatte vor Kindern flüchten müssen, die ihm nachstellten? Hatte er vielleicht keine Lust mehr gehabt, von einer Mülltonne zur nächsten zu laufen, um Essensreste zu suchen und in der Hitze des Tages Abwasser aus Straßenpfützen zu trinken?

Vielleicht war er es auch leid, von Angehörigen seiner Art und unserer Art gejagt und schikaniert zu werden, und hatte hier in der Anstalt endlich einen Unterschlupf, Essen und Frieden gefunden. Wer weiß, vielleicht war seine größte Furcht die, dass ihn jemand über die Mauer warf und er wieder auf der Straße leben musste.

Vielleicht war ja gar nicht er der Dumme, sondern ich. Vielleicht war mein Denken beschränkt, wenn ich nur daran dachte, der Anstalt zu entkommen. Schließlich lebten da draußen Menschen wie Ulas Vater und Mahas Mann. Und ging es einem Mädchen wie Intisar, die auf der Straße lebte, wirklich besser als mir hier drin? Wie war es mit jenen, auf die da draußen Tod, Qual oder Vergewaltigung warteten? Und ich riet ihnen, trotzdem zurück zu ihren Familien zu gehen und im Notfall von dort zu flüchten! Als ob das eine neue Idee wäre; sie hatten es ja x-mal versucht! Und dann landeten sie doch immer wieder hier und bekamen Sonderstrafen. Nein, auf unseren Straßen konnte niemand leben. Hunger, Durst und Belästigung durch Fremde waren nicht besser, als hier drin eingesperrt zu sein.

Und selbst Katzen war in unserem Land kein Glück beschieden. Es ging ihnen nur so gut, wie ihre Besitzer wollten. Und wenn sie flohen, dann erging es ihnen wie diesem Kater, der wohl für immer dünn bleiben würde. Vielleicht hatte ich gerade von ihm geträumt, dem Kater auf dem Anstaltsgelände, und meinem Wunsch nach Freiheit, als Geschrei und Gepolter mich aufweckten. Ich riss mir die Augenbinde herunter. Alles rannte hin und her, schrie und weinte. Was war jetzt wieder los? Brannte es irgendwo? Warum hatte mich dann niemand geweckt?

Ich rannte auf den Flur. Drei Wärterinnen standen am Ende des Korridors hinter der Tür und beobachteten mit besorgten Blicken das Geschehen. Die Gefangenen baten vergeblich darum, dass ihnen die Tür zum Mittelrund geöffnet würde. Alle schienen verrückt geworden zu sein und schrien und fluchten und verwünschten die Regierung und die Anstalt.

Ich versuchte zu fragen, was passiert war, aber niemand reagierte. Dann sah ich, wie sich alle in den Waschraum drängten.

Ich wollte wissen, was vorgefallen war, und hatte zugleich Angst vor dem, was mich dort erwartete. Und die verdammten Wärterinnen hielten die Durchgangstür verschlossen, und dazu guckten sie auch noch so verschreckt! Man kam kaum in den Waschraum hinein, so voll war es. Ich zwängte mich an einer nach der anderen vorbei.

Ein Mädchen lag reg- und leblos auf dem Boden. Es war niemand anders als Rihab. Sie war erst zwei Monate zuvor in die Anstalt gekommen. Ihre bronzefarbene Haut war erschreckend blau angelaufen, die Lippen violett. Um ihren Hals hatte sie den Überwurf gewickelt, den sie immer zum Beten tragen musste.

Ich beugte mich über sie. Was ich fühlte und dachte, weiß ich nicht mehr. Sie musste sich umgebracht haben, aber ich weigerte mich, das zu glauben.

Plötzlich hörte ich nichts mehr, kein Weinen, kein Schreien, kein Fluchen, nichts. Die heilige Stadt Mekka, ja das ganze Königreich schien für einen Moment still zu sein, vom Meer verschluckt, einfach weg.

Ich kniete mich neben Rihab und berührte ihre Wangen. Ich schüttelte ihren Arm und sagte: »Was ist los mit dir, steht, auf!«

Neben mir heulte ein Mädchen: »Rihab hat sich umgebracht!«

Aber Azza Rashid legte den Kopf auf Rihabs Brust und sagte: »Sie atmet! Geht mal weg, damit sie mehr Luft bekommt!«

Ahlam zog meinen Arm weg, denn mittlerweile waren die Ärztin und die Krankenschwester eingetroffen.

Ich stand wie angewurzelt da.

»Helft mir beim Tragen, Mädchen!«, rief die Ärztin.

Wir fassten zu und brachten sie zu einem Krankenwagen, der bereits im Hof stand. Dann versperrte eine Aufseherin wieder die Tür und schnauzte uns an: »Los, sofort zurück auf eure Zimmer! Und all euer Meckern über die Anstalt wird morgen der Direktion vorgetragen!«

Fast alle von uns blieben den Rest der Nacht wach, aber manche flüchteten sich auch in den Schlaf. Ich dachte daran, zu beten, aber ich konnte mich nicht konzentrieren. Stattdessen blätterte ich im Koran, schloss ihn gleich wieder, denn was ich gesehen hatte, quälte mich. Die arme Rihab! Ohne Hoffnung leben zu müssen, je wieder hier rauszukommen. Nur ein Ehekandidat hätte sie noch befreien können, aber wer weiß, wann und was für einer da gekommen wäre! Andere warteten darauf schon Jahre.

Rihab war von ihrem eigenen Vater vergewaltigt worden. Und nun sollte sie ihn anbetteln, sie wieder zurückzunehmen? Ihm in die Augen schauen? Natürlich war es ihr lieber gewesen, zu sterben! – Nein, das durfte ich nicht denken! Warum strafte Gott sie dann aber dafür, den Tod zu suchen? Er wusste doch, was ihr angetan worden war! Oder war das wieder eine Seiner berühmten Prüfungen?

Mein Glaube an jenen angeblich so barmherzigen Gott, dessen Worte ich tagaus, tagein las, brachte mich an den Rand des Wahnsinns. Ich versuchte, nicht darüber nachzudenken, aber das ging nicht. Am Ende tröstete ich mich damit, dass in jedem Leid wohl irgendwie Gerechtigkeit lag.

Nach zwei Tagen wurde Rihab aus dem Krankenhaus entlassen. Die stellvertretende Direktorin hatte sich eine schöne Strafe für ihr Vergehen ausgedacht. Sie versammelte uns alle im Gebetsraum, wo Rihab vor unseren Augen gedemütigt und geschlagen wurde. Rihab selbst sprach kein Wort. Sie nahm es ungerührt hin, dass die Sozialarbeiterin sie mit einem Stock auf die offenen Handflächen schlug, ohne einen Laut von sich zu geben. Natürlich belehrte uns die Sozialarbeiterin dabei, dass Rihabs Tat ein Verbrechen gegen Gott gewesen sei, und drohte jeder, die daran dachte, dasselbe zu tun, mit einem ebenso schlimmen Schicksal. Danach verschwand Rihab für mehrere Wochen in einer Einzelzelle ...

35.

Ein Geräusch von Freiheit

Der Motorenlärm der Autos auf einer nahen Schnellstraße trug mich in Gedanken fort. Wie ungewohnt der Klang war. Zwischen mir und der Straße gab es lediglich eine Mauer, und die vorbeifahrenden Autos erweckten in mir plötzlich diese Sehnsucht, draußen auf dieser Straße zu stehen, über mir der Himmel und um mich herum Autos. Freiheit, dachte ich, so klingt die Freiheit! So klingt es, wenn einem die Welt gehört und einen keine Mauern einengen!

Der nächtliche Himmel erweckte in mir zusätzlich ein Gefühl tiefer Verbundenheit mit allem, was über mir war, so als stecke alles Erhabene und Große auch in mir selbst, und diese Verbundenheit konnten weder Stein noch Gitter aufheben. Je weiter ich in die Ferne starrte, desto mehr wurde ich von dieser wundersamen Stimmung ergriffen.

Der Mond war bereits untergegangen, und umso schöner trat das Leuchten der Sterne aus der Dunkelheit hervor, und sie schienen mir so lebendig wie ich selbst. Ich hob den Kopf und atmete tief ein, um mich in die Realität zurückzuholen.

Die Krankenschwester hatte auf Bestellung der Wärterinnen Süßigkeiten aus Ägypten mitgebracht, und Ahlam und ich halfen ihr dabei, alles aus dem Auto zu laden. Wir bekamen dafür selbst ein paar Stückchen ab, aber darum ging es mir nicht. Ich hätte ihr auch beim Steinetragen geholfen, Hauptsache, ich konnte einmal den unverstellten Himmel sehen und das Geräusch der Freiheit so deutlich hören. Nichts konnte schöner sein!

Wir stiegen die Treppe hoch. Zum ersten Mal sah ich das Gebäude, in dem die Krankenschwester wohnte. Es grenzte an die Anstalt. Dabei war es uns Gefangenen strengstens verboten, überhaupt in den Hof oder gar noch weiter weg zu gehen. Wenn die Direktorin das erführe, würde sie alle bestrafen, die damit zu tun hatten, aber diesmal hatten die Wärterinnen der Krankenschwester erlaubt, uns als Helferinnen einzusetzen. Vielleicht weil sie gut mit ihnen stand. Vor allem aber, weil sie das leckere und süße Gebäck aus Ägypten mitgebracht hatte.

»Wartet hier«, sagte sie, während sie ihr Zimmer aufschloss. Dann nahm sie uns die Keksdosen aus der Hand. Ich freute mich, dass ich ein paar Sekunden länger herumstehen durfte, von mir aus hätten es Stunden sein können. Leider aber brachte uns die Krankenschwester schon nach zwei Minuten zurück in die Anstalt.

Danach rief ich mir das Gefühl wieder und wieder in Erinnerung. Ich hatte nicht geahnt, dass ich Autolärm einmal so schön finden würde und dass selbst ein dunkler Nachthimmel in mir solche Gefühle wecken könnte.

Ich machte mir eine Liste mit den Dingen, die ich tun wollte, wenn ich in Freiheit wäre. Ganz oben notierte ich: An einer Straße stehen und den Autos zuhören. Und dann: Andächtig in den Himmel sehen und das wechselnde Farbenspektakel im Laufe des Tages bestaunen.

In diesem Moment kam Azza Rashid herein und fragte mich laut krächzend: »Wie weit bist du mittlerweile mit dem Koran, Kholoud?«

Ich schaute sie schief an und fragte sie: »Musst du eigentlich immer so krakeelen? Du stehst direkt neben mir, wozu schreist du so?«

Sie lachte durchdringend und schrie: »Ich schrei doch gar nicht! Ich spreche ganz normal. Nur ihr denkt, dass ich schreie.« Sie fand es immer noch lustig. Sie gehörte zu jener Sorte, die auch dann lachen konnte, wenn es nichts zu lachen gab. Nur wenn alle anderen lachten, dann gefror ihr Lächeln.

»Also, sag schon«, röhrte sie weiter. »Wie weit bist du mit dem Koran-Memorieren? Oder hast du Angst, ich könnte dich beneiden?«

»Gott der Herr schütze uns vor dem Neid und den Neidern«, sagte ich und blickte auf das Buch, das ich in Händen hielt. »Abschnitt fünfundzwanzig«, antwortete ich ihr.

»O mein Gott!« Ihre Augen weiteten sich. »O mein Gott! Du bist schon bei Abschnitt fünfundzwanzig? Und bist noch nicht einmal ein Jahr lang hier? Gott schütze dich!«

Die abergläubische Angst, beneidet zu werden, ist bei uns weit verbreitet, und auch ich hatte die Furcht, dass jemand, der mir Neid entgegenbrachte, mir dadurch schaden könnte. Ebenso ist es aber üblich, dem Neidenden gegenüber diese Sorge auf keinen Fall zu zeigen. Muslime glauben, dass der Neid anderer ihnen Unglück bringt, und sie verfluchen die vermeintlichen Neider nur dann, wenn sie nicht in der Nähe sind.

Seit ich in der Anstalt wohnte, hatte ich die Sorge, andere Mädchen, die nie besucht wurden und nach denen sich niemand erkundigte, könnten mich darum beneiden, dass ich regelmäßig Besuch von meinem Vater und Anrufe von meiner Mama bekam. Es war nur natürlich, dass sie mich darum beneideten, und sie konnten gar nichts dafür, dass sie das taten. Es war aber eher Sehnsucht als Missgunst, so, wie ein Hungriger sich wünscht, essen zu können, wenn er sieht, wie jemand anderer sich satt isst. Besuche waren für uns in der Anstalt nicht nur Gelegenheiten, Verwandte zu sehen, sondern sie waren so etwas wie die Aussicht auf Rettung. Denn nur wer Angehörige hatte, die einen nicht verstoßen hatten, konnte überhaupt wieder in Freiheit kommen. Alle anderen mussten auf Gottes Ratschluss warten oder auf einen Freier, der auf ein billiges Brautgeld aus war. Es war für sie wie das Gefühl eines in der Wüste Verlorenen, der in der Ferne Karawanen vorbeiziehen sieht, die ihn ungerührt sitzen lassen.

Ich fühlte mich deshalb regelrecht beobachtet von den anderen Mädchen, die ebenfalls den Koran auswendig zu lernen versuchten: Azza, Manal und Amani waren sehr beeindruckt davon, wie leicht ich mir die Verse und Suren merken konnte. »Kholoud muss Engel um sich haben, die ihr dabei helfen«, hörte ich sie manchmal sagen, und selbst meine Lehrerin Futeima hatte das einmal gesagt. Ich jedenfalls wusste nichts von einem Engel.

Es hieß, dass sich auch andere Mädchen mehr Mühe gaben, das heilige Buch auswendig zu lernen, seit ich da war. Ich selbst war viel zu beschäftigt, um das wahrzunehmen. So vertieft war ich ins Lernen, dass ich gar nicht wusste, wie viel ich jeweils schon konnte und wie viel mir noch bevorstand.

In jener Nacht schlief ich ruhig und friedlich wie ein Kind ein. Sobald ich mein Haupt auf das Kissen gebettet hatte, endete der Lärm meiner Gedanken. Zum wiederholten Mal sah ich im Traum ein großes Schiff, aber diesmal war ich selbst an Bord und empfing irgendwelche Besucher. Ich erkannte sie nicht, weil mich das Geräusch ablenkte, mit dem die hohen Wellen am Holz des Schiffsrumpfs brachen.

Als ich Ahlam am nächsten Tag von meinem Traum erzählte, erklärte sie mir, das Meer stehe im Traum für die Erfüllung eines Wunsches, und das Schiff für Rettung. Und da ich selbst auf dem Schiff gewesen sei, hieße das, meine Rettung sei nah. Wenn diese Deutung stimmte, dann konnte es sich bei dem betreffenden Wunsch nur darum handeln, der Anstalt zu entkommen.

Ahlam war mir zu einer engen Freundin geworden, und nur ihr erzählte ich meine Träume. Schon der Prophet soll einmal gesagt haben, man solle seine Träume nur geliebten Menschen mitteilen, denn sonst sei wiederum die Gefahr der Missgunst gegeben, sollte es sich um einen guten Traum handeln. Und nur eine geliebte Person werde einem die Träume positiv deuten. Deshalb sollte ein Muslim Albträume gar nicht erst weitererzählen.

Ich mochte viele der Mädchen in der Anstalt, aber Ahlam hatte bei mir einen besonders hohen Stellenwert, und oft betete ich zu Gott, er möge ein Wunder bewirken, damit sie nicht die Todesstrafe erleiden musste.

Auch wenn es viele dunkle Momente gab, in denen es keinen Platz gab für Wunder und Träume, erlosch die Hoffnung nie ganz.

36.

Der Menschenrechtsausschuss

Bisweilen besuchten Mitarbeiter des Menschenrechtsausschusses die Anstalt. Sie kamen unangemeldet, um der Direktion keine Gelegenheit zu geben, etwas vorzubereiten oder zu verbergen. Wir, die Insassinnen, waren daran gewöhnt, den Prüfern zu sagen, was man uns vorab diktiert und eingeimpft hatte: dass alles in Ordnung sei. Das hatten wir zu sagen, egal, ob es um den Besuch eines Verwandten ging oder eben um den eines der Mitarbeiter des Menschenrechtsausschusses.

Wir wurden tatsächlich häufig von einer Prinzessin besucht, die sich für soziale Angelegenheiten engagierte. Bei jedem der Besuche brachten sie und ihre Begleitung Spenden mit. Ich fand nicht, dass mich das zu interessieren hatte, solange sie sich nicht einmal für diejenigen einsetzte, die zu Unrecht für lange Zeit in der Anstalt einsaßen. Erst im Nachhinein habe ich herausgefunden, dass ihre Macht tatsächlich beim Spenden endete. Im Prinzip aber sollte das der Anstalt zur Verfügung stehende Budget alles decken, was wir brauchten.

Wir aber wussten, was uns fehlte. Und als wir den Mitarbeitern des Menschenrechtsausschusses steckten, dass wir keinen Freigang an der frischen Luft zugestanden bekamen, waren sie entsetzt. Sie teilten uns mit, dass wir jeden Tag mindestens für eine Stunde zum Freigang in den Innenhof dürften.

Da war es für uns klar, dass wir ihnen auch von den anderen Problemen berichten wollten. Mit »wir« meine ich Ahlam, Manal und mich. Wir wussten, es war gefährlich, diese Entscheidung zu treffen.

Manal sagte: »Ich fühle mich in dieser Situation, als würde ich aus der Anstalt ausbrechen!«

Es würde uns bestimmt als Verbrechen ausgelegt, unsere Rechte einzufordern. Damit würden wir die Direktorin provozieren, und sobald die Mitarbeiter des Menschenrechtsausschusses verschwunden waren, würden wir ihr ausgeliefert sein. Trotzdem waren wir fest entschlossen.

Es gab dabei allerdings ein großes Problem: Wie sollten wir mit den Mitarbeitern des Ausschusses reden, wenn Mariam dabei war, der »Spitzel der Direktion«?

Wir teilten uns auf, als das nächste Mal Vertreter des Menschenrechtsausschusses in der Anstalt waren. Wie immer wurden wir in der Moschee befragt, aber wir wussten, Mariam konnte nicht jeder Gruppe zuhören.

Die Prüfer fragten uns höflich, ob es etwas gab, was uns störte oder ob jemand von uns einen Wunsch hätte.

Mit leiser Stimme und mit sorgfältig überlegten Formulierungen haben wir uns an dem Tag beschwert, obwohl Mariam die ganze Zeit über dabei war. Dabei wagten wir es keineswegs, über all unsere alltäglichen Probleme zu sprechen. Gerade diejenigen, die am meisten unter Exzessen gelitten hatten, konnten sich nicht äußern, da sie wussten, dass sie unter der Kontrolle der Direktorin so lange einsitzen mussten, bis der Bräutigam käme, der sie befreite.

Also beschwerten wir uns über grundlegende Dinge, wie zum Beispiel über den Mangel an Essen und Trinken, denn wir wussten, wir erhielten nur die Hälfte der Menge, die uns zustand. Und wir sprachen darüber, dass die Direktion uns untersagt hatte, von den Besuchern irgendetwas geschenkt zu bekommen. Nichts durften wir in die Anstalt mitbringen und nichts nachträglich entgegennehmen. Das war für uns extrem schwierig, und der Punkt musste unbedingt angesprochen werden.

Bisher hatte ich gedacht, dass dieses Verbot Folge einer Anordnung wäre, der sich die Anstalt auf Befehl des Ministeriums für Inneres und Soziales fügen müsste; also eine Art rechtlich geregelte Form der Strafe. Aber der Vertreter des Menschenrechtsausschusses war der Meinung, dass dieses Gebaren nicht toleriert werden könne. Und bei der Frage der Lebensmittel vermutete er sogar, dass das Budget der Anstalt manipuliert würde. Es gab genaue Zuteilungen für das Haus, wer aber erhielt das, was bei uns nicht ankam?

Mariam beobachtete uns genau, als hätte ihr sechster Sinn sie gewarnt. Sie behielt uns im Blick, als wollte sie sagen: »Ich kenne euch ja!«

Wir ignorierten das bewusst und ließen uns dieses eine Mal den Mund nicht verbieten. Nach Ende des Besuchs gingen wir unschuldig in unseren jeweiligen Trakt, als sei nichts geschehen. Dann aber kam der nächste Mittag.

Direktorin Hakima holte uns aus unserem Trakt, baute sich vor uns auf und hielt eine Rede: Sie wolle uns mit einem einzigartigen Sonnenbad »belohnen«. Sarkastisch sagte sie wörtlich: »Ihr wollt in die Sonne, und ich werde euch den Wunsch erfüllen.«

Und das tat sie: Sie ließ uns in den Hof, genau um 13:00 Uhr mittags in einem der heißesten Sommermonate, die es in Mekka gibt.

Wir waren überzeugt, wir müssten sterben. Irgendwann wäre uns der Tod sogar lieber gewesen. Direkt in der Sonne zu stehen, das war in dem Moment so ähnlich, als würde man nackt im Winter auf einer Straße in Sibirien verweilen. Wir wussten: Das war lebensgefährlich.

Ich kam an einen Punkt, an dem ich wusste, ich würde gleich das Bewusstsein verlieren, als wir so dastanden, eine neben der anderen. Wir bildeten einen geordneten Ring, mussten bleiben, wohin sie uns gestellt hatte, während sie sich in den Schatten verzog und uns eine Predigt hielt. Und das geschah nicht nur einmal, sie bestand darauf, das fast jeden Tag so beizubehalten, bis sie ihre Wut an uns ausgelassen hatte. Zum Glück wurde sie es irgendwann müde, uns rauszuholen in den prallen Sonnenschein und uns mit dem zu foltern, was hätte tödlich enden können.

Natürlich ließ sie es nicht dabei bewenden. Auch die Nahrungsmittel wurden uns weiter gekürzt, wir erhielten von einem Tag auf den anderen nur noch ein Viertel der uns zustehenden Menge, also noch einmal die Hälfte von dem, was wir vor unserer Beschwerde erhalten haben.

So endete der unkluge Versuch, uns beim Menschenrechtsausschuss zu beklagen. Und niemand wird mich von der Überzeugung abbringen, dass es den Menschen in Saudi-Arabien eher zugutekäme, wenn man das Menschenrechtsgebäude, das in der Stadt Gharbia liegt, einfach in ein Fast-Food-Restaurant umwandeln würde.

37.

Nicht ohne meinen Vormund

Es war ein Tag wie jeder andere, als Saliha, die Tochter des Inspektors, in den Speiseraum kam und über das ganze Gesicht strahlte, als hätte man ihr mitgeteilt, sie werde entlassen.

Ahlam lächelte ihr wohlwollend zu und fragte sie: »Was gibt es denn, Saliha? Wollen sie dich verheiraten?«

Salihas Lächeln erstarb, und sie antwortete: »Um Gottes willen! Ich soll aus dieser Anstalt heraus heiraten? Das möge der Himmel verhüten. Außerdem sind wir zur Strafe hier, nicht um zu heiraten.«

»Was ist denn dann los?«, schaltete ich mich ein.

Saliha knetete die Hände, stieß einen Seufzer der Erleichterung aus und sagte: »Gott sei gepriesen! Meine Schwester ist da.«

»Wo ist deine Schwester?«, wollte Ahlam wissen.

Saliha zeigte nach oben und sagte: »Oben. In Einzelhaft.«

Ich verschluckte mich an einem Bissen Reis und bekam einen Hustenanfall. Allein der Gedanke, meine eigene Schwester müsste hier ausharren!

Saliha reichte mir ein Glas Wasser. »O Gott«, sagte sie. »Bestimmt spricht gerade jemand über dich, und du hast dich deswegen verschluckt.«

»Von wegen jemand spricht über mich«, entgegnete ich. »Was du da Krasses von dir gibst, reicht vollkommen, dass einem das Essen im Hals stecken bleibt.« Ich nahm einen weiteren Schluck Wasser. »Bist du verrückt geworden, Saliha?

Du schwebst vor Freude darüber, dass deine Schwester zum zweiten Mal eingesperrt worden ist?«

»Ihr kapiert das wohl nicht«, sagte Saliha zu Ahlam und mir. »Meine Schwester ist mir der liebste Mensch auf der Welt. Warum sollte ich mir nicht wünschen, dass sie in meiner Nähe ist?«

Manal, die bisher geschwiegen hatte, schaltete sich ein: »Dann erklär uns mal, liebe Philosophin, was daran so toll sein soll. Aber vergiss nicht, dass du es hier mit Mädchen zu tun hast, die lieber in der Hölle wären als in dieser Anstalt!«

Saliha lachte und setzte an: »Erst möchte ich euch etwas fragen.«

»Bitte schön«, sagte Ahlam und aß weiter.

»Was darf eine junge Frau nach saudischem Gesetz ohne ihren Vormund tun?«, fragte Saliha.

»Viel«, antwortete ich. »Es hat sich schon vieles verändert. Als Frau darf man heute schon selbstständig einen Ausweis beantragen, man kann sich an Schulen und Universitäten einschreiben, man darf arbeiten ...«

»Ganz toll, Scheicha Kholoud«, spottete Saliha. »Und wenn ihr Vormund nach ihr sucht und eine Vermisstenanzeige gestellt hat? Wenn man also nach ihr fahndet, kann sie dann immer noch zum Amt und studieren und arbeiten?«

Wir schwiegen, nur Manal schaute skeptisch.

Saliha fuhr fort: »Ob ihr nun echte saudische Frauen seid oder eher so eine ganz Moderne«, dabei zeigte sie auf mich, »ihr alle wisst, dass ihr ohne Vormund weder heiraten noch ins Ausland reisen könnt. Und wenn man gesucht wird, muss man sich wie eine Ratte verstecken, bis einen die Polizei findet oder man von sich aus zu seinem Vormund zurückgeht. Aus diesem Strudel kommt man nicht heraus. Ade, Zukunft.«

Wir schwiegen noch immer.

Siegesgewiss fuhr sie fort: »Ihr alle wollt hier um jeden Preis raus, weil euch da draußen ein wunderbares Leben erwartet. Ich möchte auch hier raus, obwohl ich meinen Vater abgrundtief hasse. Er ist immer noch besser als andere. Aber wenn wir jetzt zu ihm zurückkämen, würde er es uns nie verzeihen, dass wir weggelaufen sind und ein paar Tage ohne seine Aufsicht waren. Deswegen lässt er mich ja hier drin schmoren. Das ist seine Rache. Ich kenne ihn. Das ist der Grund, warum es mich freut, dass meine Schwester hier ist, denn nun wird er uns für ein paar Monate in Ruhe lassen. Danach wird er uns sowieso wieder zu sich zurückholen.«

»Was macht dich so sicher, dass er euch wiederhaben will?«, fragte Manal.

Saliha lachte spöttisch. »Natürlich nimmt er uns zurück. Glaubst du, dieser größenwahnsinnige Kommissar würde es irgendwelchen Beamtinnen wie denen hier in der Direktion überlassen, einen Mann für seine Töchter zu finden? Dazu ist er viel zu stolz. Er betrachtet diese Anstalt als Einrichtung in seinen Diensten. Er hält sich selbst sogar für ranghöher als unsere Direktorin, weil«, sie hob die Finger, als wolle sie ihn zitieren, »›... ich es bin, der das Land vor Staatsfeinden schützt.‹«

38.

Zeit der ersten Abschiede

Wer hätte gedacht, dass ein furchtbarer Tag ausgerechnet die Zeit der Abschiede einläuten sollte, wie ich diese Phase meiner Haft bei mir nannte.

Der erste Moment war richtig ekelhaft: Eine Ratte war in den Nudeltopf gesprungen und darin umgekommen, während Amani gekocht hatte. Amani hatte die Nudeln mit der Ratte weggekippt, und Manal hatte daraufhin als Ersatz aus der Speisekammer Käse und Brot geholt, die eigentlich für das Frühstück am folgenden Tag waren. Mir war der Appetit gründlich vergangen, als ich davon gehört hatte, und ich hatte Amani gefragt, ob sie denn wenigstens auch den Topf, in dem die Ratte gewesen war, entsorgt hätten. Sie machte sich deswegen über mich lustig. Das hatte Amani so an sich, sie konnte mich in null Komma nichts auf die Palme bringen.

Aber dann wurde tatsächlich entlassen, wer hätte das gedacht. Die Aufseherinnen Khadija und Zainab stürmten eines Tages Amanis und Ashdjans Zimmer, und alle außer den beiden mussten den Raum verlassen. Dann stellten sie alles auf den Kopf. Es war die erste Zimmerdurchsuchung dieser Art, die ich erlebte, und sie betraf ausgerechnet Amani, die bisher noch nie sanktioniert worden war.

Kurz darauf kam Khadija mit einem kleinen Handy aus dem Zimmer. Amani und Ashdjan standen da, als würden sie gleich einen Kopf kürzer gemacht. Seltsamerweise sah auch Manal, die neben mir auf dem Flur wartete, ganz betreten drein, als habe sie von der Sache gewusst.

Die Aufseherinnen zogen ab, und sie hinterließen die unbestimmte Drohung, dass diese Sache ein Nachspiel haben werde.

Amani blieb im Korridor stehen, und als ich sie fragte, was so besonders daran sei, dass bei Ashdjan ein Handy gefunden worden war, erzählte sie: »Die Direktion hat bemerkt, dass Ashdjans Bruder ihr bei seinem letzten Besuch einen Akku zugesteckt hat.« Und sie erklärte mir, warum sie Angst hatte: Sie sei jetzt bestimmt auch dran, schließlich sei sie Ashdjans Freundin.

Ich aber erwiderte: »Und wovor hast du Angst? Wenn wir ein Stück Brot aus dem Essensraum schmuggeln, werden wir bestraft, als wären es Drogen gewesen. Der unerlaubte Besitz eines Telefons gilt ja selbst nach den seltsamen Gesetzen unseres Landes nicht als Verbrechen. Was ist also das Schlimmste, was dir für die Mitwisserschaft blühen kann?«

»Einzelhaft«, sagte sie nach einer Weile.

»Jetzt kapierst du es langsam«, sagte ich. »Einzelhaft ist das Schlimmste, was dir oder Ashdjan passieren kann. Und lange kann die nicht dauern, denn du kriegst jede Woche Besuch. Maximal zweimal werden sie dir verbieten, Besuch zu bekommen, sonst würden deine Angehörigen Beschwerde einreichen. Außerdem hast du nur noch zwei Monate abzusitzen. Tu einfach so, als täte es dir leid und als hättest du nichts davon gewusst. Um Ashdjan brauchst du dir keine Sorgen zu machen. Solange sie heult und reuig wirkt, werden sie sie nicht allzu sehr misshandeln.«

»Du hast recht«, setzte Amani an, aber sie konnte nicht weitersprechen.

Zainab platzte herein und rief: »Amani, Ashdjan! Packt eure Sachen!«

»Hab ich's dir nicht gesagt?«, flüsterte ich. »Keine Angst, du wirst nicht lange dort bleiben.«

Tatsächlich war Amani nur wenige Tage in der Einzelzelle, aber Ashdjan musste volle zwei Wochen absitzen.

Und Manal, die Mitwisserin? Sie war erleichtert, dass man nur das Telefon gefunden hatte und nicht das Haschisch! Das war Ashdjan nämlich bei ihren Besuchen auch zugesteckt worden, aber die Sozialarbeiterin hatte es nicht mitbekommen. Ich erschrak. Haschisch hier in der Anstalt? Wie hatte Ashdjan das geraucht, wie hatte sie es in den Trakt bekommen, und wie hatte Amani das mitbekommen? Freundschaft hin oder her, es gab Sachen, die konnten zu einer Strafverschärfung führen! Es war Amani wohl einmal aufgefallen, dass Ashdjan »schläfrige rote Augen und gute Laune« hatte. Sie hatte sofort geahnt, was los war, und die Freundin dazu gezwungen, ihr etwas davon abzugeben.

Amani erklärte mir: »Natürlich konnten wir es nicht rauchen. Wir kauten es, bis es sich auflöste. Schön wäre das, wenn wir hier rauchen könnten! Wir wären high, bis wir eines Tages endlich rauskämen. – Ach, wären wir doch in einem normalen Gefängnis!«

Dann aber stellte sich heraus, dass weder Handy noch Hasch das eigentliche Problem gewesen waren: Ashdjans Besucher, den sie jede Woche empfing, war gar nicht ihr Bruder gewesen, sondern ihr Geliebter! Er hatte sich einen Ausweis gefälscht, in dem derselbe Nachname wie der von Ashdjan stand, um sie besuchen zu dürfen. Das war wahre Liebe, denn es war endlos mutig von beiden gewesen! Doch nun saß auch Ashdjans Geliebter im Gefängnis, nichts wurde so hart bestraft wie verbotene Liebe! Ashdjan selbst sollten wir nie mehr wiedersehen.

Amani trauerte um ihre Freundin. Dann aber wurde sie entlassen, als sie drei Viertel des Korans auswendig gelernt und ein gutes Führungszeugnis bekommen hatte. Wir verabschiedeten uns von ihr, indem wir bis zum Morgengrauen quatschten. Dann umarmte sie uns alle nacheinander. Es war ein komisches Gefühl, als sie mich in die Arme nahm und sagte: »Kholoud, ich werde dich sehr vermissen. Und unser Gezanke. Aber wenn du rauskommst, mach ich eine Feier für dich!«

Dann nahm sie das Gebetsbuch, das mir meine Mama mitgegeben hatte, und schrieb in die Buchmitte versteckt die Telefonnummer ihrer Familie.

Sie drehte sich noch einmal um, als sie schon zur Direktion geführt wurde, wo ihre Mutter auf sie wartete, und winkte uns. Ich blickte ihr nach, bis sie weg war. Selbst bei ihrem Abschied machte sie mich noch wütend. Ich hatte mich so an sie gewöhnt, und ich hasste Abschiede. Ich kämpfte mit widersprüchlichen Gefühlen und schwieg den ganzen folgenden Tag, bis ich abends einen Heulkrampf bekam. Ich öffnete das Büchlein, betrachtete Amanis Nummer und wusste, dass ich sie bestimmt niemals anrufen würde. Ich hatte nicht vor, mich später mit Ehemaligen zu treffen. Ich wollte nichts von diesem Ort behalten, auch keine Erinnerungen. Uns verband nichts außer der Anstalt. Alles wäre vergessen, sobald ich das Tor in die Freiheit durchschreiten würde. Ich würde sie alle vergessen, so, wie ich meinen Geliebten vergessen hatte, wegen dem ich hier einsaß. Auch ihn würde ich nie mehr sehen wollen.

Ich überlegte lange, dann nahm ich einen Stift und übermalte Amanis Nummer. Mein Herz mochte nicht, was meine Hand tat, aber mein Verstand wollte es so.

Trotzdem hinterließ Amani eine Leere, die ich lange spürte. Ich hatte wirklich nicht gewusst, wie viel sie uns bedeutet hatte. Ich war es gewohnt, Abschied zu nehmen, denn viele gingen, während ich in der Anstalt war, und für die meisten freute ich mich, aber nur bei wenigen war es eine so schmerzliche Freude.

Dann plötzlich lief eine Glückswelle durch unseren Trakt. Aus Mariams Zimmer heirateten drei Mädchen. Eine von ihnen hatte nach drei sinnlosen Jahren auf das Sorgerecht für ihr Kind verzichtet, woraufhin sie freikam.

Auch Nawal schickte der Himmel einen Bräutigam, der sich einverstanden erklärte, ihre Tochter mit ihr großzuziehen, und so gewann sie die Freiheit. Plötzlich schien Gott nach Jahren alle Gebete zu erhören.

Selbst Badriya, deren Leben von einem Wort ihres Großvaters abhing, hatte auf eine Art Glück: Sie wurde dreißig und nun zumindest in ein reguläres Gefängnis verlegt. Und dort würde man sie entweder eines Tages enthaupten oder ihr das Tor zur Freiheit aufschließen.

So verließ ein Gesicht nach dem anderen die Anstalt, und neue, ängstliche tauchten auf und schauten sich forschend um. Und mit jedem von ihnen sollte ich neue Geschichten kennenlernen. Schicksale, die ich betrauerte, die mich wütend machten oder vor Zorn fast lähmten.

39.

Hinrichtung ohne Gnade

Ich lehnte mich neben Ahlam mit dem Rücken an die Wand. In meinem Kopf herrschte Leere, und mir fehlten die Worte. Was sollte ich auch sagen? Ich versuchte mir Worte zurechtzulegen, die man zu jemandem sagen konnte, der gerade zum Tod verurteilt worden ist. Tröstende, verständnisvolle Worte. Ich hätte wohl etwas von Gott sagen können, aber auch das fand ich in diesem Moment unpassend; ich fürchtete, ihren Schmerz damit nur zu verstärken.

Zurück von der Gerichtsverhandlung hatte sie mir das Urteil mit drei Worten verkündet: »Todesstrafe ohne Möglichkeit der Begnadigung.«

Das war alles. So war Ahlam. Immer fest wie ein Fels in der Brandung. Von ihrer Gefasstheit habe ich viel gelernt, und ihr Schicksal hätte den stolzesten Mann in die Knie gezwungen. Sie aber weinte nicht, sie brach nicht zusammen. Ahlam saß einfach da und betrachtete die Sonnenstrahlen, die durch das Fenster der Gefängnismoschee hereinfielen.

Es war unerheblich, dass ich neben ihr saß. Zwar berührten sich unsere Schultern fast, aber jede von uns saß für sich alleine da. Ich übersetzte ihren seltsam abwesenden Blick für mich so, dass sie gar nicht hinhören würde, wenn ich etwas sagte. Und dann fiel sie doch in sich zusammen, wie ich es nie zuvor bei ihr erlebt hatte.

Beim Beten dachte ich an die Hinrichtung, beim Essen ebenso, beim Einschlafen und beim Aufwachen mit dem ersten Sonnenstrahl. Ich stellte mir vor, wie ein Kopf von seinem

Körper abgetrennt würde, und ich zitterte, wenn ich daran dachte, welche Schmerzen man wohl erlitt, wenn das Schwert einem in den Hals drang. Am schlimmsten stellte ich mir den Moment vor, wenn man auf den Hinrichtungsplatz geführt wurde, um sich enthaupten zu lassen. Ich erfuhr von der Vorschrift, dass der Kopf eines Hingerichteten später wieder angenäht wird, damit man den Angehörigen einen vollständigen Leichnam übergeben und dieser nach islamischem Gesetz bestattet werden kann. Ich fragte mich, was für Menschen das wohl waren, die abgeschlagene Köpfe wieder annähten, oder diejenigen, die anderen Menschen den Kopf abschlugen.

Ich konnte meiner eigenen Vorstellung nicht entkommen, wenn ich der zum Tode Verurteilten in die Augen sah. Nur wenn sie lächelte, ein zufälliges Todeslächeln, verflog meine Beklommenheit. Ahlam wirkte abgeklärt, während ihre Augen verrieten, dass sie das Leben liebte und nicht haderte, sondern sich in ihr Schicksal fügte. Der Blick aus ihren Augen war seltsam beruhigend, als wäre sie erleichtert, endlich vom Warten befreit zu sein und nichts mehr vom Leben erwarten zu müssen – nichts Erfreuliches, nichts Beängstigendes und keine Sorgen. Ein Gefühl grenzenloser, sturer Ausgeglichenheit, das einen im Jetzt festhielt, einem nur wenige Augenblicke zählenden Moment.

So erlebte ich es immer in der Gegenwart von Todeskandidatinnen: Ihr ergebener Blick verriet, wie langsam für sie die Zeit verging, deren Wert sie gerade erst zu ahnen begannen. Sie teilten sich die Zeit in immer kleinere Einheiten, bevor auch diese Vorstellung zerstob und der Zeitpunkt des Abschiednehmens wieder ein Stück näher rückte.

Ahlams Gedanken aber verstand ich auch ohne Worte, ihre widerstandslose Demut. Es musste seltsam sein zu erfahren, dass der eigene Staat und seine Institutionen zu dem Schluss gekommen waren, man müsse enthauptet und die Gesellschaft von einem befreit werden. Sie bekamen sogar mitgeteilt, wann sie ins Jenseits eintreten sollten, in jene andere Welt, von der wir nur das wissen, was unsere heiligen Bücher darüber sagen. Zum ersten Mal konnte ich es schätzen, dass ich nicht wusste, wann ich an der Reihe sein würde.

Aber für Verurteilte gibt es keine Hoffnung, egal wie viele Bittgebete sie auch rezitieren mögen. Unser allmächtiger Schöpfer lässt sich dann nicht mehr erweichen. Als ob das Siegel auf dem Todesurteil jede göttliche Rettung automatisch ausschließt.

Mag sein, dass Ahlam ein Verbrechen begangen und sich in der Haft gewandelt hatte. Schließlich war die Anstalt dazu geeignet, selbst einen Stein zu erweichen. Oder war sie unschuldig, wie sie behauptete, und der Schuldige war ihr psychisch kranker Mann, unter dessen Gewaltausbrüchen sie und ihre Tochter hatten leiden müssen? Egal, was in Wahrheit passiert war: Ich wusste, dass es falsch war, jemanden zu töten, egal, was er sich hatte zuschulden kommen lassen. Es war einfach unmenschlich.

Bevor ich ins Gefängnis kam, hatte ich nicht gewusst, was das hieß: Hinrichtung unter Ausschluss von Gnade. Nun stellte ich mir nächtelang diese Grausamkeit vor. Ich fand keinen Schlaf, und wenn, dann litt ich unter Albträumen. Meine Freundin, mit der ich über eineinhalb Jahre verbracht und mit der ich geweint und gelacht hatte, sollte einen so scheußlichen Tod sterben. Angeblich würde man ihr mit dem Schwert erst zweimal ins Genick schlagen, ohne den Kopf dabei abzutrennen, bevor der dritte Schwerthieb dann der tödliche wäre.

Hätte ich doch nur nicht gefragt.

Ahlam bat mich noch um einen Gefallen. Ich sollte eine Eingabe an den König verfassen, in der wir um Strafmilderung baten. Meine Worte sollten den König gnädig stimmen. Ich wusste, dass das nichts bringen würde, denn unser König las nichts und wollte von dergleichen nichts wissen. Aber ich wollte ihr auch nicht die letzte Hoffnung nehmen, die ihr morgens die Kraft gab, aufzustehen, und so schrieb ich für sie diese Eingabe. Es dauerte mehrere Tage, bis ich Worte gefunden hatte, die möglicherweise dazu angetan waren, das Herz des Potentaten zu erweichen. Selbst ein Schaf schlachtete man weniger grausam.

Ich betete inzwischen länger als die anderen, und wenn alle nachmittags aus der Moschee in ihre Zimmer zurückkehrten, ging ich wieder zurück und lief zum Gebetsraum. Das durfte man normalerweise nicht, aber mir konnten es die Wärterinnen nicht mehr verbieten. Meine Sozialarbeiterin Suad hatte mir nämlich in mein Heft geschrieben, dass ich bis Mitternacht jederzeit in die Moschee dürfe, womit ich ein Ausnahmefall war. Das hatte ich mir verdient, indem ich in kurzer Zeit schon große Teile des Korans gelernt hatte.

Aber gerade jetzt, als Ahlams Tod drohte, gab es Tage, da war ich des ständigen Rezitierens überdrüssig und bekam all diese komplizierten Vokabeln einfach nicht mehr in den Kopf. Um sie mir merken zu können, musste ich mir ihre Bedeutung erst erarbeiten, und dazu wiederum musste ich in den Exegesen nachschlagen, wo der jeweilige Offenbarungsanlass der Verse erklärt und auf relevante *Hadithe* – also Auslegetraditionen und Deutungen – verwiesen wurde, und wenn ich die ganze Geschichte drumherum kapiert hatte, machte ich mich an die Aussprache des Wortes, wobei ich mich bemühte, die Endung grammatisch korrekt zu sprechen und zugleich auf die Rezitationsregeln zu achten und sauber zu lesen. Es gab Tage, da schaffte ich es nicht, den Koran auch nur aufzuschlagen, so müde war ich im Kopf.

Meine größte Hilfe aber blieb Ahlam, sie hielt mir einen Platz frei und kritisierte mich für nichts, obwohl ich weit weniger ordentlich war als sie. Sie gehörte zu jenen, die ihre überschüssige Energie lieber ins Putzen und Aufräumen steckten als in Streitereien. Sie konnte es nicht leiden, wenn auch nur ein Haar auf dem Boden lag, und sie brachte ihren Mitbewohnerinnen bei, die Decke auf ihrem Bett glatt zu ziehen, nachdem sie zweimal gefaltet worden war, sodass eine große Blume entstand. Ich war in solchen Dingen nicht besonders gut, und ich fand es unnötig, dass wir unsere Zimmer so übertrieben schön machten oder Zahnpasta dafür verschwendeten, Bilder an Wände, Betten und Schränke zu kleben. Das änderte sich allerdings, als ich entdeckte, dass ich mich in Ahlams Zimmer beinahe wohlfühlte – ein Unding in der Anstalt.

Ahlam beharrte darauf, dass wir auch in der Anstalt, seien wir für Tage darin eingesperrt oder für Jahre, wie Menschen leben sollten. »Gib ihnen keine Chance, dich zu töten, solange du noch atmest. Lebe, koste es, was es wolle«, schien ihr Motto zu sein.

Und auch ich kämpfte um mein Leben – indem ich Koranverse so oft wiederholte, bis nichts anderes mehr in meinen Kopf passte. Ich hielt mich damit im Gleichgewicht, und zugegeben: Auch die Aussicht auf zwei Belohnungen motivierte mich, denn wenn ich den Koran auswendig lernte, käme ich zum einen vorzeitig aus der Haft und zum anderen hätte ich mir einen Platz im Jenseits gesichert. Als *Hafiza,* die den Koran auswendig kann, wäre mir der höchste Paradiesesrang sicher, und Gott würde mich gleich neben die Propheten setzen. Aber damit ging auch eine große Verantwortung einher. Ich durfte nicht die kleinste Sünde begehen, denn mir blühte dafür eine Strafe, die doppelt so schwer wäre wie für andere Menschen.

Abla Futeima zitierte dafür aus dem Koran, wo es heißt: »Sind denn die, die wissen, denen gleich, die nicht wissen?« Und sie bedrängte mich: »Gott wird dich am Jüngsten Tag fragen, wie oft du von Seinen strengen Strafen gelesen und dich dennoch Seinen Befehlen widersetzt hast. Er wird dich fragen, wie oft du gelesen hast, welche Pflichten dir auferlegt sind, an die du dich dann doch nicht gehalten hast. Er wird dich fragen, wie dein Herz sich Seinen Versen verschließen konnte, obgleich du sie Tag für Tag rezitiert hast.«

Zweifel an Gott aber blieben in mir, egal, wie viel ich im Koran las. Ich sah das eher so, dass ich mit Gott eine Abmachung getroffen hatte – und das hatte nicht viel zu tun mit einem Bitten oder Beten. Gerade Ahlams Schicksal wurde mir dabei zum Gewicht in der Waagschale: »Wenn Gott Ahlam retten kann«, so dachte ich, »kann sie dann schon morgen frei sein? Oder in einer Woche? In einem Monat? In einem Jahr?«

War ich ehrlich zu mir, so wusste ich, dass niemand Ahlam eines Tages die frohe Botschaft überbringen würde, dass sie frei sei. Und das verstörte mich. Immer wieder versuchte ich zu ergründen, ob sie selbst denn an Gottes Allmacht glaubte. Woher nahm sie die Kraft, dieses Unglück zu ertragen, das dazu geeignet war, jeden Menschen zu brechen?

Ahlam sagte dazu: »Ich glaube, dass Gott ganz sicher die Wahrheit ans Licht bringen wird. Und Er weiß, dass ich in meinem Leben niemanden getötet habe. Ich hatte nie auch nur den Wunsch dazu.«

Ich glaubte ihr jedenfalls, denn sie bewies mir Tag für Tag ihr Einfühlungsvermögen, wenn sie mich tröstete und aufmunterte. Wie groß meine Zweifel auch wurden, ob Gott Ahlam nun helfen wollte oder konnte – oder nicht –, ich hätte nie aufgehört, den Koran zu lernen, denn ich hatte mich regelrecht verliebt: Die Worte des Koran waren nicht mehr nur dafür da, um mich zu befreien, sondern sie machten mich glücklich und euphorisch, wenn ich sie stundenlang rezitierte. Deshalb versuchte ich mir einzureden: Wenn das Jenseits so viel besser war als unser irdisches Leben, dann bedeutete ein Todesurteil, ob Ahlam nun schuldig war oder nicht, in jedem Fall, dass Gott sie im jenseitigen Leben entschädigen würde.

Ich war davon so überzeugt, dass ich sogar Abla Futeima danach fragte, doch sie war geradezu entsetzt von dem Gedanken. Sie beugte sich über ihren Schreibtisch zu mir herüber und flüsterte: »Du glaubst wirklich, dass Gott Ahlam verzeihen könnte? Wenn sie sich nur gegen Ihn versündigt hätte! Aber wie könnte Er etwas verzeihen, das einem Dritten angetan wurde? Was Ahlam mit diesem Mädchen gemacht hat, gehört zum Schlimmsten, was ein Mensch überhaupt tun kann.«

»Aber Abla Futeima«, entgegnete ich. »Sie hat das Mädchen nicht ermordet!«

»Hat sie dir das gesagt? Nein, Kholoud, alle wissen, dass sie dieses Verbrechen begangen hat.«

»Und selbst wenn sie es getan haben sollte«, versuchte ich es noch einmal, »hat Gott denn nicht verkündet, Er wolle alle Sünden vergeben?«

Abla Futeima lehnte sich zurück und machte ein mürrisches Gesicht. Sie sagte kopfschüttelnd: »Nein, Kholoud. Nicht in jedem Fall.«

Das machte mich ganz verzagt, denn wenn wir uns nach all den Rezitationen, nach allem Fasten und Wachen und Glauben immer noch fragen mussten, ob Gott nun vergab oder nicht: Welchen Sinn hatte dann der Glaube an Ihn?

40.

Die Koranbraut

Abla Suad drehte sich zur Seite und nahm aus einem großen Sack neben ihrem Schreibtisch ein weißes Kleid heraus. Es sah fast aus wie ein Hochzeitskleid, und sie überreichte es mir wie ein Geschenk. Ich wusste nicht, wie mir geschah, denn ich war noch ganz überrascht, dass ich so plötzlich in ihr Büro gerufen worden war. Ein Hochzeitskleid – ich riss die Augen auf und mir fehlten die Worte.

»Abla Suad, was ist das?«, stammelte ich.

Die Sozialarbeiterin stand auf, küsste mich auf die Wangen und umarmte mich. »Herzlichen Glückwunsch, meine Liebe, du hast es geschafft. Du bist jetzt eine Koranbraut! Heute werden wir feiern, dass du Gottes Buch komplett auswendig gelernt hast.« Freude stand in ihren Augen, und sie strahlte, als sie sagte: »Du bist die erste Gefangene seit Bestehen der Anstalt, die es fertiggebracht hat, den gesamten Koran auswendig zu lernen.« Abla Suad setzte sich wieder hin. »Warum bist du sprachlos?«, monierte sie. »Jetzt mach mal nicht klein, was du erreicht hast.«

Ich wusste noch immer nicht, was ich sagen sollte.

»Geh jetzt in deinen Trakt und bereite dich auf die Feier vor. Alle meine Kolleginnen, die Ärztin und sogar die Direktorin warten darauf, obwohl eigentlich Schichtende ist. Aber sie sind geblieben, weil sie dabei sein wollen. Also los jetzt!«

»Danke für alles, Abla«, sagte ich, noch immer fassungslos.

Sie erwiderte lächelnd: »Du weißt, wie sehr ich dich mag, und ich gebe gerne zu, dass du das bemerkenswerteste Mädchen bist, mit dem ich es hier je zu tun hatte. Und jetzt geh endlich«, setzte sie ungeduldig hinzu. »Wenn du etwas zum Frisieren oder sonst etwas brauchst, um dich schön zu machen, dann gib den Aufseherinnen Bescheid.«

Alle starrten mich an, als ich das weiße Kleid durch die Anstalt trug. Ich kam mir vor wie in einem Traum. Noch nie hatte jemand ein weißes Brautkleid in den Trakt gebracht. Nicht einmal die Mädchen, die aus der Anstalt heraus verheiratet wurden, bekamen ein solches Kleid.

Meinen Mitgefangenen fielen fast die Augen aus dem Kopf. Manal fasste mich am Arm und fragte entgeistert: »Was ist los? Heiratest du etwa, du Verrückte?«

Ich blickte sie voller Ironie an und sagte: »Ich und heiraten? Die Direktion hat mir dieses Ding gegeben. Man will mich feiern, weil ich die Erste bin, die hier den Koran auswendig gelernt hat.«

Manal riss die Augen auf. »Du hast die Prüfung bestanden und uns nichts davon erzählt?«

»Ich hab es doch selbst gerade erst von Abla Suad erfahren. Erst heute wurde das Zeugnis beglaubigt«, erwiderte ich.

Sie lächelte mich freudig an. »Du Glückliche, dann wirst du also entlassen! Aber ich komme noch vor dir raus.« Manal streckte zwei Finger aus. »Mir bleiben nur noch zwei Monate. Ich werde draußen auf dich warten.«

Ahlam beglückwünschte mich schweigend. Sie streckte die Arme aus und drückte mich.

Ich bemerkte nicht, dass sich die anderen um uns scharten, bis Zahra scherzte: »Pass nur auf, dass euch keine Aufseherin sieht, sonst endet deine Feier in der Einzelzelle.«

»Keine Angst, Ahlam«, meinte Manal. »Wenn Scheicha Kholoud dabei ist, kann dir niemand etwas anhängen.« Sie strich mir nach der Art der Sufis über Arm und Schulter und sagte: »Gib mir etwas von deinem Segen ab, Meisterin!«

Dann rief eine Wärterin aus dem Flur: »Los, Mädchen, alle in den großen Saal!« Dann wandte sie sich an mich: »Bist du noch nicht so weit, liebe Kholoud? Nun mach schon. Bereite dich vor und komm mit!«

Taghrid klatschte in die Hände und jubelte: »Wow, sie hat ›liebe Kholoud‹ gesagt. Ein wahrhaft ungewöhnlicher Tag ist das heute!«

Die Wärterin reagierte mit einem Lachen: »Lern doch auch den Koran, dann nenne ich dich von mir aus jeden Tag liebe Taghrid …«

Und dann war es so weit: Hakima reichte mir das Mikrofon. Gerade hatte sie gesagt: »Kholoud wird uns jetzt etwas aus dem Koran vortragen. Wie wäre es mit ein paar Versen aus der *Rahman*-Sure? Meine Lieblingssure.« Sie lächelte mich an.

Ich wusste nicht, warum meine Hände so zitterten. Eine unheimliche Ehrfurcht ergriff mich plötzlich, und ich muss dagestanden haben, als sähe ich alle Versammelten zum ersten Mal. Seit meiner Schulzeit hatte ich kein Mikrofon mehr in der Hand gehabt, und ich hatte Angst. Hakima hatte mich aus der Benommenheit wach gerüttelt, und jetzt erfüllte mich Panik, weil mir die ganze Zeit nur ein Gedanke durch den Kopf ging: »Wird Gott mich dafür belohnen, dass ich Seine Suren beherrsche, oder wird Er mich bestrafen, weil sie für mich nur Mittel zum Zweck sind und ich nichts mehr will als die Freilassung?«

Ich umfasste das Mikrofon mit beiden Händen und trug mit zittriger Stimme den Anfang der Sure vor: »*A'udhu billahi min ash-shaitan ar-rajim – bismillahi r-rahman ar-rahim.* Der Barmherzige hat den Koran gebracht, und Er hat den Menschen gemacht. Sonne und Mond kreisen in ihrer Bahn, und Sterne und Bäume beten Ihn an.«

Dann war Stille. Ich starrte auf die Mädchen, die dicht an

dicht in den Sitzreihen saßen. Ich blickte Hilfe suchend zu Abla Futeima, die mich verständnisvoll ansah. Sie trat zu mir und klopfte mir auf die Schulter. Sie nahm das Mikrofon und sagte zu Hakima: »Das ist wohl die Aufregung.«

Hakima nickte eifrig, aber dann sagte sie zu mir: »Aber wir lassen dich nicht von der Bühne gehen, ohne dass du eine Ansprache hältst. Deine Mitgefangenen sollen hören, wie es dir beim Memorieren ergangen ist und wie bedeutsam das für dich war. Schenk ihnen Mut, damit sie deinem Beispiel folgen.«

Ahlam gab mir Halt, allein dadurch, wie sie mich ansah. Manal, die neben ihr saß, beobachtete scheinbar besorgt, ob ich in der Lage sein würde, Hakimas Aufforderung nachzukommen. Aller Augen waren gespannt auf mich gerichtet. Aber es blieb still; mein Verstand hatte offenbar alle Wörter vergessen, die ich je gekannt hatte. Ich hielt zwar das Mikrofon fest umklammert, aber in meinem Kopf herrschte Leere. Hakima hatte scheinbar nicht begriffen, dass ich seit zwei Minuten mit Stummheit geschlagen war. Futeima ergriff meine Hand und flüsterte: »Sag irgendetwas. Es muss nur von Herzen kommen.« Ich sah sie nur ratlos an und starrte wieder in die wartende Runde. Kein Wort und kein Gedanke wollten mir einfallen. Mein Verstand setzte komplett aus.

Aber dann hörte ich mich doch noch etwas sagen: »Draußen hatte ich alles. Eine liebevolle Familie, Geld und Freiheit. Ich war sehr selbstbewusst. Ich schwebte über allem und genoss mein Leben, als gäbe es nur mich auf der Welt. Ich lebte in Genuss und Bequemlichkeit, bis Gott mich hinter die Mauern dieser Anstalt verbannte. Von dem Tag an war ich überzeugt, das wäre das Ende für mich. Das Glück, das ich zuvor erlebt hatte, war offenbar nur auf Kredit geliehen gewesen. Ich wusste jedoch anfangs noch nicht, dass sich hier ein Schatz verbarg, der darauf wartete, von mir geborgen zu werden. Ich hatte mir nicht vorstellen können, hier einmal Ruhe zu finden, und ich möchte nicht leugnen, dass ich hier leide und mir der Alltag enorm viel abverlangt. Ich habe nie in meinem Leben Drogen genommen und kann deswegen den Rausch nicht mit dem vergleichen, über den ich hier spreche. Es heißt, dass einen Drogen in eine andere Welt versetzen, aber dieser Zustand endet, sobald das Rauschmittel seine Wirkung verliert. Ich weiß nicht, ob ich mich richtig ausdrücke, aber ich möchte ehrlich sagen, dass ich etwas Unvergleichliches erfahren habe. Einen Genuss und eine Euphorie, die nicht vergehen und nicht zu beschreiben sind. Etwas, was einen auch dann tröstet, wenn man sonst nur Schmerz empfindet. Etwas, das beruhigt und Liebe ins Herz pflanzt, sodass der Feind zum Freund und die Plage zum Glück wird. Ja, ich empfinde täglich Leid und Sehnsucht, aber täglich erlebe ich auch Freude und Zuversicht und eine Freiheit, die mir niemand mehr nehmen kann. Es ist ein unvergleichlicher Genuss, in den Koran einzutauchen, und man lebt wie in einer anderen Welt. Ich habe Zeiten erlebt, da war ich nur körperlich unter euch. Ich war wie aus dem Gefängnis meines Körpers befreit, für Momente nur, wenn mein Geist frei war, aber jede einzelne Sekunde war unbezahlbar. Und wir alle können uns auf diese Weise befreien.«

Als ich endete, herrschte eine ungewohnte Stille, die ich nie vergessen werde. Nie.

41.

Der Flaschenhals

Die Wärterin lehnte sich aus ihrem Häuschen und rief in den Trakt: »Kholoud! Besuch!«

Gemächlich lief sie neben mir her zur Direktion. Freundlich lächelnd sagte ich: »Sie müssen nicht dem gesamten Trakt mitteilen, dass ich Besuch habe.«

Sie schaute mich spöttisch an: »Möchte Fräulein Kholoud lieber, dass ich es ihr ins Ohr flüstere?«

»Nein, aber es reicht, dass Sie mich rufen, ohne einen Grund zu nennen. Es gibt so viele bedauernswerte Mädchen, die ihre Angehörigen schon seit Jahren nicht mehr gesehen haben.«

»Du hast wohl Angst vor Neid, was?«, kicherte sie, den Blick geradeaus gerichtet.

»Vom Neid ist auch im Koran die Rede«, sagte ich, »und auch der Prophet soll gesagt haben, wir sollten nicht alles öffentlich machen. Zudem spreche ich nicht gerne von meinem Vater vor Mädchen, die nie einen Vater hatten.«

Als wir an der Tür zum Direktionsflur ankamen, sagte die Wärterin lächelnd: »Weißt du noch, als du zum ersten Mal hier hereinkamst? Du hast dich seither sehr verändert.«

»Das weiß ich nicht mehr«, sagte ich. »Und ich will mich auch nicht daran erinnern.«

»Solltest du aber«, gab sie zurück.

Die Sozialarbeiterin Batul begrüßte mich freundlich, als sie mich sah. Dann warf sie sich einen Gesichtsschleier über und führte mich ins Besuchszimmer, wo mein Vater auf mich wartete. Ich umarmte ihn fest. Er fragte mich, wie es mir gehe, und ich antwortete, dass ich eine Überraschung für ihn hätte. Als er die Freude in meinem Gesicht sah, strahlten seine Augen. Ich zog mein Korandiplom hervor und scherzte: »Ich bin jetzt eine Braut, Papa! Vor zwei Tagen war meine Hochzeit. Schade, dass du nicht dabei warst.«

Er betrachtete das Zeugnis und blickte dann zu Batul, deren Augen aber hinter ihrem Schleier nicht sichtbar waren. »Hat meine Tochter wirklich den Koran auswendig gelernt?«, fragte er erstaunt.

Laut und deutlich bestätigte Batul: »Gott sei gepriesen, Abu Kholoud! Es gefiel dem Herrn, Ihrer Tochter den Koran zu lehren. Sie wurde von einer Kommission geprüft, und die Direktion hat im großen Saal eine Feier für sie ausgerichtet. Kholoud ist nun eine Koranbraut, und gebe Gott, dass sie dereinst einen Bräutigam findet, der sie verdient und ihr dabei hilft, ihren Glauben zu bewahren.«

»Werden Sie das Zeugnis beim Gouverneur einreichen«, fragte mein Vater, »oder muss ich es dem Anwalt schicken, damit er die vorzeitige Entlassung beantragt?«

»Das Gouverneursamt hat das Zeugnis bereits gesehen und die Hälfte der Strafe erlassen. Sie müssen nichts beantragen. Jeder Häftling, der den Koran aufsagen kann, bekommt automatisch die Hälfte seiner Strafe erlassen.«

Mein Vater sah mich an, und aus seiner Freude wurden Tränen. Er drückte mich fest an sich und sagte: »Gott sei Dank, Kholoud! Habe ich dir nicht gesagt, dass Gott dir verzeihen wird?«

Er wandte sich zu Batul um und fragte: »Wie lange muss meine Tochter noch hierbleiben?«

»Sie ist seit einem Jahr und einem Monat hier, dann kann sie nach dem Gesetz in fünf Monaten entlassen werden, wenn wir ihr eine gute Führung bescheinigen. Meine Kollegin Suad wird das tun, wenn sie aus ihrem Urlaub zurück ist.«

»Gepriesen sei der Herr«, entfuhr es meinem Vater in Dankbarkeit, »Gott hat unsere Gebete erhört, Gott sei Dank!«

Der Freudenglanz in den Augen meines Vaters war mir mehr wert als jede Feier und jedes Zeugnis. Selbst wenn mich das ganze Königreich gefeiert hätte, wäre es nicht so schön gewesen, wie die Erleichterung zu sehen, die meinen Vater erfasste, als er erfuhr, dass ich bald entlassen würde. Er beglückwünschte mich zu der Ehre, die ich mir im Jenseits verdient hatte, und zu dem Segen, den Gott mir hatte zuteilwerden lassen. Bestimmt war er auch darüber froh, dass ich Gott nähergekommen war, aber ich wusste gut, was in ihm vorging. Er war in erster Linie darüber glücklich, dass ich aus dem Gefängnis freikommen würde. Für ihn war es, als hätte ich ihm mitgeteilt, dass Gott demnächst aufhören würde, mich zu bestrafen, weil der Gouverneur ein entsprechendes Schreiben erstellt hatte. Aber es war Seine alleinige Entscheidung gewesen, mir einen Neuanfang zu gewähren – einen Neuanfang, von dem ich noch gar nicht wusste, wie dieser aussehen würde. Wie würde ich die Dinge, die ich gewohnt war, und das schöne Leben, das ich zuvor gelebt hatte, in Zukunft beurteilen?

»Ich sehne mich so danach, es Mama zu sagen«, sagte ich. »Bestimmt wird sie sich von ganzem Herzen freuen, ich kenne sie. Einmal darüber, dass ich jetzt den Koran kann, und darüber, dass ich bald freikomme. Nein, bestimmt freuen sie meine Korankenntnisse mehr als meine Rückkehr.«

Mittags rief mich die Sozialarbeiterin noch einmal zu sich. Ich weiß nicht mehr, an welchem Tag es war, aber es war im islamischen Monat Shawwal. »Bestimmt ist heute Montag«, sprach ich zu mir selbst. »Gestern gab es schließlich Hühnchen mit Nudeln, und heute gibt es Hühnchen mit Reis. Hoffentlich kochen sie den Reis nicht mit dem ekligen Hühnerwasser.« Ich hoffte, Neues zu erfahren, was mit meiner Entlassung zu tun hatte. Ich ahnte, was sie mir sagen würde: Das Gouverneursamt von Mekka habe meiner Amnestierung wegen guter Führung zugestimmt, ich müsse nun nur noch einen Monat warten, dann dürfe mich mein Vater abholen. Ich stellte mir vor, wie ich durch die Tür gehen und ihn küssen und umarmen würde. Dann würden wir gemeinsam durch das Außentor gehen, und dort würden Autos an uns vorbeibrausen und mir mit Scheinwerfern ins Gesicht leuchten. Ich würde den Himmel sehen ohne Gitter dazwischen. Und selbst wenn die Sonne ganz hell schiene, würde ich doch direkt in sie hineinschauen. Ich würde den Schleier ablegen und niemand würde mir je wieder den Blick verstellen. Meine Welt wäre wieder hell! – Aber ich hatte auch Angst und wusste nicht, warum. Doch, ganz sicher würde die Sozialarbeiterin mit mir über die Amnestierung sprechen wollen, worüber denn sonst? Zur Bestrafung hatte sie mich sicher nicht einbestellt, denn seit dem letzten Mal hatte ich keine Vorschrift übertreten und konnte mir auch nicht vorstellen, wer mich anschwärzen sollte … Also würde sie von meiner Entlassung reden. Aber was würden ihre ersten Worte sein?

»*Salam aleikum*«, grüßte ich artig.

»Hallo, liebe Kholoud, wie geht's?« Suad stand von ihrem Stuhl auf und umarmte und küsste mich.

»Gut, gepriesen sei Gott«, sagte ich, und ich bin sicher, aus jedem meiner Blicke sprach der Wunsch, zu hören, was ich so sehr ersehnte.

»Es geht um das Amnestiegesuch ans Gouverneursamt«, begann sie. »Ich habe dir einen guten Bericht geschrieben und darauf verwiesen, dass du die Erste seit Bestehen dieser Anstalt bist, die es geschafft hat, den Koran vollständig zu rezitieren.« Dann starrte sie auf ein Blatt Papier, das sie in der Hand hielt und schwieg.

Plötzlich kroch mir eine Gänsehaut über den Rücken.

Dann fuhr sie fort: »Aber nun ist etwas passiert, was wir hier auch noch nie hatten. Dieser Brief … Auch die Frau Direktorin hat mir bestätigt, dass sie so ein Schreiben noch nie bekommen hat. Sie fragen uns, ob du eine Gefahr für die öffentliche Sicherheit darstellst.«

»Wie bitte? Ich verstehe nicht. Sie fragen was?«

Sie blickte mich an, und in ihrem Blick lagen Unsicherheit und Mitleid.

Ich konnte ihre Miene nicht deuten.

Dann sagte sie: »Sie wollen wissen, ob wir in deinem Verhalten und deinem geistigen Zustand eine Gefahr für die öffentliche Sicherheit sehen. Sie nehmen Bezug auf deine Verhaftung, als du einen Beamten der Tugendbehörde angegriffen hast und dass du ihn angezeigt und einen Anwalt genommen hast, um ihn zu verklagen. Und jetzt hast du den Koran in dieser Rekordzeit auswendig gelernt. Ich glaube, sie trauen der Sache nicht ganz.«

Den ganzen Rückweg zum Trakt über redete die Wärterin, die mich begleitete, auf mich ein, aber ich hörte sie nicht. Plötzlich konnte ich nicht mehr laufen, und meine Empfindungen und mein Verstand setzten aus. Nur ein Wort hatte ich im Kopf: »Warum?« Schon im Büro hatte ich diese Frage stellen wollen, aber keinen Ton herausgebracht. Am liebsten wäre ich weggelaufen, nur weg. Mir war, als hätte mir jemand die letzte Hoffnung geraubt, und ich fühlte mich leer wie ein geplatzter Ballon.

»Na, was gibt's Neues von Suad?«, fragte mich eine Mitbewohnerin, die auf dem Bett lag und wie gewohnt auf dem Rand ihres Kissenbezugs herumkaute.

»Nichts«, entgegnete ich und zog die Decke von meinem Bett, um mich schlafen zu legen und der Realität zu entfliehen.

Eine andere antwortete, als wäre ich gar nicht da: »Es scheint, dass was Schlimmes passiert ist, von dem sie uns lieber nichts erzählen will.« Dann zog sie mir die Decke weg, unter der ich mich verkrochen hatte, und sagte: »Du kannst dich erst schlafen legen, wenn du uns verrätst, was los war.«

»Das Gouverneursamt lässt fragen, ob ich eine Gefahr für die öffentliche Sicherheit darstelle.«

Sie starrte mich an und sagte nach einer Pause: »Haben sie Angst um die Öffentlichkeit oder um uns, weil du mit uns im selben Zimmer schläfst?« Ihr Sinn für Spott und Ironie hatte gewonnen.

Ich zog mir die Decke wieder über den Kopf, hielt mich am Kissen fest und vergrub mein Gesicht darin. Wie sehr ich mir wünschte, einfach in Ohnmacht zu fallen, bevor der furchterregende Gedanke, in der Anstalt bleiben zu müssen, bis in meine Seele durchsickerte. Hatten sie nicht schon einmal versucht, meine Strafe zu verschärfen? Würden sie mir jetzt die Amnestie verweigern? Trotz meiner Korankenntnisse? Ein Jahr und ein paar Monate war ich nun hier, aber mir kam es vor wie eine Ewigkeit. Ich hatte solche Sehnsucht nach meiner Familie, nach Luft und Sonne, nach meiner Freiheit …

An jenem Dienstag hätte ich eigentlich entlassen werden müssen, denn nach saudischem Gesetz wurde einem bei guter Führung das letzte Viertel einer Haftstrafe erlassen, aber das Gouvernorat von Mekka hatte noch nicht darüber entschieden, daher musste ich weiter in der Anstalt bleiben. Ich war zu einer anderen Person geworden, zu jemandem, den ich nicht kannte. Ich war unendlich nervös und empfindlich und hätte jedem um mich herum ins Gesicht springen können. Nur die ständigen Weinkrämpfe beim Beten betäubten mich ein wenig und ließen mich ein paar Stunden schlafen, nach denen ich erneut betete und wieder einschlief. Ich ging allen aus dem Weg, ich wollte niemanden sehen oder hören. Um auch niemandem beim Frühstück oder beim Mittagessen zu begegnen, fastete ich auch noch, und das Fasten beruhigte mich und half mir dabei, mich einigermaßen in den Griff zu bekommen.

Ich verrichtete nur ein kurzes Mittagsgebet in der Moschee und versuchte, so schnell wie möglich durch den Korridor zu kommen, ohne aufgehalten zu werden, um mich bis zum Nachmittagsgebet wieder hinzulegen. Wer fastet, kann auch lange schlafen, ohne von lästigen Gedanken und Gefühlen geplagt zu werden. Aber kaum war ich eingeschlafen, hörte ich eine Frau schreien. Sie schlug mit ihrem Stock auf die Zellentüren und verlangte, wir sollten uns bei der Wachstation versammeln. Es war nicht der übliche Aufruf zum Beten, sondern es hieß, Abla Hakima, die Direktorin, wolle uns sehen.

»Um Gottes willen, was will diese Verrückte denn jetzt?«, murmelte ich ärgerlich und erhob mich von meinem Bett. Ohne mir das Gesicht zu waschen – denn ich wollte nicht ganz aufwachen –, lief ich zum Ende des Zellenflurs. Da stand Hakima in ihrer Wachuniform inmitten eines Kreises gefangener Frauen, neben sich Zahra und Taghrid. »Was habt ihr beiden nur getan«, dachte ich, »dass sie uns hier alle vor euch versammeln muss?« Die beiden Mädchen schauten uns beschämt und schuldbewusst an.

»Gib mir den Haarschneider!«, schrie Hakima eine Wärterin an.

Ich erwachte wider Willen, als ich die Haarschneidemaschine in Hakimas Hand sah, während sie einer der Gefangenen mit der anderen Hand das Kopftuch wegzog. Sie begann wieder zu brüllen: »Ihr schneidet euch also heimlich die Haare! Jetzt weiß ich, wer die Schere aus der Handarbeitskammer gestohlen hat! Na wartet, ich befreie euch ganz und gar von euren Haaren, damit ihr wie Männer ausseht!« Mit diesen Worten rasierte sie Taghrid und Zahra die Haare ab.

Für mich war es das sprichwörtliche Haar zu viel, unter dem das Kamel zusammenbricht. Am liebsten hätte ich die ganze Anstalt niedergebrannt, mit all ihren Wärterinnen, der Sozialarbeiterin, der Direktorin und den Insassinnen, mich eingeschlossen. Ich wäre zu jedem Verbrechen fähig gewesen in dem Moment, so zerriss mich dieses Gefühl der Wut, der – ich weiß es nicht zu beschreiben.

Die Show war vorbei, und Hakima ließ uns stehen. Ich aber konnte mich nicht mehr beherrschen. Ich lief den Flur entlang und ging durch den Waschraum in die Moschee. Ich nahm ein Koranexemplar, aber statt darin zu lesen, hätte ich das heilige Buch fast an die Wand geworfen, sodass alle seine Seiten herausflögen wie Glasscherben. Der Teufel in mir, den ich so lange unter Kontrolle gehalten hatte, wollte endlich ausbrechen, und kein Gebet und kein Koransingsang kamen mehr gegen ihn an.

Ich fand mich im Wachraum wieder, wo ich lautstark verlangte, meine Sozialarbeiterin Suad anzurufen. Zwei Aufseherinnen wollten mich abwimmeln, aber ich sagte, nein, ich schrie: »Wenn ihr sie nicht sofort anruft, passiert ein Unglück!« Zu meiner Überraschung griff nun eine der beiden zum Hörer und sprach ins Telefon, offenbar zu Suad: »Kholoud steht hier im Zimmer. Sie möchte mit Ihnen sprechen, und es scheint, als hätte sie den Verstand verloren.«

Ich nahm ihr den Hörer aus der Hand und sagte spöttisch: »Ganz genau, ich habe den Verstand verloren!«

»Was hast du denn, ist etwas passiert?«, hörte ich Suads Stimme durch den Hörer.

»Ich habe mich an die Gesetze gehalten und jede gegen mich

verhängte Dummheit ertragen«, antwortete ich. »Heute hätte ich entlassen werden sollen. Als saudische Staatsbürgerin sollte ich vielleicht auch einmal in den Genuss der positiven Seiten des Gesetzes kommen, nicht nur der Strafen. Das Gouvernorat versagt mir eine Freilassung wegen guter Führung. Ich verlange jetzt nur noch eines, selbst wenn ich nun auch wegen meiner Korankenntnisse nicht amnestiert werden sollte und ich die gesamten restlichen zweieinhalb Jahre hier absitzen sollte: Ich möchte in Einzelhaft! Ich will niemanden mehr sehen. Bitte weisen Sie mir eine Einzelzelle zu!«

Am Anfang hatte sie noch versucht, mich zu unterbrechen, und etwas von Gott und Gebeten gesagt, aber mein Redefluss war nicht zu stoppen. Als auch sie mich nun fragte, ob ich denn den Verstand verloren hätte, sagte ich: »Ja, und ich werde heute Nacht nirgendwo anders als in einer Einzelzelle schlafen, und wenn ich den Wachraum dafür zertrümmern muss!« Ich tobte und drohte, bis Suad auflegte.

Ich stierte die Aufseherinnen mit irrem Blick an, und sie starrten zurück, erschrocken über meinen Auftritt.

Eine schlug die Hände zusammen und sagte bedauernd: »Jetzt ist uns das Mädchen durchgedreht.« Sie ging aus dem Zimmer, und ich rief ihr nach: »Sagt ihr, dass ich hier auf der Treppe warten werde, bis mir jemand eine Einzelzelle aufschließt!«, dann setzte ich mich auf die Stufen und befühlte meine Wangen. Sie waren heiß, und ich atmete laut, und das verhieß nichts Gutes. Einige Mädchen wollten sich zu mir setzen, aber die andere Wärterin ließ niemanden an mich heran. Sie hatte schon wieder den Hörer in der Hand und versuchte noch einmal, die Sozialarbeiterin zu erreichen. Ich wollte wirklich niemanden um mich haben, nicht Ahlam und nicht Manal. Ich hätte nur einen Heulkrampf bekommen, und dann hätten sie mich wieder in die Gemeinschaftszelle geschickt, und es wäre nichts geworden mit meiner Einzelhaft.

Seltsamerweise ergriffen die Aufseherinnen keine Strafmaß-
nahmen gegen mich. Vielleicht hatte ihnen Suad aufgetragen,
mich zu ignorieren, denn Missachtung war auch eine übliche
Strafe in der Anstalt. Ich blickte sie mit Hass an und sagte zu
mir selbst: »Von wegen den Verstand verloren. Ich will nur in
Einzelhaft, um mir einen Rest davon zu bewahren.«

Kurz darauf bat mich eine der Aufseherinnen ans Telefon.
Hatten sie meinen Vater angerufen und ihm aufgetragen, er
solle mich beruhigen? Das Letzte, was ich wollte, war, dass
meine Familie sich um mich sorgte.

Ich hörte einen Mann sprechen, aber es war nicht mein
Vater.

Ich fragte ihn, wer er sei. »Hast du mich vergessen? Ich
bin's, Hamad«, sagte er. Ein Bekannter der Familie. Er war
einmal in mich verschossen gewesen und wollte sich mit mir
verloben, aber ich hatte mein Studium vorgeschoben und
abgelehnt. Mein Vater hatte ihn bei einem seiner Besuche erwähnt und gesagt, Hamad werde nicht müde, nach Mitteln
zu suchen, um mich aus dem Knast zu holen. Aber wie hatte
er die Erlaubnis bekommen, mit mir zu sprechen? In der Anstalt durfte man mit keinem Mann sprechen, mit dem man
nicht verwandt war, auch nicht am Telefon.

»Hallo, Hamad, wie geht's?« Die Überraschung hatte mich
ein wenig beruhigt.

Er habe gerade mit meiner Sozialarbeiterin telefoniert,
meinte er, und diese habe ihm mitgeteilt, dass mein Ent-
lassungsgeheiß vom Gouverneur Khaled al-Faisal unter-
schrieben worden sei. Es würde morgen früh per Fax in der
Anstalt erwartet. Mein Verhalten sei jedoch geeignet, alles
über den Haufen zu werfen.

Ich versuchte zu glauben, was ich hörte, aber es gelang mir
nicht. Immerhin beruhigte ich mich so weit, dass ich wieder in
die Gemeinschaftszelle zurückging.

42.

Das Versprechen

Keine Worte können jenen Tag beschreiben. Es fällt mir schwer, mich an das Gefühl der Schwere zu erinnern, die in den ersten Morgenstunden auf mir lag, als ich erwachte und die Waschung zum ersten Gebet vornahm. Mir war, als wäre es der Gang zum Galgen, als ich zur Moschee lief und mich dort unter die Betenden mischte. Obwohl wir Mädchen Schulter an Schulter standen, fühlte ich mich allein. Ich fiel auf die Knie und drückte die Stirn bei der Verbeugung so tief auf den Boden, als wollte ich mich im Schoß des Herrn vor allen anderen verstecken. Ich weinte, als wären es meine ersten Tränen in der Anstalt, und ich murmelte meine Bittgebete so laut, als hätte ich keine Lust mehr zu betteln. Meine Stimme klang wie früher, wenn ich meinen Vater in einer Weise um etwas bat, die erkennen ließ, dass ich um keinen Preis von meinem Wunsch abzubringen war. An jenem Tag fühlte ich mich so ohnmächtig wie allmächtig.

Keines der Mädchen sprach mich an oder kam auch nur in meine Nähe. Alle wussten, dass es nichts Passendes zu sagen gab. Selbst Ahlam beließ es dabei, mir aufmunternd auf die Schulter zu klopfen und mir zuzulächeln, als wir zur Koranstunde gingen.

Ich brachte für Abla Naila und ihren Unterricht keine Aufmerksamkeit auf. Sie ermahnte mich auch nicht und begnügte sich mit einem Blick, der mir verriet, dass ihr klar war, dass ich keinen Unterricht mehr brauchte. Es war wie ein Anfang vom Ende, das noch nicht ganz durchgestanden war. Sie wusste, dass ich nur noch abwartete – ein dummes, aufrührerisches und brennendes Warten, das meinen ganzen Körper erfasste, voller Schmerz, Sehnsucht und kurz unter der Oberfläche lauernder Rebellion. Ich durfte mich neben das Fenster setzen und ließ den Blick zum Himmel wandern, der unendlich fern zu sein und mich zu fragen schien: »Wo bleibst du?«

»Du hast es mir versprochen. Ich habe Dich gehört, ohne dass da eine Stimme war, und ich habe Dich gesehen, ohne dass Du eine Gestalt hattest. Du Unbekannter, an den ich immer grundlos geglaubt habe, wo bist Du jetzt? Ich weiß nicht, wie Du aussiehst, aber ich sehe, wie Du Dich hinter dieser Prüfung versteckst und mich beobachtest. Du stehst in meiner Schuld.«

Er flüsterte: »Ein Trugbild hört nichts und verspricht nichts.«

»Du bist doch da! Aber ich bitte Dich um nichts mehr. Ich bin am Ende. Ich bin wie eine Tote, die noch Schmerz empfindet. Ich bin Dir dankbar dafür, dass ich schwach bin, denn dies ist das Ende des Wegs. Und sollte ich den Schmerz nicht mehr ertragen können, so darf die Erlösung nicht weit sein. Im Koran versprichst Du uns, niemand müsse mehr Bürde tragen, als er zu tragen imstande ist. Und niemand weiß besser als Du, dass ich an meine Grenzen gelangt bin. Ich fordere Dich auf, halte Dein Versprechen!«

Eine Stimme rief meinen Namen. Die Wärterin betrachtete den Schatten meiner selbst, der ich noch war. Ergeben ging ich mit ihr. Ich war nur ein Schatten meiner selbst, mein Schweigen war deutlich hörbar.

Ich sah einen Himmel ohne Stäbe davor und eine nach langer Trennung zurückgekehrte Sonne.

Suad stand an der Tür zu ihrem Bürozimmer. Dann hörte ich eine Frau einen Jubeltriller ausstoßen und wusste, dass ich erlöst war. Suad zog mich an ihre Brust, umarmte mich und sagte: »Meinen Glückwunsch, Liebste!« Ich entwand mich ihren Armen und sank auf den Boden, um mich dankbar zu verneigen. Ich wusste, dass Er mich sah, während ich zu Ihm sah. Ich weiß nicht mehr, was ich Ihm sagte, aber ich brach nun in das Weinen aus, das ich in der Moschee noch zurückgehalten hatte. In einem seltsamen Moment verwandelten sich meine Tränen und meine Trauer in Freude und Dank.

Alle gratulierten mir wie zu einem Sieg. Die Anstaltsleiterin empfing mich ein letztes Mal und warnte mich zum Abschied: »Ich will dich hier nicht noch einmal sehen.« Und meine Augen antworteten: »Solange ich lebe, werden wir uns nicht mehr sehen!«

Suad erklärte mir, das Handy meines Vaters sei aus, sie würde aber weiter versuchen, ihn zu erreichen, und auch meinen Anwalt anrufen. Wenn in den nächsten zwei Tagen niemand käme, um mich abzuholen, würde sie meine Mutter anrufen. Ich versuchte sie davon abzubringen, denn ich wollte nicht, dass mich jemand anders als mein Vater hier herausführte. Das bedeutete mir sehr, sehr viel. Aber solche Dinge begriff meine Sozialarbeiterin nicht.

Zum ersten Mal sah ich Ahlam um jemanden weinen, der mit ihr in der Anstalt gewesen war. Sie umarmte mich ganz fest, dann sah sie mich an, und Tränen liefen hinter der Brille herunter. Ihre Nase war noch röter geworden als sonst. Ich war überrascht über ihre Reaktion, während ich selbst noch verarbeiten musste, dass ich nun freikam. Ich ergriff ihren Arm und tröstete sie: »Du glaubst doch an Gott. Er wird unsere Gebete erhören. Auch du wirst hier herauskommen, und wir werden uns an einem besseren Ort wiedersehen.«

Wir beide wussten, dass ich Unsinn redete. Das Todesurteil hatte Bestand, Gottes Allmacht hin oder her, und kein Glaube kam dagegen an: Sie würde die Anstalt nicht lebend verlassen.

Ich öffnete die Augen. Eine Wärterin hatte mir sanft auf den Arm getippt und flüsterte über mich gebeugt meinen Namen: »Kholoud! Wach auf!« Es dauerte ein paar Sekunden, bis ich begriff, dass ich wach war, während alle anderen Mädchen noch schliefen.

»Was ist denn passiert?«, fragte ich erschrocken.

»Willst du nicht die *Umra*-Wallfahrt machen?« Sie lächelte. Nein, offenbar schlief ich doch noch. Ich reagierte nicht. Die Wärterin wiederholte: »Komm, steh auf und wasch dich für die Wallfahrt.«

Ich richtete mich auf und fragte sie ungeduldig: »Was sind das für Scherze? Wie spät ist es eigentlich?«

»Dein Vater wartet vor der Anstalt. Er will dich abholen.«

»Mein Vater? Ich werde entlassen? Jetzt?«

»Alles Gute«, sagte sie freundlich lächelnd.

Ich weiß nicht mehr, wie ich aus dem Bett sprang, es war wie ein Rausch. Ich wiederholte wie einen Sermon: »Mein Vater ist da. Es ist zwei Uhr morgens. Die Wärterin hat mich so nett geweckt. Bitte, Gott, lass das nicht wieder einen Traum sein. Lass es wahr sein! Ich werde es erst glauben, wenn ich draußen meinem Vater begegne.« Aber tief in mir war ich sicher, ich würde die Anstalt nie verlassen.

Ich kleidete mich an, nahm die Gebetskette meiner Mutter an mich, ihr altes Gebetsbuch, den vergoldeten Koran, den mir Abla Futeima für meine Memorierungskünste verliehen hatte, und die Geschenke von Futun und Ghusun. Wir gingen zusammen die Treppe in Richtung Verwaltung hinunter. Die Wärterin redete auf mich ein. Sie erteilte mir Ratschläge oder verabschiedete sich von mir oder bat womöglich sogar um Verzeihung für das, was ich in der Haft erlitten hatte. Ich hörte es nicht. Besser gesagt, es interessierte mich nicht mehr. Der Albtraum, der mich in die Anstalt gebracht hatte, machte meine Entlassung zu einem unglaublichen Glückstraum.

In Gedanken war ich schon in Dschidda. Bilder meiner Stadt bei morgendlicher Sonne und eingetaucht in die Nacht tauchten vor meinem geistigen Auge auf. Ich dachte an die Corniche und die Lichter auf den Dächern der Hotels, die mit dem Mond um die Wette strahlten und sich mit diesem auf der Meeresoberfläche spiegelten. Ich roch die Räucherwaren und den arabischen Kaffee der Altstadt, sah das Queen's Building, das Mahmal-Zentrum und die Märkte, auf denen ich als Kind gewesen war. Ich hörte Verkäufer, die ihre Waren anpriesen, und sah das Lächeln von Händlern, die versuchten, meine Aufmerksamkeit zu gewinnen. Ich sah mich selbst in meinem bestickten Überwurf und dem Kopftuch, das ich mir nur nachlässig über die Schultern geworfen hatte, sodass die sanfte Brise Dschiddas mit meinem Haar spielte. Auf hohen Absätzen lief ich durch Straßen, die ich als meinen Besitz empfand. Ich fühlte das Salz in der Luft, das meine Haut streichelte, und dachte an mein Lieblingsessen in einem alten Hedschas-Restaurant. Ich entsann mich der Tage, an denen ich beim Shoppen zwischen der Tahliya- und der Hamra-Straße hin und her gelaufen war und die Auslagen der Geschäfte betrachtet hatte, um mich am Ende am Meer auf eine Bank zu setzen und durch den Fontänenbrunnen hindurch den Sonnenuntergang zu beobachten. Kurz kamen mir auch die Große Moschee von Mekka mit der Kaaba und das heilige Wasser der Zamzam-Quelle in den Sinn. Aber vor allen Dingen waren meine Gedanken bei meiner Heimatstadt Dschidda.

Der Verwaltungstrakt lag in völliger Dunkelheit, nur in Suads Zimmer brannte Licht, und ihr Lächeln sprach Bände. Sie küsste mich zum Abschied und erteilte mir wohlmeinende Ratschläge, aber auch diese hörte ich nicht. Ich bestand nur aus Schweigen. Ich nahm meine am ersten Tag abgegebenen Besitztümer entgegen: meinen Ausweis, mein Mobiltelefon und ein paar Geldscheine mit dem Bild des Königs darauf.

Mein Vater sah kränklich aus, aber seine Augen strahlten freudig. Ich nahm Abschied von Suad, die eigens um diese Nachtzeit in die Anstalt gekommen war, um mich zu entlassen, nachdem mein Vater sie angerufen hatte. Er hatte ihre Mitteilungen erst kurz zuvor erhalten, weil er einige Tage im Krankenhaus gewesen war. Es war eine noble Geste von ihr, seine Anrufe um diese Zeit entgegenzunehmen und zu kommen; immerhin war sie hochschwanger. Sie bat mich herzlich darum, sie doch bitte anzurufen, wenn ich eine neue Nummer hätte. Ich sah sie an und fragte mich, wie ich dieser Frau verzeihen oder sie gar lieb haben könnte. Am Ende hatte sie sich zwar nett um mich gekümmert, aber etwas in mir sagte, dass ich sie nie mehr sehen und nie mehr an sie denken wollte. Ich konnte allen meinen Mitgefangenen verzeihen, selbst denen, die mich schlecht behandelt hatten, aber meiner Sozialarbeiterin?

Ich sah ins Gesicht des Wachsoldaten, der meinen Vater begrüßte, während er das große Tor aufsperrte. Auch er symbolisierte den Albtraum, dem ich gerade entkam. Ich machte den entscheidenden Schritt und hörte, wie sich das Tor zwischen mir und den zurückgebliebenen Gefangenen wieder schloss. Ich schaute mich nicht noch einmal um. Jetzt fesselte mich nur noch der Gesichtsschleier. Ich nahm ihn ab und warf einen ersten ungehinderten Blick auf den Himmel.

Epilog
Weihnachtsmärkte

Die Straßenbahnfahrerin sächselt mich heftig an. Ich verstehe nicht, was sie so wütend daran macht, dass ich einen Fahrschein von ihr kaufen möchte. Sie sagt etwas wie: Ich hätte mir das Ticket auch am Automaten kaufen können, außerdem sei das billiger. Meine Geduld ist fast am Ende, als sie mir nach einer halben Ewigkeit und einer dialektal gefärbten Predigt dann doch noch für drei Euro zehn eine Fahrkarte verkauft. Wieder einmal bin ich behandelt worden wie ein Flüchtling. »Aber auch wir Flüchtlinge möchten nicht alle über einen Kamm geschoren werden«, schießt es mir durch den Kopf. Vielleicht hätte die Frau auch jeden Deutschen belehrt und das ist einfach ihre Natur. Nur ist meine Liebe zur Freiheit inzwischen so groß, dass ich darauf poche, selbst zu entscheiden, wo ich Geld verschwende – oder nicht.

»Heute lässt du dir nicht den Nerv rauben«, sage ich zu mir selbst. »Du hast schließlich Geburtstag. Das ist ein heiliger Tag im Jahr, und den wirst du fröhlich verbringen.«

Ein Freudentag soll es werden, das ist mein Geburtstagsritual, das ich mir bewahre wie mein erstes Geburtstagsgeschenk: deren Teddybären, den mir mein Vater zu meinem ersten vollendeten Lebensjahr geschenkt hat. Von diesem Teddy habe ich bis heute ein Foto. Mein Vater ist darauf zu sehen, gekleidet in sein weißes saudisches Männergewand und mit einem traditionellen roten Tuch auf dem Kopf, daneben meine Mutter im Abendkleid und mit fein gekämmtem schwarzem Haar. Und zwischen den beiden steht ein staunendes kleines Mädchen, das soeben ein Jahr alt geworden ist.

Heute ist wieder ein 7. Dezember, aber im Jahr 2016. Der Teddy, das Foto und ich befinden uns in einer ganz anderen Welt: Wir sind in Sachsen-Anhalt, Ostdeutschland.

Alles Mögliche hat mich auf der Reise hierher begleitet: Kleider, teure Schuhe, Schmuck, Bücher und Aufzeichnungen, Geld in verschiedenen Währungen, Weihrauch und unzählige Fotos, auf denen ich jedes Mal anders aussehe. Zum Teil habe ich mich weiterentwickelt, ein Teil von mir ist gestorben und andere Bestandteile meiner selbst habe ich mit Absicht gelöscht. So bin ich zu der geworden, die ich heute bin.

Aber trotz allem, was ich mitgenommen habe, um mich nicht einsam zu fühlen, ist ein Teil von mir in Saudi-Arabien geblieben. Zwei Tage vor meiner Abreise habe ich in Dschidda noch willkürlich in den Straßen herumfotografiert: bekannte Läden, Restaurants, die Wasserfontäne, Verkehrsschilder. Sogar Videos habe ich gemacht. Eines, wie ich mich mit dem indischen Kaffeeverkäufer unterhalte, und eines von ein paar Freunden, die mich in der Aufnahme als verrückt bezeichnen, weil ich grundlos filme und gar nicht damit aufhöre.

Wir waren wieder einmal ziellos durch die Stadt gefahren, hatten an dem einen oder anderen kleinen Ausschank Espresso getrunken und die Musik laut aufgedreht. Es ging an der Promenade entlang, durch die Hamra- und die Tahliya-Straße, die Königsallee hinunter, bis wir uns im Süden der Stadt verirrten, wo es besonders spannend ist. Jedes Mal erkundeten wir die Straßen, also ob wir sie nie zuvor gesehen hätten. Ich lebte für den Moment und fühlte mich wohl. Aber so etwas lässt sich nicht fotografieren und nicht mitnehmen. Ich musste einen Teil von mir dort zurücklassen, in meiner Heimat Dschidda.

Verändert hatte ich mich zu diesem Zeitpunkt längst. Bevor ich abflog, hatte ich an Dutzenden esoterischen Kursen zur Selbstfindung teilgenommen und Bücher über die Freisetzung innerer Energie gelesen, bis ich sie fast auswendig konnte. Ich war an allem verzweifelt, außer an meiner Seele; sie hatte ich als Einziges nie verleugnet. Ich hatte sie immer als ein eigenständiges Wesen wahrgenommen, das mir auf meinem beschwerlichen Weg beistand. Was mir hingegen fehlte, war die Kraft. Diese Kraft in mir, die stärker war als meine Körperkraft und die alles, was ich in meinem Geist an Erfahrungen, Büchern, Sprachen und Wahnsinn gespeichert hatte, erst wertvoll für mich machte.

Meine erste Station war die Türkei. Dort wollte ich neu anfangen, aber ich pendelte am Anfang hin und her, denn ich hatte nichts zu tun in Istanbul. Von der ersten Woche in Europa an wusste ich, dass ich mit dem Leben in der Fremde und meinem Heimweh nicht allein zurechtkommen würde und dass ich Gefahr lief, alles zu verlieren – und damit meine ich wohl meine Gesundheit, meine geistige Gesundheit. Des Weiteren wusste ich, dass Europa mich nicht verstand, und ich glaubte nicht, dass ich es je verstehen würde. Aber Zeit meines Lebens hatte ich auf Risiko gespielt, und ja, zuweilen hatte ich dabei verloren, aber ich hatte noch viel mehr gewonnen. Während andere Angst vor dem Unbekannten hatten, sah ich es als interessantes Abenteuer, auf das ich mich nur zu gern einließ. Aber diese Reise war die größte Herausforderung, der ich mich je gestellt hatte. Ich spielte allein – und mein Spielpartner war ein Mysterium. Es gab mir einen Traum, und mein Einsatz: Ich gab ihm alles zurück, was ich besaß – meine Familie, meine Freunde, mein Zuhause, mein Geld und alles, was mir Geborgenheit vermittelte, kurz: mein Leben.

Nun spiele ich seit dem Abschied aus meiner Welt 2014 Runde um Runde mit dem Schicksal – oder diesem Mysterium –, und meistens verliere ich. Als ich nichts mehr hatte, musste ich meine geistige Gesundheit einsetzen. Ich hatte früher nie daran gedacht, auszuwandern, aber da ich meine Überzeugungen, die den meisten Menschen in Saudi-Arabien unverständlich und überspannt erschienen, nicht aufgeben wollte, war wegzugehen der Preis, den ich zu zahlen hatte.

Wie oft wollte ich seitdem schon zurückkehren und alles vergessen. Ich habe mich oft gefragt: Wen hat denn interessiert, was ich dachte? Warum konnte ich nicht alles so lassen, wie es war?

Dass die Flucht in die Türkei nur ein erster Schritt sein würde, ahnte ich da noch nicht. Mir gab etwas Kraft, das stärker war als ich selbst, und ich wusste, dass ich es in mir trug; es war wie ein Wesen, für das ich keinen Namen habe; mein Gewissen, meine Seele, mein Über-Ich, wie immer man es nennen will. Ich wusste, es war da, und ich litt darunter, dass es aus seiner Gefangenschaft endlich ausbrechen wollte. Immer wenn ich aufgeben wollte, versetzte es mir einen Tritt. Erst sprach diese Stimme in mir leise, dann aber immer lauter, bis ich nichts anderes mehr hörte. Es war wie eine Glut, die mich von innen in Brand setzte, und dieses Feuer schwelte in mir aus Furcht, die Chance könnte bald vertan sein, und ich wusste genau: Würde ich nicht gehen, würde es mir hinterher leidtun.

Dieser starken Kraft in mir stellten sich Verstand und Vernunft entgegen, doch am Ende siegte sie. Es war die Kraft des Glaubens an eine leuchtende Idee inmitten von Dunkelheit, eine Idee, die in Eiseskälte wärmt. Ich folgte diesem Licht und verwarf, was mir das Gelernte vermittelte, was meine Ohren hörten und was meine Augen sahen. An viel zu vieles habe ich in meinem Leben geglaubt – bis ich feststellte, dass die Kraft, nach der ich immer gesucht hatte, sich nicht im fernen Himmel verbirgt, sondern dass ebendiese Kraft in mir selbst steckt.

Um fest an sich selbst zu glauben und um jene Stimme zu verstehen, die sich nicht durch Sprache äußert, muss man etwas Abstand gewinnen, zur Seite treten, aus der Reihe, in der man sonst darauf wartet. Nur wollen die meisten von uns gar nichts anderes hören als die Stimme der Sicherheit, und wir wollen nicht aus der Reihe tanzen. Die menschliche Natur gibt uns vor, dass wir uns nur im Gefängnis des Normierten sicher fühlen. Gewohnheit zeichnet unser Leben vor, ja unser Denken lässt uns sogar von ein paar kleinen Dingen träumen, die wir verwirklichen können. So können wir unsere Grundbedürfnisse decken: ein Dach über dem Kopf, Essen, Gesundheit und ein paar Kleinigkeiten, aber das Streben nach diesen Dingen allein braucht unsere gesamte Energie auf. Es ist ein ungleicher Handel, und ich wollte mich nie auf ihn einlassen. Schon in jungen Jahren glaubte ich, etwas Besseres verdient zu haben, und ich wusste instinktiv, dass jeder Mensch seinen eigenen Traum und eine Gabe hat, über die kein anderer außer ihm selbst verfügt. Zugleich sah ich, wie um mich herum alle pausenlos hinter irgendetwas herrannten und deshalb keine Zeit hatten, nachzudenken – etwa darüber, dass das Erdulden von Knechtschaft zugunsten einer Norm eben auch nur eine Option von vielen und kein unabwendbares Schicksal ist.

Das ganze Leben strebt man danach, die Norm zu erfüllen. Man rennt hierhin und dorthin, man studiert, arbeitet oder heiratet oder all das zusammen. Man kritisiert sich selbst, wenn man der Norm nicht ganz entspricht, doch die Zeit schreitet fort und die Normen und die Anforderungen werden immer komplizierter. Und irgendwann sind wir alt und merken, dass wir unser ganzes Leben dafür hergegeben haben, uns normal zu verhalten, damit wir akzeptiert werden. Wir beklagen, dass wir unsere Jugend geopfert haben, doch am Ende stellen wir fest: Das Prädikat »herausragend« steht in unserer Gesellschaft ohnehin nur der Elite der Herrscherdynastie zu.

Ein Universitätsabschluss beispielsweise gilt bei uns als etwas ganz Wichtiges, und dabei ist es ganz unerheblich, ob man das, was man studiert, überhaupt mag. Hauptsache, man hat ein Diplom in der Tasche, um nur ja nicht arbeits- und obdachlos zu werden. Und heiraten muss man und eine Hochzeit feiern, um auf diese Weise kundzutun, dass man nicht mehr allein ist, und Kinder muss man bekommen, um zu wissen, für wen man jeden Tag aufsteht.

Man muss rennen und kämpfen, um einen Platz unter der Sonne für sich zu finden. Und auch ich sauste herum und suchte nach etwas Licht in dem Dunkel, in dem ich lebte. Aber ich war gleichzeitig unendlich neugierig und immer suchte ich den Reiz an einer Sache, und deshalb war ich die ganze Zeit über aktiv. Allerdings war ich dann auch oft bedrückt, weil mich alles einfach nur verdrossen machte, und dann geriet ich leicht in eine Untergangsstimmung, stürzte in eine Depression. In solchen Zeiten verkroch ich mich für eine Weile bei Freunden und vergaß die Zeit.

Dabei wollte auch ich mir eine sogenannte Zukunft aufbauen, aber mein Geist war dauernd mit Fragen beschäftigt: Was war das Geheimnis des Daseins? Wozu gab es Sühne und Strafe? Wozu Leid und Glück? Ich empfand Wut über Gesetze, die mich wie ein Kind behandelten, und ich war traurig über Geschichten, die niemand erzählte. Im nächsten Moment fragte ich mich, wie Gott eigentlich aussah und warum Er in Seiner Weisheit alles dem Manne gegeben hat. Ich kümmerte mich um mein Äußeres, mein Bankkonto und fand auch noch Zeit, mich über die Verhältnisse in Saudi-Arabien zu ärgern, über die Polygamie beispielsweise.

Wollte ich nicht wahnsinnig werden, gab es keinen anderen Ausweg. Wollte ich Freiraum, musste ich meine Koffer packen und für immer aus dem Land verschwinden, in dem ich geboren war.

Aber als ich aus der Anstalt heraus war, hatte ich das alles noch nicht so weit durchdacht. Ich feierte erst einmal mein Leben, meine Freiheit – und ich suchte die Gesellschaft derjenigen, die nicht wie die anderen dauernd herumrennen müssen: die Söhne und Töchter von Prinzen und Scheichs. Das war die Gesellschaft, in die ich mich nach meiner Entlassung aus der Anstalt begab. Es interessierte mich zu sehen, ob diese Menschen sich auch an die seltsamen Vorschriften hielten, die ihre Väter dem Land verordneten – oder ob sie darauf pfiffen, weil sie durch ihren guten Namen geschützt waren.

Um aus der Herde auszubrechen, musste ich die Stimme der Vernunft ausblenden und durfte nicht auf die Alarmsirene hören, die in meinem Inneren ständig schrillte.

Im Rausch der Freiheit verging die Zeit, Jahre zogen ins Land, und ich war schon eine ganze Weile in Freiheit und führte ein Leben, um das mich viele beneideten. Ich erkannte, wie viel Spaß es macht, wenn man einfach nur tut, wozu man Lust hat. Und doch war da diese Stimme in meinem Inneren, eine Stimme, auf die ich hören musste. Ich beschloss, alles aufzugeben, was ich erreicht hatte, und mich von allen zu verabschieden, mit denen ich in der Reihe stand. Ich entfloh der Norm, bevor sie bemerkten, was ich vorhatte.

Die Stimme der Vernunft in mir fragte noch eine ganze Weile lang panisch, warum ich mich so sehr mit so schwierigen Fragen abgab. Schließlich hatte ich eine Familie, der es gut ging, und ich genoss alle Freiheiten, nicht nur in Saudi-Arabien, sondern auch auf meinen Reisen. Warum gab ich all das auf, um Dinge zu hinterfragen, die auf mich persönlich keinen Einfluss hatten und die mir nicht mehr schaden konnten?

Ich knüpfte Beziehungen, und mein Lebensstil änderte sich, je reifer ich wurde. Allmählich hatte ich heraus, wann ich beruhigt wohin gehen konnte und mit wem. Das ist so, wenn man in meinem Land frei leben will. Es ist überlebenswichtig, herauszufinden, wem man vertrauen kann oder wer denkt wie man selbst, mit wem man also reden kann. Sprich: Wenn man ständig Gesetze brechen muss, nur um ein paar Rechte wahrnehmen zu können, wie sie jedem modernen Menschen zustehen, muss man sehr genau überlegen, was man tut. Es war eine riskante Art zu leben.

Genau genommen war ich frei wie ein Vogel, wenn ich all dies beachtete. Ich konnte verreisen, wann und wohin ich wollte auf dem Planeten, aber nirgendwo fühlte ich mich so wohl wie in meiner Stadt Dschidda. Ich genoss Freiheiten und ruhte nie, so als wollte ich jede Minute nachholen, die ich in der Anstalt von Mekka vertan hatte, oder als wollte das Leben mir einen Vorschuss gewähren, den ich irgendwann wieder zurückzahlen müsste. Irgendwann wäre ich auf dem Boden der Tatsachen angelangt.

Und so kam es auch, ich landete in der Realität Saudi-Arabiens – und der Preis war gewaltig, der Aufprall hart.

Ich hatte keine Zeit für Langeweile, studierte und arbeitete und trieb Sport und ging allen möglichen Aktivitäten nach. Mal ging ich an den Strand von Dschidda (den Abschnitt, wo man Badekleidung tragen durfte), dann wieder machte ich Yoga oder meditierte, und ein anderes Mal fuhr ich mit westlichen Ausländern in die Wüste. Wir tranken Rotwein und betrachteten den Sternenhimmel, und die Gäste waren bezaubert, aber die Wüste blieb ihnen rätselhaft. Die Wüste verstehen nur wir Araber, davon bin ich noch immer überzeugt.

Ich lebte in einer Parallelwelt, in der alles anders war als im typischen Saudi-Arabien. Ich spielte Squash mit einem österreichischen Freund, der seit fünfzehn Jahren in Dschidda lebte; ich fuhr trotz Fahrverbots für Frauen nachts mit einem Straßenkreuzer durch die Stadt; und meine saudischen Freunde nervten mich die gesamte Woche vor Silvester mit der Frage, ob wir lieber im amerikanischen oder im französischen Konsulat feiern gehen sollten; ich hatte mich an meinen Bankangestellten gewöhnt, ging immer zur selben Friseurin und wurde jeden Morgen von dem Straßenhändler bei mir um die Ecke angelächelt. Ich kannte alle, und alle kannten mich.

Das einzige Problem, unter dem ich nach meiner Entlassung aus der Anstalt noch litt, war das, was in mir selbst stattfand: Eine Stimme in mir fragte ständig nach dem Sinn. Etwa nach dem Sinn hinter Begriffen wie Genuss, Schmerz oder Leid und Liebe, wenn Liebe Abhängigkeit bedeutet, Sklaverei. In meinem Leben gab es nur einen, der die Regeln machte und vorgab, in welchem Rahmen alles sich zu bewegen hatte, und das war Gott. Mit Ihm zu diskutieren und jede Annäherung an Ihn war untersagt, es war, als hinge vor Seiner Tür ein Schild: Zutritt verboten. Bis ich eines Tages an diesem heiligen Rahmen rüttelte und erkannte, dass ich dadurch alles befreite. Begriffe, Bedeutungen, alles wurde dadurch frei. Auch ich selbst wurde frei dadurch.

Zunächst machte ich eine schwere Zeit durch. Ich musste mich entscheiden, das war mir klar, aber der Schock, dass ich eine Wahrheit erkannt hatte, die allem zuwiderlief, was ich gelernt hatte, schmerzte mich sehr. Wut, Angst und Einsamkeit überkamen mich ebenso oft wie das Gefühl der Freiheit und der Euphorie, etwas erfahren zu haben, was anderen nicht vergönnt ist. Und ich erkannte: So ergeht es einem Menschen, der zutiefst gläubig war – oder doch zumindest daran geglaubt hat, dass es einen Gott gibt – und der sich dann lossagt.

Ich habe viele Entscheidungen in meinem Leben getroffen, richtige und falsche, aber die Entscheidung, den Islam aufzugeben, war die größte und folgenschwerste für mich. Bereut habe ich sie nie, trotz aller Krisen, die ich in der Folge durchlitt – und trotz aller Opfer, die ich bringen musste und muss. Leicht war es beileibe nicht. Aber dass ich endlich Antworten auf alle Fragen bekomme, die mich immer beschäftigt haben, ist unbezahlbar.

Aber ich greife vor. Damals, auch noch in Dschidda und dann später in der Türkei kreisten die meisten meiner Fragen um Gott und Seine Weisheit. Warum tut Gott dies? Wozu tut Er das? Die Antwort war einfach: Gott sprach zu niemandem, und die komplizierten Worte, die auswendig zu lernen ich mich so abgemüht hatte, waren nicht von Ihm. Mag sein, dass sie offenbart wurden, aber jedes Wesen hat seinen eigenen Gott. Der eine Gott malt, der andere schreibt. Der eine offenbart sich durch Poesie, der andere durch Tanz. Aber sprechen tut ein Gott ganz sicher nicht; nur wir bringen die kleinen Götter in uns zum Sprechen. Von dem Dichter Jalaluddin al-Rumi ist überliefert: »Schweigen ist die Sprache des Herrn, alles andere ist nur eine schwache Übersetzung.« Er vertrat die Ansicht, Gott der Allmächtige verberge sich nicht im Himmel, sondern im Herzen jedes Einzelnen, und Er spreche nicht.

Erkenntnis ist eine Gnade, aber sie kann auch zu Verlorenheit und Einsamkeit führen. Die Abwendung vom Islam ist für einen Muslim keine einfache Sache, und ich spreche hier nicht von den Reaktionen der Gesellschaft, den gesetzlichen Hürden oder der Lebensgefahr, in die man sich damit in Saudi-Arabien, Iran oder anderen islamischen Ländern begibt. Ich meine hier in erster Linie den psychologischen Aspekt, denn es bricht einem eine Stütze weg, an die man nur zu gewöhnt war.

Mich überkam in dieser Zeit des Zweifels und nach der

Lossagung ein Gefühl, als hätte ich meine Identität aufgegeben. Ich stand nackt vor allen da. Es war, als würden mir meine Eltern sagen, sie hätten mich die ganze Zeit angelogen und wären in Wirklichkeit gar nicht mein Vater und meine Mutter, und ich solle jetzt gehen.

Mancher Muslim betet nicht und fastet nicht, er mag sogar Alkohol trinken und herumhuren, aber wenn er meint, jemand habe seine Religion verhöhnt, ist er plötzlich bereit, sein Leben hinzugeben, um die Ehre seines Gottes und seines Propheten zu verteidigen. Muslime können gebildet sein und Diplome der berühmtesten Universitäten besitzen. Manch einer mag Professor für Physik oder Medizin sein und die liberalsten Ansichten vertreten. Und dennoch glaubt er ohne den geringsten Zweifel an Gott, Paradies und Hölle.

Mein Verstand war von der Wiege an darauf programmiert, dass Gott da war, und nun rieb er sich erstaunt die Augen und fragte: Diesen Gott, den gibt es gar nicht?

Meine Schwester weinte Tränen, als ich ihr mitteilte, dass ich keine Muslimin mehr war. Eines Nachts erwachte sie schreiend, und als ich zu ihr eilte und sie fragte, was los sei, umarmte sie mich und sagte weinend: »Kholoud, bitte tu das nicht! Gott liebt dich, verlasse Ihn nicht!« Das hatte ich so nicht erwartet. Meine kleine Schwester ist immerhin Angestellte eines großen Unternehmens mit einem Bachelor in Journalismus, und jetzt hatte sie auf einmal Angst, dass ich in die Hölle komme! Sie ist gebildet, pflegt einen aufgeklärten Islam, macht Yoga und meditiert und glaubt nicht, dass ihr Haar eine Schande ist, die bedeckt gehört. Aber offenbar glaubte sie, dass ich ewige Höllenqualen erleiden werde, weil ich mich vom Islam abgewandt hatte. Sie ist mir der liebste Mensch auf Erden, und als ich sie weinen sah, wollte ich ihr so gerne sagen, es sei alles gar nicht wahr, ich hätte mich nicht von Gott und Seinem Propheten abgewandt und gleich würde ich mich zum Gebet waschen und Gott um Vergebung bitten.

Aber das konnte ich nicht. Nicht mehr: Ich konnte mich nicht schon wieder selbst belügen. Ich konnte nicht mehr umkehren, auch nicht für jemanden, den ich so liebte wie meine Schwester. Dazu hatte ich zu viel begriffen.

Als Nächstes musste ich es noch meiner Mutter sagen, von der ich die Lust zu lesen und zu schreiben geerbt hatte. Ich begann damit, dass ich klagte, wie sehr wir Frauen uns verhöhnen ließen und dass all die Vorschriften, die uns auferlegt würden, Unsinn wären. Aber als ich davon sprach, ich hätte meinen Glauben aufgegeben, wurde sie wütend, schalt mich und weigerte sich, weiter darüber zu sprechen.

Eine Stunde später ging ich wieder zu ihr, um mich mit ihr zu versöhnen und sie umzustimmen, doch sie saß weinend auf ihrem Gebetsteppich, sprach zu Gott und murmelte dabei immer wieder meinen Namen.

Als sie mit ihrem Gebet fertig war, sagte ich ihr, ich sei nur über dies oder jenes wütend gewesen. Ich konnte nicht anders. Ich log sie an und sagte: »Keine Angst, Mama, ich werde Gott um Verzeihung bitten für das, was ich gesagt habe.« Es war dumm von mir gewesen, meiner Mutter zu erzählen, dass ich nicht mehr gläubig war. Auf sie musste es so wirken, als würde ich sie vor die Wahl stellen: Entweder akzeptierte sie, was ich sagte, und müsste feststellen, dass all die Jahrzehnte der Verschleierung, des Gebets, des Fastens und der Fürbitten vergebens gewesen waren. Oder sie müsste von nun an glauben, dass ihre Tochter zum ewigen Höllenfeuer verdammt wäre. Eines war dümmer als das andere. Und aus ihrem Blickwinkel war das eine genauso unerträglich wie das andere.

Eigentlich hatte ich mir zunächst vorgenommen, mit niemandem darüber zu sprechen, weil ich niemandem wehtun wollte und niemanden verlieren wollte, den ich gernhatte.

Aber unwillkürlich redete ich dann doch mit manchen Menschen darüber. Einige waren erstaunt, und manche wollten mehr erfahren, um sich Mut zu machen, es mir gleichzutun. Aber ehrlich gesagt wollte ich, dass alle es erfuhren. Alle, deren Sprache Arabisch und deren Religion der Islam war. Ich wollte ihnen mitteilen, dass ich nicht länger eine von ihnen war, dass ich es ablehnte, eine Zweit-, Dritt- oder Viertfrau zu werden. Dass es nicht sein konnte, dass Gott uns Frauen nur zum Sex und Kinderkriegen geschaffen hatte, ohne dass wir denken und sprechen könnten oder Gefühle hätten.

Ich wollte ihnen sagen, dass mein Haar und meine Stimme nichts waren, wofür ich mich zu schämen hatte, und dass ich nicht gering an Verstand, sondern so manchem Mann im Denken überlegen war. Und bei all meiner Liebe zu meinem Vater wollte ich nicht, dass er mein Sachwalter war. Ich wollte nicht volljährig sein und zugleich wie eine Minderjährige oder Schwachsinnige behandelt werden, die keine eigenen Entscheidungen treffen kann.

Ich wollte alle wissen lassen, dass ich nicht mehr betete und fastete, aber solange ich in Saudi-Arabien war, konnte ich das nicht. Und als ich es nach meiner Ausreise tat, als ich öffentlich machte, wie ich wirklich dachte, da war es wie ein sozialer Selbstmord.

Alle, die mich kannten – und auch die, die mich nicht kannten –, reagierten schockiert. Es war, als beschuldigten sie mich, ich hätte die Kholoud, die alle kannten, ermordet.

Den Tag, an dem ich an die Öffentlichkeit ging, werde ich wohl nie vergessen. Es war der 28.12.2014. Ich lud ein Video bei YouTube hoch. Darin nannte ich meinen vollen Namen und gab bekannt, dass ich mit dem Islam gebrochen hatte. Ich war die erste saudische Frau, die jemals so etwas gewagt hatte. Diejenigen, die mich kannten und zu mir hielten, konnte ich an einer Hand abzählen. Die einen wandten sich im Zorn von mir ab, andere hatten einfach Angst vor dem, was ich über unsere Regierung sagte, falls sie mir nicht gleich ganz die Freundschaft aufkündigten.

Selbst die von meinen Freunden, die schon zuvor gewusst hatten, dass ich nicht mehr glaubte, taten nun so, als hätte ich sie betrogen. Und allein die Tatsache meiner öffentlichen Verkündung bedeutete, dass ich nie mehr nach Saudi-Arabien würde reisen können – es sei denn, das Regime träte ab und wir bekämen eine Demokratie, oder ich wäre tot und wollte mich dort bestatten lassen.

Dass ich Dschidda den Rücken gekehrt hatte, betrachteten viele meiner Freunde bereits als Verrat: Es war, als träfe ich damit ein Urteil über die Jahre, die ich mit ihnen verbracht hatte. Und sie hatten auf ihre Weise recht. Ich hatte alles aufgegeben und war einer Eingebung gefolgt, obwohl ich gern geblieben wäre. Ich hatte eine Hälfte von mir zurückgelassen, und so hinkte ich von dannen, suchte mühsam meinen Weg in die Zukunft und in ein neues Leben.

Denn von einem Tag auf den anderen war meine Welt leer, und es dauerte eine Weile, bis sie sich wieder füllte – mit Menschen, die einen mir ganz unbekannten Lebensstil pflegten. Mein Leben änderte sich, und ich musste umdenken. Weiterhin blieb ich aktiv in den Netzwerken, postete und bloggte – und auf einmal gab ich viele Interviews. Ich lernte syrischen und irakischen Dialekt und eine weitere Sprache, die ich zuvor gar nicht kannte und konnte. Ich fand mich wieder unter Menschen, die mein Land hassten, weil sie meinten, Saudi-Arabien sei für das Unglück in Syrien oder im Irak verantwortlich. Andere wiederum waren dankbar, dass das Königshaus die Opposition unterstütze, der sie angehörten, merkten aber kritisch an, dass Saudi-Arabien viel zu prowestlich sei, denn der Westen unterstütze Israel ... Für sie alle war ich Saudi-

Arabien in Person. Und manch einer nahm es mir übel, dass ausgerechnet ich als Bürgerin dieses Landes kein Kopftuch trug. »Wie konntest du es wagen, dem Herrn der Barmherzigkeit zu entsagen?«, fragten sie, und das geschah nicht aus Neugier, denn eine Antwort erwarteten sie nicht. Sie fragten nach den Gründen, ohne sie hören zu wollen. In einer halben Stunde sollte ich bei einem Kaffee zusammenfassen, was ich erlebt, gelesen und erkannt hatte. Oder, noch besser, ich solle das doch bitte in einem Post auf Facebook erklären. Dabei fiel mir auf, dass sie alle kaum Ahnung hatten von dem Buch, dessen Heiligkeit sie so eifersüchtig verteidigten.

Da war es nur ein weiterer Schritt, in eine ganz andere Welt aufzubrechen. Meine merkwürdige Reise begann in der First Class von Turkish Airlines und nach dem Aufenthalt in einem Fünfsternehotel in Göteborg wurde daraus eine Irrfahrt von einem europäischen Bahnhof zum nächsten, und dann in Deutschland von einer Asylunterkunft zur anderen. Hier wurde ich richtig aktiv im Netz, denn ich konnte mich frei äußern, womit ich mir in Saudi-Arabien nicht nur Freunde gemacht habe. Doch der Schock, plötzlich allein zu sein und im Ausland, saß tief. Ich hatte schreckliche Sehnsucht nach meiner Familie und meinem Land. Was heißt: ich hatte. Ich habe noch.

Und die Deutschen? Sie erschrecken, wenn sie erfahren, woher ich komme. Die erste Friseurin, bei der ich in Deutschland war – es war in Landau in der Pfalz –, rief: »O mein Gott!«, als ich ihr sagte, dass ich aus Saudi-Arabien bin. Ich musste lange lachen – und sie am Ende auch.

Ich kam in Deutschland an und hatte kein Zuhause, kein Ziel und keine Bekannten. Wer so etwas tut und sich gegen die Mehrheit stellt, nur um einer Idee willen, wird zuweilen als verrückt bezeichnet. Ich nenne es weiterhin sozialen Selbstmord.

Aber so hart diese Erfahrung war, so wurde mir doch auch Hilfe zuteil. Ich konnte es manchmal kaum glauben, wie plötzlich und geradezu aus dem Nichts jemand auftauchte, nur um mir zu helfen. Es war zuweilen wie Magie. Solche Engel sprachen Arabisch mit syrischem Einschlag oder Deutsch, manche von ihnen hassten Saudi-Arabien oder die Araber, aber aus irgendeinem Grund erschienen sie, um mich zu retten.

Auch meine virtuelle Welt veränderte sich. Schulfreunde und Verwandte verschwanden von meinem Facebook-Account, dafür kamen andere, oft mit falschem Namen, arabische Intellektuelle, denen ihre Religion so verhasst geworden war wie mir selbst. Und so gab es Menschen, die mir schaden wollten, und andere, die mich an die Hand nahmen.

Erstaunliches habe ich erlebt auf dieser Reise, und ich habe gelernt, nicht zu verallgemeinern. Man sollte Menschen nicht nach ihrer Herkunft und ihren Anschauungen einordnen.

So war das neue Leben, für das ich mich entschieden, das ich mir aber nicht ausgesucht hatte, manchmal eine Strafe. Aber mir war, als habe man mir einen Vorschuss gewährt und verlange ihn nun zurück. Buddhisten oder Sufisten würden sagen: Es war eine Phase, die ich durchleben musste, um zu einem höheren Bewusstsein und in eine neue Welt zu gelangen.

Wie auch immer, ich bin heil davongekommen. Und nun erlebe ich schon mein drittes Weihnachten in Deutschland, mit all seinen Festtagsmärkten und mit geschmückten Lichterbäumen und Holzhütten, in denen würziger Glühwein verkauft wird. Weihnachtsmärkte geben mir ein herrlich warmes Gefühl.

Meine Augen wandern über die Auslagen, und das Kind in mir entdeckt tatsächlich eine neue Welt. Beim ersten Mal, das war in Gießen, war ich anfangs noch fremd und bedrückt über den Platz gewandert, aber dann hatte ich plötzlich eine riesige

Freude an den Buden, die für ein paar Tage im Jahr den Trübsinn und die Kälte vertreiben.

Und heute werde ich meinen Geburtstag auf einem Weihnachtsmarkt feiern. Ich will alles vergessen, was mich belastet: die deutsche Bürokratie; die amtlichen Briefe, die ich Woche für Woche bekomme und nicht verstehe; die Sehnsucht nach meiner Familie und nach Dschidda; die Posts, in denen Saudis wahlweise verdammt oder gepriesen werden; den Stress und die Anspannung … Ich werde all dies jetzt vergessen und ein Glas heißen Glühwein trinken auf mein neues Leben.

Nachwort

Was tut man, wenn man aus dem Gefängnis kommt? Bei mir vergingen einige Jahre, in denen ich Tag für Tag meine Freiheit genoss, dieses Gefühl, nicht mehr eingesperrt zu sein, selbst entscheiden zu dürfen. Doch ein Gedanke ging mir immer wieder durch den Kopf. Meine innere Stimme forderte mich mit der Frage heraus, wie ich helfen konnte? Was aber konnte ich tun für diejenigen, die in Saudi-Arabien immer noch verhaftet werden aus Gründen, die in anderen Ländern nur ein Achselzucken hervorrufen würden? Und konkreter: Was konnte ich für die Mädchen in der Anstalt tun? Nur weil ich entlassen war, hatte die Anstalt ja nicht aufgehört zu existieren.

Wäre es eine Lösung, sie zu schließen? – Ich wusste keinen Weg, das durchzusetzen. Aber eine Sache war mir vollkommen klar: Wenn ich erzählen würde, was ich in der Anstalt gesehen und erlebt hatte, oder wenn ich auch nur versuchte, Schwierigkeiten zu machen, würde ich sicherlich wieder in der Anstalt landen.

Dieser Gedanke war ein Garant dafür, mich auf Jahre hinaus zum Stillhalten zu zwingen. Denn allein die Möglichkeit, in die Anstalt zurückkehren zu müssen, machte mich schier wahnsinnig. Ich flüchtete mich in die Nähe meiner Eltern, in die vier Wände unseres gemütlichen Hauses, flüchtete mich in Beruhigungsmittel und Treffen mit meinen Freunden, in Reisen und Luxushotels, und ich versteckte mich in den Klamotten, die ich mir auf meinen Reisen kaufte, als ich wie verrückt eine Shoppingtour nach der anderen unternahm.

Ich sorgte dafür, dass ich nie mit mir selbst allein war. Ich ging mir aus dem Weg, um die Stimme meines Ich nicht hören zu müssen. Mein Geist aber attackierte mich jedes Mal, sobald ich mich zum Schlafen legte, und ich rächte mich meinerseits und erstickte ihn gnadenlos mit einer Schlaftablette. Ich ließ mich einlullen in einen tiefen Schlaf; weg von diesen schrecklichen Fragen, auf die es keine Antwort gab, fort von den unmöglichen Wünschen, den quälenden Schmerzen und unheilbaren offenen Wunden.

Ich arbeitete hart an mir, um all die Gesichter, die Orte und Daten zu vergessen, und es gelang mir tatsächlich, viele ihrer Namen aus meinem Gedächtnis zu entfernen. Einen Psychiater nach dem anderen suchte ich auf und nahm Beruhigungsmittel, Antidepressiva und Schlaftabletten, flüchtete mich in Arbeit und verdiente Geld dabei. Doch das viele Geld gab ich aus wie eine Verrückte, es kam ja doch noch mehr.

Manches davon gab ich für den guten Zweck, ich kümmerte mich um die Armen, die Bedürftigen und die Schwachen. Ich machte mir ein schönes Leben wie im Paradies. Ich gönnte mir das alles: Spaß, Lachen, Genuss und Zufriedenheit, ohne dies verging kein Wochenende.

Gleichzeitig kämpfte ich mich durch die Bücher für mein Studium an der Universität, ich bestand jeden Test und bewegte mich im sicheren Umfeld meiner Arbeit, eroberte mir einen immer größeren Freundeskreis. Ich telefonierte mit einer Freundin, schickte meinem Freund eine Nachricht und aß eine warme Mahlzeit mit meiner lieben Familie.

Ich betrachtete meine Gesichtszüge im Spiegel und meine Haare, deren Farbe ich im Laufe der Jahre immer wieder änderte. Aber ich sah mir nie in die Augen. Ich hatte Angst, mit der Frage konfrontiert zu werden: »Wer bin ich denn?« Bin ich ein böser Mensch, der nach Rache sucht, oder bin ich zu schwach, um denen zu helfen, die meine Hilfe brauchen?

Bis heute weiß ich die Antwort nicht; vielleicht bin ich ja beides.

Eines aber wusste ich sehr genau: Das, was ich da sehe, verheißt nichts Gutes … denn in mir war sie, die zerstörerische Kraft mit der Wucht eines Bulldozers, der alles zerstören könnte, was ich mir in den letzten Jahren versucht hatte aufzubauen. Da war sie, die innere Stimme, die mich wieder und wieder gefragt hat, ob ich wirklich auf alles verzichten wolle? Und die mich dann verteidigte, weil ich untätig blieb. Ein Blick in mein Gesicht war wie ein Blick in die Gesichter derjenigen, die ich liebte: meiner Eltern, welche mir so viel wert sind wie die Sonne, der Mond und das ganze Universum zugleich; oder das Lächeln meiner kleinen Schwester, für die ich nicht nur Schwester bin, sondern Mutter, Vater und Freundin. Ich war ihre Zuflucht – in ihrem Glück genau wie in ihrer Trauer. Wie könnte ich diesen Menschen wehtun, sie zum Weinen bringen und ihnen das Herz zerreißen?

Das Auto rast über die City-Autobahn von Dschidda. Ich sehe dieses kleine Gebäude mit dem Schild: »Menschenrechtsorganisation von Dschidda«. Ich erinnere mich sehr gut daran, wie eine Delegation dieser Organisation uns alle paar Monate in der Anstalt besuchte. Sie wollten die Lage der Insassinnen in diesem Gefängnis prüfen, von dem niemand wusste, was sich hinter der Fassade abspielte. Nun, wir wussten es, wir, die in den Zellentrakten gelebt, dort auf den Betten gelegen hatten. Ja, ich erinnere mich noch an die Delegation, die sich mit uns allein in der Gefängnismoschee traf, nachdem die Wärterinnen sich von uns mit einem warnenden Blick verabschiedet hatten, ein Blick, der uns mahnte, nicht zu vergessen, was uns die Direktorin diktiert hatte: dass »Schweigen Gold« ist. Kam ich auf der City-Autobahn nun an dem Gebäude der Menschenrechtsorganisation vorbei, wünschte ich mir jedes Mal, ich könnte den Fahrer bitten, anzuhalten, und dann würde ich aus dem Wagen aussteigen, hineingehen und auf einen Streich alle Mitarbeiter der Anstalt an den Pranger stellen. »Menschenrechtsorganisation von Dschidda«? Was haben solche Institutionen bei uns zu suchen?

Dann traf ich eines Tages jemanden, dem ich beschrieb, welche Bilder ich mit mir im Kopf herumtrug. Er riet mir: »Schreibe darüber. Schreibe alles auf, was du vor Augen hast!« Mir war, als würde er gnadenlos genau die Stimme verstärken, die mich innerlich zerriss, weil sie von mir verlangte, alles zu offenbaren, was ich in der Anstalt erlebt hatte.

»Aber ich kann nicht schreiben!«, antwortete ich.

»Versuche es!«, sagte er. »Vertraue dem Papier die Worte an, die ständig in dir kreisen!«

Wie oft habe ich wiederholt, dass ich das nicht könne, wie hätte ich denn auch. Aber ich versuchte es. Und wie oft ich das tat. Nach jedem Versuch, sobald ich den Stift fallen gelassen und das Papier zerrissen hatte, dröhnte sie mir wieder im Kopf, die Stimme, die an mir nagte, mich verspottete, mich herausforderte.

Ich kann, verdammt noch mal, nicht schreiben!

Dabei vergaß ich ganz die alten Hefte, die meine Mutter in unserem alten Haus aufbewahrt und in die ich erste kleine Geschichten geschrieben hatte. Ich vergaß, wie ich früher endlos dasitzen konnte und mir Notizen machen konnte, ich schrieb sie überallhin, auf den Rand der Schulbücher wie auf die Gefängnismauern. Wie konnte ich das nur vergessen, dass ich doch schreiben kann?

Plötzlich gelang es mir, Worte, Sätze und ganze Situationen quollen aus mir heraus, die Seiten waren auf einmal voll mit Worten. Aber war es das, was ich hatte schreiben wollen?

Ich schrieb über alles … Ich holte meine Wut, meinen Zorn

und meine Unzufriedenheit hervor, vertraute dem Papier und der Computertastatur aber auch meine glücklichen Tage an, freudige Szenen und Ereignisse. Ich malte meine Erinnerungen mit bunten Farben, als wären es Bilder, wie wir sie im Fernsehen sahen. Wie aber würden diese Menschen aussehen, wenn ich ihnen die Masken vom Gesicht risse?

Wer waren diese Prinzen eigentlich? Wie waren sie, wenn sie liebten und wenn sie hassten? War das Großzügigkeit, was sie zeigten, oder war das nur Protz und Geldverschwendung? Ich schrieb alles auf, jede meiner Diskussionen mit ihnen über Frauen und Freiheit, über Glaube und Zweifel, über Hosni Mubarak und Gaddafi – doch am Ende habe ich ihnen ihre Meinung gelassen.

Ich schrieb über das, was uns täglich in den Medien als Wahrheit verkauft wurde; über die Naivität der Fernsehmacher wie über die der Zuschauer. Ich schrieb über die Liebesgeschichten, die ich genoss und unter denen ich gelitten habe … aber ich vermied es lange Zeit, über das zu schreiben, worüber ich mich tatsächlich äußern wollte.

Ich wagte es nie, zurückzublicken und mich hineinzuversetzen in diese verfluchte Zeit. Wie sollte ich das schaffen, wie sollte ich ausbuddeln, was ich so mühevoll in mir vergraben hatte? Warum sollte ich mich dazu zwingen, mir alles wieder in Erinnerung zu rufen?

Und doch habe ich es gewagt. Prompt wurde mir vorgeworfen, Rache an meiner Heimat üben zu wollen, ich sei eine Verräterin an Saudi-Arabien, sei geisteskrank oder wahnsinnig. Auf einmal wimmelte es um mich her von Agenten und von Menschen, die dachten, es sei mein Ziel, meine Heimat in den Dreck zu ziehen.

Doch das war nicht der Grund. Ich schreibe die Wahrheit, die mich Nacht für Nacht gequält hat. Weil diese Stimme mich verfolgt, die fragt: »Wie könntest du diese Geschichten vergessen? Wer würde denn darüber sprechen, wenn nicht ich es täte?« Ich hatte Angst, eines Tages zu sterben, ohne von den Menschen erzählt zu haben, denen ich begegnet bin. Ihr Schmerz war zu groß, um alles einfach versanden zu lassen.

Damals dachten sie, ich hätte bereits alles gesagt. Sie wussten nicht, dass noch ein Kapitel meines Lebens fehlte. Doch es wollte nicht länger in mir verborgen bleiben. Dieses Kapitel kannte nur mein Herz, dort hatte ich es viele Jahre über versteckt und mich nicht getraut, es anderen zu zeigen. Zu viel Angst hatte ich, es könnte mich zerstören, wenn ich nur versuchte, das Geschehene in Worte zu fassen. Aber das Leiden in der Fremde holte dieses Kapitel aus mir heraus und wurde zu dem Buch, das Sie jetzt in der Hand halten. Es ist das Buch, das Sie gerade gelesen haben: »Keine Tränen für Allah«.

Danksagung

Ich möchte mich bei all jenen bedanken, die mich bei der Veröffentlichung der deutschen Fassung dieses Buches unterstützt haben.

Zuerst geht mein Dank an das wunderbare Ehepaar Marian und Barsoum, die mich mit dem Knaur Verlag bekannt gemacht haben.

Ebenso möchte ich mich bei Günther Orth und Mahmoud Hajij bedanken, die sehr viel Zeit und Kraft investiert haben, um den Text vom Arabischen ins Deutsche zu übertragen.

Ein besonderer Dank geht an Ilka Heinemann, die von Anfang an an die Idee des Buches geglaubt und diese Überzeugung weitergetragen hat.

Sowie an Caroline Draeger, die die Feinarbeiten am deutschen Text übernommen hat …

Kholoud Bariedah im Oktober 2017

Yusra Mardini

Butterfly

Das Mädchen, das ein Flüchtlingsboot rettete und Olympia-Schwimmerin wurde

Mit einem Vorwort von Amal Clooney

Yusra Mardini wächst in Syrien in einer schwimmbegeisterten Familie auf. Von klein auf hat sie einen großen Traum: bei den Olympischen Spielen anzutreten. Doch der grausame Bürgerkrieg macht alle Hoffnung zunichte. Gemeinsam mit ihrer Schwester Sara flieht Yusra 2015 nach Europa. Bei der Überfahrt über die Ägäis droht das mit 20 Menschen völlig überladene Schlauchboot zu sinken. Beherzt springen Yusra und Sara ins Wasser, sie retten allen Passagieren das Leben.

Ihre Flucht führt die Schwestern weiter nach Berlin. Dort nimmt Yusra nicht nur endlich wieder ihr Schwimmtraining auf, sondern steht 2016 vor der Erfüllung ihres Traums, als sie als Teilnehmerin des Refugee Olympic Teams nach Rio zu den Olympischen Spielen reisen darf.

»Yusra, wir sind unglaublich stolz auf dich – stolz auf deinen Mut, deine Widerstandsfähigkeit und das herausragende Vorbild, das du für Kinder auf der ganzen Welt darstellst.«

Barack Obama